「縮み」志向の日本人

李　御寧

JN286322

講談社学術文庫

目次

「縮み」志向の日本人

なにもなにも、ちひさきものはみなうつくし。

『枕草子』

第一章　裸の日本論

1 「日本論」祭り

幻の衣を着た「日本論」

私はいまここで鬢《びん》に白いものが混じり出した大学教授として、もしくは〇・二の近視メガネをかけた文芸評論家として日本を語ろうというのではありません。それよりは、まず小学校時代の子供にかえって日本の姿を見、考えてみたいと思うのです。書斎の本棚にさし込まれた本——何よりも日本について述べているあのたくさんの本はしばらくうっちゃっといて、小さな肩に背負ったランドセルの白いノートとちびた鉛筆だけを持ちたいのです。ことに欠かせないのは柔らかでよく消える消しゴムかもしれません。

ただのアレゴリーではありません。ほんとうに私の日本語やそのおもな知識は、太平洋戦争が終わって、韓国が植民地統治を脱するときまでの小学校の教室で得られたものです。それなのになぜ私は、貧弱な日本語やその知識を省みずに、むしろその少年時代にかえって日本を語ろうとするのか。この大胆にして不思議とも思える冒険をあえてするのは、よく知られているアンデルセンの童話『裸の王様』が、私にその勇気を与えてくれたからです。大人は、群衆がつくりだした幻想の衣を通じてしか王様を眺めることができません。たとえ王様が裸であるのに気づいていても、間違っているのは自分のほうだと思って、よくそのことを口に出せません。何も着ていない王様の素肌を見つけたのは子供の眼でした。と同時に、それを大きな声でいえたのも子供の口でした。

これまで日本について書かれたものはフランスのファッション雑誌のように華やかであり、それだけに流行したものも数多くあります。そこには、日本人、外国人を問わず、立派な学者、芸術家、評論家をはじめ、観光の旅費のタシにするために書かれた無名の旅行者のものにいたるまで、きりがありません。日本に一日だけ滞在する外国人は秋葉原に行き、一週間では富士山を見に行き、一ヵ月を過ごす人は日本論を書くという次第ですから。

戦前はともかく、戦後に日本で著された日本論の著作は少なくとも千冊以上に達しています。『菊と刀』『「甘え」の構造』『タテ社会の人間関係』など、その題名がとられて、のちに流行語となったものもあり、逆に「日本株式会社」「エコノミック・アニマル」など、流行語を本の題名にしたものも少なくないのです。日本で日本論がベストセラーになるということは、御神輿《おみこし》になるということを意味します。すぐ人々がそれを担《かつ》ぐお祭りがはじめられるのです。

それらの流行語は、新聞では見出しに、雑誌では巻頭座談会のトピックスに、また放送では時事解説者の合言葉として使われています。書き手にしてみれば、かなりアカデミックな講堂でつくられた用語が、いつの間にか演歌の花道を通っているのです。

そのために、このようなお祭り騒ぎを通じてでなく、直接自分の眼で日本文化の素肌を見るということは、ほとんど不可能な状態にあります。自分も知らないうちに、「群衆と流行がつくりだした幻想の衣」というヴェールがかぶせられているからです。そんなわけで、私は小学校の子供となって、日本文化の裸身を見て論ずるという、小さな決心をしてみたのです。

「甘え」は日本独特のことばではない

日本人が書いたものであれ、外国人が書いたものであれ、その日本論に「幻想の衣」がかぶせられがちなのはどうしてでしょうか。そしてその虚構を剝《は》いだ子供の眼とは、そもそもなんなのか。それを見るために、日本論祭りの御神輿のひとつとなった『「甘え」の構造』を例にあげたいと思います。土居《どい》健郎《たけお》氏のこの本は「日本人論」それ自体を明らかにするうえにおいてもまた欠かすことのできない名著だからです。私がこの本に興味を寄せた理由は、内容そのものより、日本人独特の心理を掘り下げようとする発想法とそれをのべてゆくその論理の展開にありました。

土居氏は「日本人の心理に特異的なものがあるとすれば、それは日本語の特異性と密接な関係があるにちがいない」と、その方法論を明確にしています。そうして手に入れた玉手箱がすなわち、「日本語独特の語彙であると確信」した――「甘え」ということばでした。

しかし、はたして「甘え」は日本人独特の語彙か、これをまず問いたださなければ、その玉手箱から出るものは、空《むな》しい煙だけということにもなりかねません。

ところが、はなはだ恐縮な話ですが、氏自身もあとで是認しているように「甘え」という「ことば」は、日本からジェット機で葉巻一本吸っているうちに着いてしまう、すぐ隣の国にも路傍の砂利《じゃり》のようにころがっているのです。韓国語には「甘え」よりもその使い方がもっと細分化された「어리광《オリグアン》」と「응석《ウンソク》」ということばがあり、それがまたさかんに日常生活で使われています。「甘えん坊」は「응석받이《ウンソクパジ》」、「甘える」は「응석부리다《ウンソクプリダ》」といいます。「甘やかす」は「응석받다《ウンソクパッタ》」、「甘える様子」は「어리광《オリグアン》」です。ことばの意味ばかりでなく、韓国の子育ての大きな特徴をなしていますから、「甘え」は日本より韓国の精神構造とより深い関連があるといってもいいくらいです。大げさに痛がったり、苦痛を誇張して訴えることによって他人にもたれかかる「엄살《オムサル》」ということばなどは、たんなる「甘え」よりずっと複雑です。

それなのにどうして、土居教授のような立派な学者がそんな大きな過《あやま》ちを犯したのでしょうか。客観的な論拠なしに自己の信じていることをすぐ確信してしまうのが、つまり日本人独特の心理の「甘え」だということをみずから証明してみせるためだったとは信じられません。それは土居教授個人に限らず、明治維新以来、日本人の脱アジア的思考の産物ではないだろうかと思われるのです。すなわち、土居教授が、「甘え」が日本独特の語彙であると「確信」したのは、日本語の達者なイギリス婦人との対話からです。彼女はみな英語で話していたのに、子供の幼年時代のことに及んだとき、急に日本語で「この子はあまり甘えませんでした」とのべたというのです。なぜ、そのことだけ日本語でいったのかと聞いてみると、それは「英語ではいえませんと答えたのである」ということなのです。

　そうだから「甘え」が日本独特の語彙であるというじつに珍しい論理は、明治の開化以来、日本人にとって知らず知らずのうちに、英語がすなわち西洋全体あるいは世界の言語として刻み込まれているという証拠でもあります。そうとでも思わないと、英語にないからそれは日本語の特異性だという論理が、すぐに生まれてくるはずがありません。そこに「日本と日本人論」の「幻想の衣」を解くカギがあるかもしれません。

　日本人がこれまで書いてきた日本・日本人論には、『「甘え」の構造』のように英語にないから日本語の特異性だという、主として英米人との単純比較を通じて得られたものが、かなり見受けられます。もうすこし広い視野で書かれたものであっても、白人（欧米人）文化との比較論の域を出ていません。

　その証拠に、土居教授がイギリス婦人の代わりにフランスやドイツの婦人を考えてみる可能性はじゅうぶんにあっても、韓国婦人はどうかとなると、それはほとんど期待できないことでしょう。「甘え」が日本だけのことばであるかどうかを知るには、欧米諸国より先に日本語ともっとも類似性の多い韓国語から調査してみるほうが、正常な思考というものです。

海藻と人糞の日本論のウソ

それができないから、意外にも日本人が日本特有の精神構造であると指摘しているもののなかに、じつは韓国や東洋一般の普遍的な特性に該当する事がらが多くあらわれているということがあるのです。複雑な例をあげるまでもありません。たとえば、樋口清之さんは「世界の文明国の中で、海藻を食べる国は日本だけです」といっていますが、ひところ韓国産の輸入規制をめぐって論議のかまびすしかったノリは海藻ではないというのでしょうか（もっとも韓国は文明国ではないといわれれば、それまでですけれども）。

また梅棹忠夫《うめさおただお》さんをはじめ日本人学者五人の共著である『日本人のこころ』という本では、「人間の排せつ物を野菜にやる有機物のサイクル、人糞を肥料に使うとはおどろくべき発見」と声を大にして主張しています。しかもその「高度の農業技術」は他の民族には見られない、ひとり日本人だけの創案だとも断定されています。しかしほんとうに驚くべき発見は、盲人であっても韓国のどこかの農村に、ほんの十分ほど立っているだけで、その驚嘆してやまない有機物のサイクルが日本民族特有の「高度の農業技術」でないことを鼻だけで知ることができるのに、なぜそれを日本特有のものだと確信するのかということなのです。「甘え」の場合と同じように、欧米社会になければ日本独特のものと短絡させてしまう例の習慣的思考のためです。人糞肥料の日本論者らは、「『日本人は野菜に人糞をかけて食う』と書いてあるという」フランスの教科書を、その根拠にしていたのです。

それはともかく、私は大して名誉でもない「甘え」やとくに芳しくもない人糞肥料の専有権をめぐって論争する気はすこしもありませんし、ある特定の学者の著書に論駁《ろんばく》を加えるのも、私の目的とするところではありません。私のいいたいのは、これまで欧米人が書いたものの、日本人が書いたものを問わず、日本論のその流行的テーマを扱っている一般的な本が、ときに日本とはあまり関係のない「幻の衣」をまとったものであり、その原因が欧米対日本だけの比較という図式から来たものである事実を明らかにすることにあります。白人文化の対立概念は日本文化ではありえません。日本を含めた黄色人種ではありえても、特定の民族の狭い概念をそこにあてはめるわけにはいきません。ところが、直接日本とそれを比較したときには、本来東北アジア圏の普遍的な特性が日本だけのそれであるかのように誤解される論理の飛躍が生じてきます。

2　フォークと箸

東洋を忘れた視線

一国の文化が、魔法の杖で一夜のうちに作られた城ではないことを知らない日本人はいないでしょう。そうでありながら、日本人が西洋ばかりでなく、日本の文化にもっとも長い年月にわたって影響を与えた中国や韓国との比較を通じて、自己の特性を発見しようとつとめた例は、そう多くありません。日本的思惟方式の特性を仏教文化のコンテクストから捉えている中村元《なかむらはじめ》さんですら、韓国の仏教のことにはあまり触れていません。日本に仏教を伝えた韓国の仏教、日本人が昼夜をわかたず眺めることのできる百済観音《くだらかんのん》を生んだもっとも近い韓国の仏教をです。

最近、日本の一部専門学者の間には、日本の歴史の源流を知るために韓国の言語や古代史に関心を寄せる人々もいますが、一般的な日本人論の類書はいまだに欧米一辺倒の立場やその比較によってしか書かれていないのです。

これと同じことが欧米人によって書かれた日本論でも起こってくるのです。かりに韓国や中国の文化をまったく知らない欧米人が、日本人の食事する光景を見たとしましょう。彼らにはフォークの代わりに箸を使い、パンの代わりにご飯を食べ、それを皿ではなく、茶碗によそって食べるすべてが不思議に思えることでしょう。そしてそれはみな日本的なものだと信じることでしょう。

実際、ヨーロッパ最大の知識人の一人であったロラン・バルトの日本論が、まさにそれでした。気の毒にも彼は『表徴の帝国』で「日本料理の価値をうむ唯一の要素」を「ねばねばしていながら同時にまたぱさぱさしている煮た米」に求めているのです（パリには中華料理店がたくさんあるので、さすがにバルトも中国と比較して日本料理を論じてはいますが、不幸にも中華料理のメニューにリ・ナチュレル［めし］と書いてあるのを見ていなかったようです）。「破片であり軽い凝固物」である「煮た米」をさらに特徴づけるものとしてあげた例が、また「二本の箸の一突きでつきくずされる時」というものです。

しかし、欧米人ではない韓国人が日本人の食事風景を見たとしたら、どうでしょうか。ご飯を食べるのも、箸を使うのも、すこしも珍しいとは思いません。また箸以外にも匙《さじ》を使ってご飯を一杯一杯茶碗に盛って食べることだけが異なるものとして眼に映るでしょう。だから、韓国人には、日本の特異性がご飯や箸にあるのではないということがはっきりわかります。つまり、日本だけの特性をいますこし細かく見分けるには、欧米人の眼より韓国人の視線ということになります。

ところが、西洋人がどう食事するのかは知っていながらも、韓国人や中国人が箸を使ってご飯を食べるということ、そしてそちらのほうがむしろ本家であるということを知らない日

本人がいるとしたら、どうなるでしょう。結果的に欧米人と同じく、箸を使うのと米の飯を食べるのは日本だけの特性である、と思い込むのはいうまでもありません。日本人の書いた日本論が欧米人の書いたそれと大差がないように見えるのも、そのためです。日本には、アルファベットからなる英語に「甘え」に当たる語がないのは知っても、가나다《カナダ》からなる韓国語に「甘え」があるのはよく知られておりません。リンカーンやカントを勉強する日本人は多くても、世宗《セジョン》大王や李退渓《イテゲ》を知っている人はごく少数しかいないからです。

ですから、真に日本的なものを発見するためには、欧米の眼ばかりでなく、言語、風俗、文化などが酷似しており、またむかし日本文化にも大きな影響を与えた韓国の眼をこそ通すべきだという常識論があっても、日本人がそれを実践することはなかなかむずかしいというわけです。

日本は本当にタテ社会か

ルイス・フロイスの日欧文化比較に日本の子供たちの風俗として指摘されたものをみると、二十四項目のうち、本当に日本的な特異性としてあげられるのは、わずか四つか五つにすぎません。箸を使うことをはじめ、最初に読み方を習ったのちに書き方を習うこととか、「幼い少女がほとんどいつでも赤児を背中にくくりつけて歩く」ことなどは、韓国の風俗とすこしも違いません。韓国の風俗を知らないフロイスの見聞だけでは、どれが本当の日本人の特性か、つかめないのです。

ジャンボ・ジェット機のとびかう時代になっても、この事情はあまり変わっていません。日本が経済大国になったのは日本人の団結力によるものであり、その画一主義的共同体的精神を生み出したのは背中に子供をおんぶする習慣から来たものであるという説が、現在でもまじめに書き続けられているからです（残念ながら、同じく子供を背中におんぶして歩く韓国は、そういう説にもかかわらず、これまで経済大国になれずにいますけど……）。

そしてもうすこし高級な文化論になると、フロイスの観点はルース・ベネディクトのそれに移ります。ただ違いがあるとすれば、より抽象的であるため、アマチュアにはすぐに識別がつかないということだけです。ベネディクトの代表作『菊と刀』には「義理人情」とか「恥」や育児法に至るまで、むしろ儒教文化的、韓国的な特性といわれる部分が、みな日本独特なるものと述べられています。

韓国のことをよく知らず、その文化の影響を忘れてしまっている日本では、箸が日本的なものであるかのような『「甘え」の構造』が書かれ、「タテ社会」論が書かれています。タテ社会の構造でしばしば言及される、そのタテの序列意識を、日本語の独特なものと考えている敬語法に求めたりする人もいますが、実際のところ、敬語の本家は韓国なのです。韓国の敬語法は、日本とは比較にならないほど細かいし、また複雑に発達しています。

ですから、イザヤ・ベンダサンは日本人かユダヤ人かという話ほど無意味なものもありません。どちらであってもかまわないのです。『日本人とユダヤ人』の著者が羊の肉（遊牧）と米（農耕）を対応させて日本的特性を説明しているかぎり、どちらでも双方の考え方にはそれほど違いはないからです。

日本人が欧米人とは異なる視座から日本的特性を発見しようとするなら、韓国やその他の東洋の国について欧米人以上の知識を持っていなければなりません。ですから、日本人が欧米社会でなく韓国社会を詳しく研究したとすれば、かつて韓国の村には日本の「若衆宿《わかしゆやど》」のような体制が存在しなかったとか、そのようなことからみても、日本の人間関係はタテよりもむしろヨコにより強い特性を帯びていると、正反対のことを書くようになったかもしれません。韓国語をよく知っていたなら、土居教授は「甘え」ということばよりも、かえって依存心ならぬ独立心を強調する日本語の「大丈夫」や「裸一貫」ということばのユニークさに注目したはずです。なぜかといえば、同じ漢字を使用しながらも、韓国語で「大丈夫」といえば、文字どおり「男」という意味でしか使いません。そして「裸一貫」ということばも韓国語にはありません。これはみな男らしい独立心をあらわしている現象なのです。

「日本人は中国人や韓国人と同じ漢字文化圏に属していながら、それにまた、儒・仏・仙（日本では神道）三教を共存させるほとんど同じ宗教的態度と類似したことば、米の生活様式を持っていながら、なぜひとり日本だけが近代化に先駆けることができたのか。どうして日本だけがひとりアジアの例外国として工業経済で欧米と同じ隊列に加わることができたのか」――これが欧米人の質問であり、また日本人からすれば脱アジア的な響きのする自負の声であります。そうであるとするなら、欧米人や日本人自身が明らかにしようとする日本的特性は、欧米人との差異よりも同じ東洋人の韓国人や中国人とのそれがもっと強調されてしかるべきなのです。

西洋文化のヒマワリ

明治初期に日本に来ていたドイツ人のベルツ博士は、横浜の波止場で雷が落ちているのに悠々とタバコを吸っている日本の船乗りを見て心底びっくりし、日本人は沈着で泰然たる国民だと論評しています。欧米人の眼からすれば、日本人は東洋的な特性があるのんびりした気質の持主と映るかもしれません。しかし、より大陸的で儒教的な気質を持っている韓国人の眼からすれば――日本を旅行した十八世紀末、正祖代の官吏、徐有素の『燕行雑録』をひもといてみると――「日本人の性情はきわめて躁急、軽薄で、おのれに利益があれば、大いに喜んでミソサザイみたいに振舞い……一人として度量の広い人間はいなかった」ということになっています。

現代においてもしかりです。米国の詩人ギルバートは茶室の露地《ろじ》の飛石を見て、日本人を世界でもっとも自然の美を愛する審美的な国民であると礼讃したことがあります。門から部屋まで最短距離で行くには直線の道をつけなければならないという欧米人とは違い、日本人は曲がりくねった非機能的な道（飛石）を作って庭をいろいろな角度から鑑賞するようにしたというわけです。しかし、韓国人にすれば、日本の飛石は自然の美とは反対に、人工的、画一的なものとして映るのです。自然に融け込んで生きようとした韓国人の眼には、飛石という人為的な道をつけたこと自体が、不自然と映るのであり、もっとも自然な人間の歩幅や歩き方まであらかじめ飛石で限定させてしまったことを不自由と考えるのです。

直線的な道に象徴される人工的な文化のなかで育った米国の詩人には、日本の飛石が自然愛好の精神に見えたかもしれませんが、歩いているうちにおのずと道はできるという考えを持って育った韓国の詩人には、それこそ人為的なものとしか映らないのです。

性急さを恐れずにいえば、日本と日本人論は韓国人の観点、もしくは韓国の文化風俗との比較を通して書かれたとき、その特性により接近できる可能性があるのではないだろうか、というのが私の考え方です。そしてまた、日本が韓国を忘れているということ、韓国をよく知らないということは、韓国のために不幸なのではなく、日本人自身のためにまずいことなのです。韓国を知らなければ、日本の素肌を知ることがむずかしくなるときも多いのです。つねに欧米文化という太陽に顔を向けつづけるヒマワリ文化では、裸の王様（日本文化）の素肌は見えないのです。

日本に対する無知は韓国人にもあります。植民地三十六年の紋切り言葉から始まる日本論は、雄弁大会以上のものにはなれないのです。そして私もそのようなひとりであるかもしれません。

しかし、日本人の好む私小説的発想に基づいていうならば、私を日本論に向かわせたのは、私自身が日本を経験した特異な立場なのです。よく似ていながらも、それでも本能的に違うと感じられる日本の特性を、私はかぞえで八つのとき、小学校の教室で経験しました。日の丸と乃木大将の肖像がかかっている植民地の教室で教わったのは、内鮮一体ということでした。そのためろくに韓国人という民族意識すら持ったことがないままに、幼年時代を送ったのです。そうでありながらも、私の文化なのだと強要された日本文化のうち最後まで同化しきれないもろもろの要素が強烈に私の頭のなかにこびりついていたのです。

民族や文化意識をまだ持ち合わせていなかった小学生の経験においても、はっきり自分のものとは異なるものと感じられたあの日本的な異質性、それから書きはじめていけば、アンデルセンの童話の子供になれるかもしれない、という気がするのです。きわめて日本的なあの「確信」かもしれませんが……。

3　小さな巨人たち

一寸法師との出会い

植民地の灰色の教室でようやく文字を習いはじめた子供の眼にまっさきに映った日本の像

とは、いったいどんなものだったでしょうか。子供だったので、明らかにそれは森永キャラメルでもあり、王様クレヨンの商標の絵のようなものだったかもしれません。しかし、そのように実在するものは、「日本」の印象というより、ただのお菓子であり、ただのクレヨンが与えている感覚にすぎません。

子供とは一方、現代文明のなかで生きていく原始人でもありますから、神話的な鋭敏な触角を持っており、それによってこの世界のことや文化を解釈したりもします。ですから、私がいちばん先に会った日本人も、教室の壁にかかっている乃木大将や、毎日、朝礼のたびに国民宣誓を奉唱していた禿《は》げ頭の校長先生でなかったのは当然のことです。

私がまず不思議に思った日本人たちは、昔話の路地で会った、あの一寸法師であり、桃太郎や金太郎や牛若丸だったのです。そしてそれらに共通したひとつの印象があったとすれば、小さな巨人たちという点です。

針が刀となり、お椀が舟となり、箸が櫂《かい》となるその世界では、かすかな息が台風となり、いくら小さい水の波動でも津波となります。しかし一寸法師はカエルのエサになるほどけっして弱くはありません。小さいから、かえって巨大な鬼にも見つからず、自由に彼を攻略できたのです。結局、桃太郎と同じく、大きな鬼を退治して、宝物を取り返してくる小さな巨人のひとりでした。

これらの主人公は、韓国の説話ではよく出会えない人物なのです。学校で日本語によって聞かされた話ではなく、何百年のむかしから田舎の訛《なま》りことばで伝わってきた韓国の説話には、バカが賢い人や悪いトッケビ（鬼）と争って勝つ話は多いのですが、小さい子供や小人が自分より大きい大人や巨大な鬼を打ち負かす話はありませんでした。そもそも一寸法師のような縮小された人間が出てくる「小人」の話はそう多く見つかりません。韓国の昔話に登場する代表的なヒーローは、ワキの下にウロコの生えているチャンスゥ（巨人）であり、弥勒（山にある巨大な岩）たちです。そしてぶたれればぶたれるほど大きくなるタマゴ鬼神の話はあっても、ぶたれるほどどんどん小さくなる「頭でっかち尻すぼみ小僧」のような昔話はありません。

まったく同じ系統の昔話でも、日本のものは韓国のそれとは違います。『舌切り雀《すずめ》』と『興夫伝《フンブ》』がそうです。『興夫伝』では、燕《つばめ》の足を折ってそれを糸で巻いてやりますが、『舌切り雀』ではそれが雀の舌となっているのです。足を折ることと舌を切ることは、その残忍さにおいてもそうですが、想像力の細やかさにおいても比較になりません。

豆と「ワン」の接頭語

そうみると昔話だけがそうなのではないということに気づくようになります。韓国語には拡大を意味する接頭語はあっても、縮小をあらわすそれはありません。韓国語のワン（왕）ということばは英語のキングサイズのキングに当たる意味なので、これがある事物の名の上

につくと、並以上の大きさをあらわすようになります。ちょっとした日本人観光客も飲み屋で韓国語で話せるワン・デポは特大の杯であり、ワン・ヌンは大きな眼、ワン・ボルは熊蜂のことです。

しかし、日本語では反対に拡大の接頭語よりも、縮小をあらわすほうがもっとも一般的なことばづかいになっています。それが日本人の愛用する「豆」であり、「ひな（雛）」であるのです。丸い球体の豆は凝縮した宇宙の形です。そのため、なんでも豆の字がくっつけば、にわかに小さく縮まって、一寸法師になってしまうのです。一寸法師を豆太郎、豆助ともいうごとく、豆本、豆自動車、豆人形、豆皿は普通のものよりみな小さく縮小されたものなのです。時代が変わってローソクがランプになり、ランプがまた電球になっても、やはり豆はあいかわらずその頭について、豆ローソク、豆ランプ、豆電球になるのです。ひなも、またひよこを意味したので、ひな人形、ひな形、ひな菊など、縮小語の機能に使われます。

私が幼いころ、これは自分たちのものとは違った日本のものだという感じを受けたところには、昔話の想像世界であれ、ことばの世界であれ、物の世界であれ、きまって韓国では見つけられない一寸法師の影があったのです。土間の穴に落ちた豆粒を追って他界に行くという日本の「豆話」のように、小さい豆粒を追っていけば、ひな人形とか盆栽のようなあのすばらしいミクロの世界、独特な日本文化を垣間《かいま》見ることができるのです。

日本では何かを作ることを細工といいます。作るということはすなわち、細かく縮小する工作なのです。それでも気がすまないので、細工の上になお「小」という文字を加えて小細工ともいいます。まるで「豆」「ひな」の接頭語ひとつでは足りないかのように、小型の赤本を「ひな豆本」と接頭語を重ねて使ったのと同じ例です。そうですから体裁などがぶざまだったりすることを日本語では不細工というのです。このように縮小されたものは、たんに小《ち》っぽけなものとは違い、本来のものよりもっと可愛いもの、もっと力強いものになるということで、異様な特色を帯びてくるのです。

　日本的な特性が事物を拡大するより、縮小するところにあるという印象が、幼かったときの私の脳裡に焼きついたのは、韓国の日常生活用品に比べ、日本のそれがすべて三分の一ほどの比率で縮小されていたからでもあったようです。ご飯を盛る日本の茶碗は、同じ用途に使う韓国のサバルに比べてそうだし、座布団とボリョがそうで、膳、酒盃、扇もほぼ同じ縮小比率をあらわしています。

　むかしから中国人と韓国人が、日本のことを倭国、日本人のことを倭人と呼んでいるのは、かならずしも日本人の体軀が小柄だからそうしたのではないという気がします。スウィフトのあの『ガリバー旅行記』が、サミュエル・パーチェスの旅行記やドイツ人ケンペルの『日本誌』などからヒントを得て書かれたものではないかという面白い研究（ジョンソン、ウィリアムス、北垣らの共著）が出ているのを見ても、ヨーロッパ人にとっても日本が小人の国のように思われていたといえるのです。

島国の風土論でいくな

「それは島国だからだ」と、簡単にあの例の風土論を持ち出す人もいるでしょう。しかし、日本人の意識のなかに自分たちの住んでいる環境を島国として考える認識が芽生えはじめたのは、近代的な地図がつくられて西欧文明と接触した以後に普遍化したイメージなのです。日本人の特性を「島国根性」ということばであらわした最初の人は、ヨーロッパを巡遊して帰った明治維新後の久米邦武《くめくにたけ》だといわれています。じつのところ、日本は狭い国、海に取り囲まれた島国として感覚的に捉えられるほど、その国が小さいわけではありません。大陸に接しているとはいえ世界屈指の山岳国であり、狭い盆地の韓国より、日本はもっと広びろとした空間、いわば地平線が見える根釧《こんせん》原野や武蔵野の野を持っている国なのです。

かりに島国という意識がむかしから日本を支配していたとしても、日本文化にあらわれている「縮み志向」を、そう簡単に風土論で片づけることはできないのです。同じ島国でも英国の文化型は、まるっきり反対であることを考えてみれば、すぐわかるはずです。彼らが大陸と呼んでいるフランス、ドイツに比べて、ものごとのスケールでも、考え方でも、けっして小さいとはいえません。むしろ「縮み」ではなく「拡がり」の文化を志向しているのは、七つの大洋を支配した島国、英国のほうなのです。

いわば外部的な与件のせいでやむなく小さなものになったのではなく、日本人の意識の底に「縮み志向」があったからこそ、進んでそうなったのだと考えられるべきでしょう。だから夏目漱石も「菫《すみれ》程な小さき人に生れたし」といったのでしょう。

私が大きくなって、一寸法師のような小人の話は日本だけのものではなく、世界のどの国にも見出せ、しいて探してみれば中国にも、また韓国にも二、三の例を見つけられるということや、トンプソンの『説話文学索引』によればT５４０―T５４９の異常誕生のひとつとして分類されている話だということを知ってからも、かえって幼いときに焼きつけられた一寸法師と日本文化の関係は、いっそう強く密着して発展していったのです。

西洋の小人は日本のそれとは違って精霊と関係があるのだとか、一寸法師の場合のように小さいがゆえにむしろ強いという逆説とは違うとかの内容の比較よりは、まったく同じ「小人の話」でも、それがその国で他の話より、いかによく好まれているか、もしくはいかに多く知られているかを明らかにするほうがより重要なのです。そしてそれは民俗学者にではなく、子供たちに聞いてみるべきでしょう。一寸法師が日本的だとの証拠は、ほかならない異邦の八つの子供にまでも、それが知られているという事実だけでじゅうぶんなのです。

4　俳句と大豆右衛門

障子の穴で見る世界

日本人の想像力の水源である『古事記』や『日本書紀』でも、小さな神様が出てくるのです。茶碗でなく、白蘞《かがみ》の皮の舟に乗り、鷦鷯《さざき》の羽を着た小さ子、粟《あわ》の茎に弾かれて常世の国に渡ったという小さな神の話が、それです。記紀とよく比較される韓国の『三国史記』とか『三国遺事』には見つけられない神です。

いや、小人の話だけではありません。文学を学びはじめたとき、私の胸に芽生えた日本文学のイメージも、まさにあの小さな巨人であったのです。世界でもっとも短い形式の詩をつくりあげたのが、ほかならない日本人なのです。俳句は漢詩でもっとも短い絶句の半分の量であり、韓国の最短詩形の「時調《シジョ》」に比べて、ちょうど三分の一ぐらいの長さです。だから、一茶《いっさ》は枕元の行灯《あんどん》に灯をともす小さなつけぎに、あの複雑な人生と時のうつろいを書くことができたのです。たったの十七文字に広い宇宙と四季の時間をあらわした俳句は、「縮み志向」をあらわす日本文化のテクストなのです。俳句はたんに短い詩であるというところにのみ特色があるのではありません。大きく広い、そして漠然とした世界を、小さく縮小しようとするところに、いわば小さな巨人をつくるところに、そのユニークな美学があるのです。もちろん病臥中のこともありますが、一茶はまたあの広い夜空をそのまま眺めようとはしませんでした。破けた障子の小さい穴を通じて、空を、天の川《あまのがわ》を見ようとするときに、俳句が生まれてくるのです。それが「うつくしや障子の穴の天の川」なのです。

小さい一寸法師のなかに巨大な力をみた日本人はまた、細かくて緻密なもののなかに、もっとも美しい「美」を発見したのです。『万葉集』にいちばん多く歌われた花は萩《はぎ》で、百四十一首にのぼるといわれていますが、萩は中国でも韓国でもめったに歌われることのない花です。中国人がよく歌う牡丹《ぼたん》とは違って、萩は日本人が好んだ他の秋の七草にも共通しているように、その花自体が小さくて、しかも稠密《ちゅうみつ》に詰まった群集性の群れをなしている花なのです。桜はもちろん、むかしの女学生が愛好した便箋《びんせん》にきまって印刷されていたスズランとか、人名はもちろんいまの東京でもバー、スナック、喫茶店の店名にいちばん多く使われている藤《ふじ》にしても、それらは萩と同様に、みな花自体が小さくて緻密に凝集した花なのです。

「美」をあらわす日本語の語源を調べてみても、日本人が小さなもの、緻密なものを「美」として捉えていたことがわかります。「うつくし」ということばは平安朝以前には、「愛」という意味で使用されました。『古事記』に出てくるものは、みなその意味です。そこで現在のような「うつくし」いものをあらわすときには、「くはし」ということばを使ったというのが通説になっているといいます。容姿の妙なる美しさを持つ女性のことを「麗《くは》し女」（『古事記』の久波志売《くはしめ》）と呼んだのが、それです。

また「目ぐはし」といえば、視覚的に密度が緻密な結晶をなしている風景などを意味すると、今道友信さんはのべています（『東洋の美学』）。「『くはし』は何か精密な要素の充実したまとまりといふものに関係するに違ひない。『くはしもの』といふのは手の込んだ細工物やそれから転じた上品な人を意味するのであらうから、存在度の充実を示すことはたしかであらう」。そして大野晋さんが『万葉集』の巻十三の短い長歌の三三三一の歌を解釈するときに、「木が細かく繁つて、見れば見るほど隙き間のないやうになつているといふこと、これが山のくはしであり、つまり美しいことなのである」といったのを引用しています。

こんないい方でいけば、萩、藤、桜などの花は、つまり「くはし花」といえるのです。日本人にとって美しいものとは、「くはし」いこと、小さくて緻密で凝集している結晶物であったのです。

小説でも同じことがいえます。長篇小説よりはこぢんまりした短篇小説、さらには日本独特の様式である掌篇《しょうへん》小説に、日本的特性をくみとることができるのです。永続きはしませんでしたが、大正末の岡田三郎、武野《たけの》藤介《とうすけ》らが原稿用紙二、三枚の超短篇を唱えた発想とか、川端康成が百篇以上の掌《てのひら》の小説を書いたことなどは、外国の文学ではなかなか見つけることのむずかしい例なのです。

ラブレーの巨人と江戸人の夢

私はヨーロッパの夢をラブレーのガルガンチュアの姿に見ますが、日本のそれは浮世草子《うきよぞうし》の「大豆右衛門《まめえもん》」の話（『魂胆色遊　懐　男《こんたんいろあそびふところおとこ》』）に読み取るのです。乳を飲むのに一万二千九百十三頭の牝牛を必要とし、肌着ひとつ作って着せるのに九百オーヌ（約千メートル）の生地《きじ》がなければならなかったガルガンチュアを生んだラブレーのあの大ボラには、巨人になりたいというルネッサンス以来の西欧人の夢が隠されています。神に抑えつけられた矮小な人間に、新しい自信と能力を呼び起こそうとしたこの近代人は、ノートルダムの鐘を馬鈴として走り回る巨人の想像のなかで、偉大な人間の朝を告げるヒバリの声を聞いていたのです。

大きくなれ、もっと大きくなれ！　この巨大主義の象徴であるラブレーの夢は、ほぼ同じころの日本にくると、「小さくなれ、もっと小さくなれ」という声にかわります。それがあの江島屋其磧《えじまやきせき》の大豆右衛門です。もちろん一方は哲学的な小説であり、もう一方は浮世草子の大衆小説です。けれども民衆の夢をよくあらわした虚構の人物としては変わりありません。江島屋其磧が大豆右衛門を通じて夢見たのは、ガルガンチュアのような巨人ではなく、芥子粒《けしつぶ》ほどの小人に縮まりたいという「豆男」だったのです。

この主人公は、母親が馬を呑む夢を見て生んだ貧乏な醜男。ところがある日、逢坂山で仙女に会い、一粒の金丹《きんたん》と秘伝書を授けられます。この薬を飲むと芥子人形ほどの小男となって、どんな男でもその　懐《ふところ》に飛び込めば、魂がたちまち入れ替ると教えられます。彼は弾む心で都に走り、その秘薬のおかげでいろんな色遊びを経験し、あげくには大名の局《つぼね》に忍び入るのです。捕まって虫と間違えられて、爪の先で押しつぶされそうになる。しかし運よく助かった大豆右衛門は大名に取り立てられて奉公勤めをするようになります。

大豆右衛門もやはり一寸法師のように小さな巨人だったのです。

「小さいものが強いものである」という「極小主義《ミニチュア》」の、あの逆説的信仰が見事に描かれている小説です。これが作者、江島屋其磧ひとりだけの思いでなかったということは、この本が江戸の人々にいかに人気を博したかを考えてみればわかるでしょう。当時、それに似た類似の本があいついで出て、「大豆右衛門」は流行語となり、普通名詞と化して「豆男」という言葉が辞典に収録されるようになったことだけでも、彼が日本の逆立ちしたガルガンチュアだということがわかるでしょう。

人間が豆粒ほどに縮小するこの話は、また女性にも例外でなく、『潤色栄花娘《じゅんしょくえいがむすめ》』（お豆が女主人公です）等の話を生みもしました。

巨人でなく、小人の夢を見ているこの縮みの想像力が日本人のひとつの発想法となって、いろいろな文化をつくりだしているという仮説は、巨樹を縮小した盆栽にも、宇宙を縮めた石庭にも適用できるものです。現代ではトランジスタからはじまり、あの小さな巨人、パソコン文化が出現しています。

小学生のランドセルのなかから出て来た日本論は、ですから各国民性を諷《ふう》した次のような一篇の小咄《こばなし》に整理することもできるでしょう。

小咄・国民性比較論

宇宙人が地球人の各国民性をテストしてみるため、地球人がこれまで見たこともない物体をひとつ、道の真ん中に落とし、彼らは空飛ぶ円盤のなかに隠れて、それを拾う地球人たちの反応を見守る、と仮定してみましょう。そのとき、もしその物体を拾ったとたん、眼の前にかざしていろいろな角度から見つめる人がいれば、それはフランス人だろうし、反対に耳にもっていって振ってみる人がいれば、それはドイツ人に違いない。絵画的なフランス人は眼（視覚）で事物を理解しようとするし、ベートーベンを生んだ音楽的な民族であるドイツ人は耳（聴覚）でそれを認識しようとするからです。

ところが、闘牛の国のスペイン人なら、その疑問を解くために眼や耳にもっていったりはせず、拾い上げるや、叩き壊してみるでしょう。

英国人は走ったのちに考えるというスペイン人のように振舞おうとはしない。拾い上げた物体を何日間か根気強くあれこれと使ってみます。そしてその物体が何であるかを経験したうえで家族全員が集まっておごそかに投票で決定するでしょう。

中国人はその点、英国人よりはるかに大人びて忍耐強い。まず彼らは拾う前に、あたりを用心深く見まわします。だれも見ていないのを確かめたうえで、その君子はうやうやしく拾い上げて袖《そで》のなかに入れる。その物体が何であるかは問題になりません。まず保存しておくことが重要である。それが何であるかは、いずれおいおいわかる日が来るであろうから。

むかし日本の植民地時代にひもじい生活をしていた韓国人なら、それをまず舌でなめてみたでしょう。

ここで東と西を代表する米国人とロシア人を抜かすわけにはいきません。それだけに期待も大きい。しかし、その期待とは裏腹に、彼らはなんの反応も示さないでしょう。そもそも頭を痛めて考えようとする態度を見せない。というのは、米国人はコンピュータにまかせ、ロシア人なら党かKGBに報告してしまえば、それですむからです。

さて、問題は日本人です。彼らは眼の前にかざしてみたり、耳に当てて振ってみたりしない。また、壊してみたり、袖のなかにこっそり入れたりもしない。それに好奇心の強い彼らであってみれば、コンピュータや党にそれをまかせたりすることもない。

そうです。日本人はそれを拾い上げるや、いち早くそれとそっくり同じものを作ってみるでしょう。それもただ原寸大に作るのではなく、トランジスタ化して、もっと精巧に縮小し、手のひらに入るように作るはずです。そしてそれをじっと眺めて「なるほど！」と膝《ひざ》を打つのです。

第二章　「縮み志向」六型

1　入《い》れ子《こ》型――込める

東海の小島の磯と蟹

東海の小島の磯の白砂に
われ泣きぬれて
蟹《かに》とたはむる

石川啄木《いしかわたくぼく》のこの短歌は、日本文学をよく知らない韓国人にも広く知られています。しかも反日感情の強い人々にも愛誦《あいしょう》されているものです。あながち帝国主義的な侵略性が内包されていない、という理由からだけではなさそうです。島流しにあったような、ひとりぼっちの悲しみは、なにも日本人特有の感情とはいえないでしょう。啄木のセンチメンタリズムは、日本人よりはむしろ国を喪《うしな》った植民地時代の韓国人に大いにアピールする力があったのかもしれません。

それなのに、啄木のこの短歌は依然として玄界灘ほどの距離があり、そのため絶対に韓国の詩にはなりえない日本人の詩という感じがします。三十一音のこの短い歌のなかには、日本特有の語彙や民族的な差異を感じさせるなにか特別な歴史的・社会的背景は見受けられません。しいていうなら、島国の地理的な特性を間接的にあらわしたその歌の舞台を指摘もできましょうが、なにも小島は日本だけのものとはいえません。韓国も半島ですから、そういう小島は無数にあり、すこしも目新しい歌の舞台ではありません。

とすると、いったい何がこの歌を日本的なものと感じさせるのでしょうか。すでにのべたように、それは単語の持つ個々の意味や、それが表現している表面的な情緒の差異から来るものではありません。この歌を形成している構造、もうすこし直截にいえば、構文上の特性のため、といえましょう。その証拠に啄木のこの歌を韓国語に訳すときに、最大の難点となるのは、「の」が重複している点です。

「東海の小島の磯の白砂に……」のくだりには、なんと「の」がサンドイッチのように三重に重なっています。四つの名詞が「の」の助詞だけで連結されている、そういう奇怪な文章は、韓国の場合、散文にしても詩にしても、どこにも見あたりません。ですからこの短歌を韓国語に訳すには、その構文形式そのものを変えないわけにいかないのです。そうなると、それはもはや詩ではなくなります。

　これまで韓国語と日本語の統辞構造はほぼ同じだから、別に問題にはならないと考えられてきました。ただ両国の言語はその語彙が異なるだけで、言語の特色もおもにこの点から考察されてきただけでした。つまり、単語さえ置きかえれば、日本語は韓国語になり、韓国語は日本語になる。その点、同じ外国語でも、英語のような印欧語や中国語に対するときとは違ってくる、ということです。しかし、啄木の歌に見られるように、個々の語彙よりはそれをつなぐ構文上の形態が、ときおり違った特性を示していることに注目しなければなりません。

　ひところ、日本語をよく知らぬ韓国の若者の間で流行ったジョークのひとつにも、そういう点を直感的に表現したものがあります。日本の時計はいくら精巧に作っても、韓国製のよりいつも数分ずつ遅れるというのが、それです。韓国製は「チクタク、チクタク」と時を刻むのに、日本製は「チクのタクの、チクのタクの」といっているからだというのです。

　この冗談は、日本人が片言の韓国語を話すとき、語と語の間に韓国語には不必要な「の」をよくはさむことから来たものですけれど、韓国語と日本語の差異を、たんなる語彙のレベルでなく統辞的な特徴として捉えた、大衆的な直感力の産物であるともいえます。その構文上の違いを端的に示しているのが、この「の」の助詞法なのです。ですから、「東海の……」の啄木の短歌を知らない子供たちの間でも、韓国語に「の」をくっつけて話すだけで、それが日本語のマネとして通用しているほどです。

　実証的にいってもそうです。日本語では「ほしひかり」とはいいません。「ほしのひかり」であり、「ホタルのひかり」であり、「むしのこえ」です。しかし、韓国語では「별《ピョル》（星）의《ウイ》（の）빛《ピッ》（光）」とは絶対にいわず「の（의）」をとってただ「ホシヒカリ（별빛）」といいます。「ホタルのひかり」「むしのこえ」にしても同様です。

「の」を重ねる不思議

ですから、リモート・コントロールということばが日本に伝わると、ただちにその尾っぽが切れてリモ・コンになってしまう、この省略語の王国で、どうして省略してもよい「の」をいろんなところに、まるで盲腸のようにくっつけるのか、韓国人の立場からみればどうも不思議でなりません。

　なにもそれは韓国人にだけ、スフィンクスのナゾとして映るのではないと思います。所有格助詞をできるだけ抑えて、そのくり返しを避けようとするのは、私の知るかぎり、どの民族の場合にしても同様です。西欧の場合を考えてもそうです。ひとつのセンテンスに“of”が三つも重なっている英文は、いくら初歩の中学校の英作文の時間でも、そうそうお目にかかることはできません。たいていの名詞は列車のようにそのまま連結して複合語にしてしまうドイツ語の場合は、あらためて指摘するまでもないでしょう。わりと日本のように

“de”（英語の“of”に当たる所有格）を重複使用する傾向があるフランスでもやはりそれを避けようと努めるのです。

そうですから、啄木の場合のようにわざわざ「の」を重ねることによって、意識的に文章美学の効果をあげるということは、土台想像しがたいのです。くだくだしい説明より、文章にうるさかったフロベールの性格を皮肉った有名な逸話をひとつ引用するだけでじゅうぶんでしょう。

「フロベールはその一生を通じて後悔すべきことをしでかした。それはひとつの文に二つの所有格を重複使用したことだ」というゴーティエのことばが、それです。ゴーティエが指摘したのは、『ボヴァリー夫人』のなかに出て来る――Une couronne de fleurs d'orange（オレンジの花の冠）――という文句です。フロベールがいくら「de（の）」の重複を避けようともがいてみたところで、それはできない相談でした。英国のサマーセット・モームは「英語だったら、そんな苦労をしなくてすんだろうに……」と、その逸話にコメントしています。“Where is the bag of doctor's wife?”（医者の夫人のバッグはどこにあるか）といえば、“of”が二つ重なる見苦しさは簡単に避けられますが、フランス語にはアポストロフィーsの用法がないので、やむをえず“Where is the bag of the wife of the doctor?”という具合に文を綴《つづ》るほかないといっています。

けれども、「山手線」と書いて「やまのてせん」と呼び、「紀伊国屋」と書いて、わざわざ

「い」を省きながらも、「きのくにや」と「の」をつけ加えて読む日本人は、モームの幸運やフロベールの不運に対して、たぶん眼をパチクリさせるだけでしょう。所有格の「の」を二つはおろか三つも重複使用した啄木は、フロベールと違って、ため息をつき、後悔するどころか、かえって日本語のために祝杯をあげたことでしょう。啄木の歌の成功はとりもなおさず、「の」の重複使用というその秘密にあったからです。

涙一滴に縮まった海

その秘密とは何か。複雑さを避けて簡単にことばを縮めようとするのが、好んで省略語を使う日本人の性向です。世界でもっとも短い詩形式である俳句を生んだ民族が、どうして他の民族がいちように避けたがる「の」を、省略してもよさそうな、その「の」を盛んに使うのか。一見矛盾しているようですが、じつはそうではありません。といいますのは、「の」はすなわち、あらゆる考えや形象を縮小させる媒介語的な役割を果たしているからです。

啄木の歌が三十一音しかない短歌であるということと、彼が「の」を多く使ったということとは密接な関連があるのです。詩をそんなふうに短く縮小させられる機能は、「の」の多用によってはじめて可能だからです。

「東海の小島の磯の白砂に……」を分析してみると、よくわかります。まず広々とした無限大の「東海」が「の」によって「小島」に縮まってくる。「小島」はまた「磯」に、「磯」はさらに「白砂」にぐんぐん縮まり、しまいには一点にすぎない「蟹」の甲羅にまで凝縮されてしまうのです。それがまた「われ泣きぬれて……」ですから、あの広い東海は結局、涙一滴になってしまったのです。

啄木の歌は、ですからただたんに短い詩ではなく、東海からはじまる広い世界を凝縮したものであり、世界を縮めようとする、その意識の志向が直接言語にあらわれた形が、三度も「の」をくり返したあの日本独特の構文法なのです。それは、たんなる所有格をあらわす助詞ではなくて、何かを収縮しようとする意識の動きをあらわす助詞ということです。

だから、啄木の詩的本質をなすものは、表層的意味としてあらわされた涙とか蟹とたわむれる心ではなく、「東海」を「蟹」と涙一滴にまで収縮していく、その意識の運動に求めるべきであります。その点が他の国では見出しがたい日本的な詩を作り出す意識の文法でもあるのです。

啄木が他の感情を歌うときにも、つまりその素材が変わっても、この「縮み志向」の想像力は変わりません。

春の雪
銀座の裏の三階の煉瓦造《れんがづくり》に
やはらかに降る

東海の自然がまるきり反対に都市の真ん中の銀座に変わっても、「の」の縮みの文法は同じです。銀座はだんだん縮まって、ついには蟹のときのように煉瓦造の屋根にとまる。池に石を投げたときの波紋とはまったく正反対の運動です。外側から中心へ向かって収縮する波に乗って空間のイメージの輪が、さらに小さな輪へと移る作用は、「の」が爆発する力によって生じるのです。「の」の不思議な爆発は外側に向かって拡がるのではなく、逆に内に向かって迫る力を発揮しているのです。

これはなにも啄木の専売特許ではありません。もっとも不自然とみられる所有形「の」の重なりが、いったん日本に来るとその荊冠《けいかん》を脱いで燦然《さんぜん》たる黄金の冠に変貌する奇蹟が生じます。名訳で名高い上田敏《うえだびん》の『海潮音』のなかで白眉をなすのは、ヴェルレーヌの「落葉」です。例の「秋の日のギオロンのためいきの身にしみて……」ですが、このくだりのヴェルレーヌの原詩には“de”が二つしかないのに、訳詩にはその二倍の四つ（もっとも最後の「の」は主格ですが）も仲良く並んで登場します。それによって美しい鼻音効果の音楽性まであますところなく伝えています。みっともないといわれる所有格のくり返しが、日本人には美しい音楽のように聞こえたりするのです。

つきつめてみれば、「の」の秘密の伝統は、日本文化とほぼ同じくらい古い歴史を持っています。

もっとも古態型に属する『古事記』の歌にも同じ「の」の連用があらわれているのです。雄略《ゆうりやく》天皇が長谷《はせ》の槻《おおつき》の大樹の下で酒宴を催したとき、采女《うねめ》がささげた酒盃に葉が落ちて浮かんだときのことです。天皇はそれを見て采女を打ち伏せ、斬ろうとしたが、そのとき采女は天と東国と田舎を背負っている槻の大樹の姿を歌います。そして「その上の枝の枝先の葉は、中の枝に落ちて触れ合い、中の枝の枝先の葉は、下の枝に落ちて触れ合い、下の枝の枝先の葉は……酒盃に」落ちて触れ合ったと歌ったのです。その歌を聞いた天皇は采女をゆるしたという話です。

啄木の詩が水平的運動の収縮とすれば、『古事記』のこの話は、垂直的運動の収縮となっている、いわば空を覆う大樹が上から中へ、中から下へ降りながらひとつの葉となり、小さな盃に縮まったのです。天は盃となり、槻の大樹はひとつの葉になって浮かんだのです。

「縮み」の意識の文法

メルロ・ポンティの巧みな喩《たと》えのように、人間の精神（感覚・意識）は、スロット・マシーンみたいに硬貨を入れたときにはじめて動く受動的な機械ではありません。それは外界に対して、事物に対して能動的に動いてゆく意識の志向性があり、それが物質と出会うとき、ある意味や形態を帯びてあらわれます。文化もそういうものです。機能も性質も異なるさまざまな形態の文化がありますが、それはしょせん、ひとつの意識の志向性から生まれてきたものとして、捉えることができるのです。

ですから、意識の志向性は個々の語彙より、それらを結んでつなげていく統辞法のなかに、もっともよくあらわれているはずです。もし、他の国ではあまり見られない「の」の連用に、日本特有の〈意識の文法〉を求めていけば、すべての世界を縮めて考え、縮めて表現し、縮めて作ろうとした日本文化のひとつの特徴を掘り下げることができるかもしれません。

啄木は東海と小島と磯と白砂をバラバラにはずして考えてはいない。世界の空間をひとつのつながりとして把握し、それを一点に込めていこうとする志向をあらわしているのです。もし環境と自己を断絶したものとして捉えれば、この詩は絶対に三十一音の短いことばで表現することはできなかったでしょう。東海は東海として描写されなければならないし、小島、磯、白砂もそれぞれ異なる独立空間のなかで描かれなければなりません。一貫性を持ってすべての空間を包んでいくからこそ、込めていくからこそ、それは単一のイメージとしてつながるのです。ですから、啄木の歌は長くはならず、また長くなるわけにもいかないのです。

啄木にとって東海はあまりに広い。彼が東海を身近に認識できるのは、海が自分を包むときです。だから東海とたわむれるということは、自分の小さな指につかまえられる蟹にならなければならないということです。そうなってはじめて、あのアイロニカルな態度――「泣きながらたわむれる」という断絶感と親和力が生じるのです。

入れ子の箱

「の」の連用で空間を収縮してゆく詩的イメージが、実用的な器物にあらわれたのが、日本人の愛用した入れ子文化にほかなりません。ここに箱がひとつあるとしましょう。それを「の」で連結してみれば、「箱の箱の箱の……」となります。箱のなかに箱が入り、さらにその箱のなかにそれより小さい箱が入ってゆく組み合わせが形づくられるのです。数十個の箱であっても、だんだん小さくして順になかに入れれば、「ひとつの箱」におさめることができます。それが日本でよく見られる入れ子箱です。

箱だけではありません。大小が順に入るようにしつらえた入れ子鍋があり、普通七個で一組になっている入れ子鉢もあります。このように入れ子仕立てにすれば、多くの器物でも、小さな空間のなかに整理でき、また簡便に持ち運ぶことができます。

日本人はむかしから、「広く使って小さく納める」省スペースの知恵として、何でも入れ子仕立てに縮めようとした発想を持っていたのです。十尺の長いサオを入れ子にしてつなげば、一尺の短いサオに縮められ、大きな船もまた、分解、組み立てができるように箱形の入れ子にして小さく畳めば陸地でも容易に携行することができるのです。それが入れ子竿であり、近世の軍船だった入れ子船（たたみぶね）でありました。

「の」のくり返しでつくられる「縮み志向」が、ことばの表現にあらわれれば短くて美しい歌となり、実用的器物をつくればもっと可動的で簡便な入れ子物になるのです。

そして、この伝統的な「の」の歌と入れ子箱を見事に合わせて、もっとも前衛的な新しい詩を書いたのが、北園克衛《きたぞのかつえ》でした。一九五七年に書いた「単調な空間」という詩がそれです。なんとここには、八個の「の」でもって五個の「白い四角」が入れ子にされているのです。しかし、この数字はなんの意味もありません。その想像力のなかでは、「の」は無限にくり返されていき、白い四角はだんだん縮まりながら限りなく小さくなっていくのです。直接その詩を読んでみましょう。いや、入れ子箱を見るように、そのまま眺めてみましょう。

白い四角
のなか
の白い四角
のなか
の白い四角
のなか
の白い四角
のなか

の白い四角

2　扇子《せんす》型——折畳む・握る・寄せる

日本オリジナルの風

日本人の「縮み志向」がもっとも単純かつ直接的な形であらわれたのが、あの扇子です。漢字の字解きをみてもわかりますように、扇は元来トビラ（扉）を意味し、世界のどこでもウチワ（団扇）の形をしていました。このようなウチワの歴史は、おそらくアダムとイヴの時代までさかのぼるかもしれません。風が欲しいとき、人々は木の葉でもってあおいだはずだからです。

『古今注《ここんちゆう》』に扇（五明扇）を作ったのは舜《しゆん》であり、殷《いん》代には雉《きじ》の羽を使った雉尾扇があったという記録が見えるのは、なにも驚くほどのことではありません。伝説を信用しなくとも、カイロ博物館に行けば、紀元前十四世紀のツタンカーメン王の墓から出土した優れたウチワを直接眼にすることができます。しかし、それらはいずれも平たい、そして形が固定した団扇型の扇（rigid fan）の話です。

ウチワの歴史はたんに植物の葉から鳥の羽へ、さらに紙へと、材料そのものの改革によるものでした。そういうウチワは、すでに中国では南北朝時代に品格のある芸術品として広く普及していたし、韓国では『三国史記』にも見えているように、高麗《こうらい》以前に早くも孔雀《くじゃく》扇のごとき華麗なウチワが高価な贈物としてやりとりされていました。ですから、他の文化と同様に、ウチワも中国や韓国から日本に伝わったのだろうことは、水が高きから低きに流れること以上に当然な推測といえます。

ところが問題は、このウチワが日本に伝わったとたんに、その歴史に一大革命をもたらした折畳式の扇子（folding fan）が創案されたことにあるのです。率直にいって、世界に普遍化されている文化のうち、日本のオリジナルなものはきわめてまれです。むかしは中国や韓国から、そして近代化以降は西欧からすべての文化を輸入したのが、日本文化の実情にほかならないからです。そうですから、その文化の表皮を一枚ずつ剝《は》いでいくと、タマネギのように何も残っていないといわれます。

しかし、このタマネギ文化において、扇子だけはまったくの例外で、日本人の顔にかなり涼しい風を送っているのです。伝説では、神功皇后《じんぐうこうごう》が三韓征伐の折にコウモリの羽を見てはじめて作ったといわれていますけど、そういう荒唐無稽《こうとうむけい》な説はさておいても、ウチワを折畳んで扇を作り出すというその発想は、どうも日本人から出たものらしいのです。ウチワの歴史で、コペルニクスの出現に当たるともいうべき扇子の登場が、東洋文化の水源地である中国や西洋文化の噴火口であるギリシアでないことだけは、はっきりしています。

高麗扇か日本扇か

洋の東西を問わず、扇子の歴史に関する文献をひもといてみると、扇子の風は珍しくも文化的な逆風を起こしています。『宋史《そうし》』には日本僧、喜因《きいん》が宋に来て、金銀蒔絵《まきえ》扇筥一合、檜扇二十枚、蝙蝠《こうもり》扇二枚などを献じたという記録があります。宋の太宗の面前で、日本の皇室の歴史は中国の三皇のそれよりはるかに古いと自慢した、ナショナリストの喜因。その彼の献上品のなかに扇子があったことは、ひところＪＡＬの国際線で外国人乗客に日本のシンボルとして扇子をプレゼントしたのを連想させます。

さらに宋の熙寧の代に、江少虞《こうしょうぐ》は相国寺（河南開封県）に遊んだとき、日本国の扇子を売っている商人を眼にし、その珍しい扇子について仔細な記録を残しています（『皇朝類苑』）。推測を逞《たくま》しくするより、明《みん》代の記録には「中国には昔から摺扇《しゅうせん》がなかった」（『張東海集』）とあり、東南夷の使者がもたらしたものであることを明らかにしているものもあります（『両山墨談』）。韓国側の資料である朴趾源《パクチウオン》の『熱河日記』もまた、中国にははじめから摺畳扇がなく、すべて韓国の尾扇のような団扇類であったことを証言しています。

ピラミッドを作ったエジプト人も、パルテノンを建てたギリシア人も、扇子の風は知らなかった。つまり、ヨーロッパにもはじめは扇子はなかったのです。扇子の風が吹きはじめるには、ポルトガルの商人たちが中国との交易の道を開拓する十五世紀まで待たなければなりませんでした。それもヨーロッパ各国で扇子が人気商品として登場し、社交界で風を起こすようになったのは、十七世紀になってからでした。そして十九世紀にも、ドガ、マネなど、フランスの印象派画家がよく集まったパリのキャバレー「日本の椅子」では、女給たちがキモノを着、壁には扇子がかけてあったのです。扇子に関するかぎり、中国もヨーロッパも、ともに日本の後進国だったのです。

ただ、扇子が日本の独創品だと断言する日本の学者たちが、心の片隅にわだかまりを持たざるをえないのは、韓国の高麗扇があるからです。中国側の文献には、宋、明代に扇が伝わったのは韓国からであり、高麗の松扇がそのはじまりだと記しているのが多いからです。日本の学者たちは、日本製の扇子が高麗製と誤って認識されたためだろうと主張します。つまり、日本の扇子が高麗に伝わって、さらにそれが中国に伝わったという説です。これには異論の余地がなくもありませんが、宋の徐兢《じょきょう》が書いた『高麗図経《こうらいずけい》』を見ると、高麗扇に描かれた絵の人物に日本の着物をまとった人がいるなどのことから、どうも扇子は日本人の発明品だという説にうなずけるところがあります。それはともかく、なによりも何かを折畳む発想と「縮み志向」の日本文化を考えれば、これまた納得がいきます。

それに、だれが先に作ろうと、ウチワよりも扇子をあれほど好む民族は日本人しかいないということもあります。はじめて折畳式の扇子を見た中国人（宋）たちはみな「譏笑《きしょう》」したといわれています。扇子が中国で広く普及するまでには長い時間を必要とし、それまではせいぜい妓女《ぎじょ》の間で使われる程度にすぎなかったのです。大陸人の眼からすれば、そのいかにも小器用な扇子はオモチャとしか見られなかったのでしょう。のびのびとした中国人には、日本的なその「縮み」の志向力は理解できなかったのであり、そのため男とは違ってわりと繊細な女性、そのなかでも妓女の好奇心の対象となったのです。

このような事実を裏返していえば、扇子が日本の開発品であるということと、それが日本人特有の「縮み志向」とけっして無関係でもなければ、また偶然なものでもないことがわかります。

扇子のマトリックス

世界のどの国にもウチワはあった。しかし、だれもあの平たいウチワを畳んで縮めようとは考えませんでした。日本人が扇子を開発したということは、日本人だけがそういう着想をしたということであり、それは日本特有の文化構造を生み出す「縮み志向」を意味しているのです。

「日本人はいかにして扇子を創案するようになったのか」。これについて学者らはいろいろな仮説を立てています。

「中国から紙張りウチワが輸入されるや、日本ではビロー樹というシュロの一種の葉でウチワを作った。これは今でも九州辺りの特産になっている。ビロー樹の葉は横から握ると畳むことができる。そんなことがヒントになって、やがて木の板を薄く集めて糸で綴じ合わせ、開いたり閉じたりできる檜扇という板扇が発明された」と主張する学者がいます。また、扇子は「笏《しゃく》」から着想を得たという説もあります。最初の扇子は、「笏」の形とよく似ている檜板を材料にした檜扇であり、「笏」も扇子もともに朝廷で使われた礼器という共通点があるからだというのです。そしてまた、多くの板を合わせ、穴を開けて綴じた古楽器の「拍」からその着想を得たのだろうという仮説もあります。

しかし、問題はどの説がはたして妥当かの究明にあるのではありません。こういった仮説は、万有引力の法則の発見はリンゴの落下から来たものであり、蒸気機関は沸騰する湯気で薬缶《やかん》の蓋《ふた》が動くことから来たという俗説と同じく、さして重要な意味を持っていないからです。リンゴが木から落ちたり、薬缶の蓋が動いたりするのは、ニュートンやワット以前にも、多くの人々が数限りなく目撃してきたはずです。けれども、それが引力の発見や蒸気機関の発明にはつながらなかった。ですから、ニュートンやワットの持っていた物理学的な関心と洞察力こそ重要なのです。

それと同様に、それがシュロであれ笏であれ、はたまた拍であれ、そういった外的なモメントよりは、ものを縮めようとした意識の志向性が扇子を生んだ子宮と考えるべきです。シュロや笏などはせいぜい扇子を誕生させた父系にしか当たらないといえるでしょう。われわれの関心をそういう父探しではなく、それを孕《はら》み、成長させた母親的マトリックスに当ててみるならば、扇子が日本文化のひとつの原型をあらわすという新しい視線と出会うのです。

単刀直入にいって扇子はウチワを縮めたものです。その方式は、それに使われた材料を畳んでひと握りにできる形に変えることでした。そうすることによって平たい平面の拡がりは一本の棒（線）になってしまいます。それは離れた客体としてしか存在しなかったウチワを容易に自分の体内に引き入れて密着させられるものに変えたことと同じです。「袖の裡《うち》に半《なか》ば隠るる扇こそ未《いま》だ出やらぬ月と見えけん」と歌った恵慶《えぎよう》法師の和歌のように、扇子は袖の裡に納められたウチワなのです。ウチワが月であるとするなら、扇子は「未だ出やらぬ」潜在したその月です。

重次《しげつぐ》の俳句はそういう気持をもっと鮮明に表明しています。「日月を手にも握るや修羅扇」が、それです。恵慶の「袖の裡に隠れた月」が、重次になると、直接「手に握る月」になります。もちろんここでいう日月は扇に描いてあるそれの意味ですが、重次がわれわれに示しているのは、あの広い世界、抽象的で遠く離れている宇宙をいっきに引き寄せ、縮めて手に握れる扇子の機能です。扇子を畳むということは、世界を縮めることであり、それは広い平面を広い平面としてそのまま客体化するのではなく、具体的に簡便に手に握れるようにすることです。こうしてウチワの世界は自分の身体と密着でき、身近になり近しくなって簡単に取り扱うことができます。ですから扇子型の「縮み志向」には認識論と美学と実用性の三つのファクターを同時に読みとることができるのです。

握りめし文化——引き寄せる

まず扇子が世界認識の道具として使われたことは、それがたんに風をあおぐ実用品として使われたのではないという歴史的事実を考えてみれば、容易にうなずけます。もともと扇子は宮廷での儀礼品として作り出されたものであって、実用的な送風器として庶民の間で使われたのは江戸時代になってからのことでした。このような扇子の歴史を見ますと、ウチワを縮めてコンパクトな形に変えた発想は、簡便さを追求するたんなる実用主義からというより、事物を認識する仕方のあらわれ、つまりその象徴性にもっと大きな意義のあることがわかります。

扇子が宗教儀式とからまって、「カザチグサ」「カザウグサ」「カハタキ」などのような伊《い》勢《せ》御《お》田《た》扇ができたことばかりでなく、檜扇であれ、紙扇であれ、それは日常生活のなかでも礼物としての役割を果たしたのです。ずっとむかしから扇子を功臣に賜ったという故事があり、実際その用途においてもたんに涼をとるだけでなく、礼服の服飾品として使われたといいます。ウチワとは異なり、扇子がこのように宗教的な礼物となり、いまでも相手への恭敬をあらわす礼物として贈られるのは、それが一種の象徴的な認識を得ているからです。扇子は畳むことができるから、開くこともできます。開いたり畳んだりする扇子の集約的な機能は、世界に運命が開かれ、また閉じられることを、そして風をはじめそれをあおぐ行為は何かを手で招くことと同じものですから、いっさいの神秘な抽象性をじかに手で握れるようにします。漠然とした世界を具象的に、しかも身近に認識することを通じて体験するのです。宗教の儀式はすべて、このように超越的なものを具体的な形によって認識しようとする思考のあらわれなのです。そういうわけで、石州《せきしゅう》扇は茶道に、花田扇は葬儀の礼具として、枝扇は古代の僧侶にとって数珠のような役割を果たしています。つまり扇子がこのように儀式的礼具として使われたということは、それがとりも直さず象徴的認識の道具であることを意味するのです。

ですから、扇子型の「縮み」志向には「招く」・「引き寄せる」・「握る」という下位概念が含まれているのです。日本人の想像力の動きには、自分が外の世界に向かって、超越の神に向かって出ていくというより、それを自分の内に招き、引き寄せようとする強い傾向が見られます。文学作品にあらわれる「風」のイメージは、どの時代のどの国においても、一般的に「過ぎ去る」ものを示すことが多いのです。だから『風と共に去りぬ』のようなイメージが風の典型的な意味になっているのです。しかし、日本では風は向こうの世界から自分に訪れるもの、自分を包むもの、つまり「招く」・「引き寄せる」のイメージになっているのです。ある研究者の調べによると、こういうイメージの「〜風ぞ吹く」という型の和歌が、『新古今集』には四十首以上にものぼっているといいます。

日本の伝説には、扇子をあげて太陽をよびもどした権力者が神の怒りにふれて没落した、という話がありますが、俳句では月を引き寄せるイメージは数えきれぬほどたくさんあります。中国の李太白《りたいはく》のように、韓国人も、月を愛してさかんに歌に詠んでいますが、そのおもなイメージは月を自分のほうに招き、引き寄せるというより、自分がこの世から月の世界にいこうというものです。「月の桂樹を金と銀の斧で切り、三間の草庵をつくって父母といっしょに千年万年暮らしていきましょう」という韓国の民謡が、それです。

でも、日本の俳人はおもに月を遠いところから手元に引き寄せる扇子型の想像力で歌っているのです。「盗人にとりのこされし窓の月」と吟じている良寛《りょうかん》の月は、財布のようにふところにある月なのです。そしてまた、「赤い月是は誰のぢや子ども達」の一茶の句では、月は子供の手のなかにあるオモチャです。

そうです。扇子型に見られる日本人の「縮み志向」は、何かを引き寄せて手で握る、具体的な認識の方法をあらわしているのです。それをほかのことばでいえば、「握りめし文化」になるのです。食物を手で握ってつくるように、日本人は手のなかに入れて触らなければよくわからないのです。おにぎりでなくても、日本人は韓国人とは違って、ご飯をよそった茶碗を手に持って食べるのです。そんな食べ方をすると、韓国では乞食になってしまうのです。ですから仏様も、ただ拝むだけでは実感がないので、日本では直接手で触れて福を祈る「手さすり仏」「さすりアミダ」(鎌倉)があるのです。

こういう特別な例でなくても、心のうちで考えるべきもっとも秘めやかな祈りまで、日本人はまるで手で握るごとく、絵馬に書いてみなければわからないのです。だから、感情も握りで、「手ごたえ」「手ごわい」「手痛い」になるのです。

扇子を畳もうとしたのは、それを手で握れるようにすること、すなわち、手ごろ、手軽にすることなのです。日本人は頭だけでなく、手で考え手で見るのです。だから大きいもの、抽象的なもの、いわば手のなかに入れられないものは、「手にあまる」ものとなり、どうも「手に負えない」のです。

動く美術品

扇子の縮みの機能は、日本的な美学においてもその原型をとどめています。実用品である以前に芸術品として存在理由を持っているということは、くだくだしく説明するまでもないでしょう。扇子に描かれた絵や文字は、他の紙に描かれたものや壁画とは違います。壁画はウチワの絵と同じです。しかし、扇子の場合には同じ文字や絵であっても、それを畳むことができます。その絵はいつでもその気になりさえすれば、懐中に携えることができます。壁に掛けた絵では満足できず、袖のなかに持ち運ぶ絵に変えたのが、扇子にほかならないのです。壁に掛けた絵が電蓄であれば、扇子の絵は持ち歩くあのウォークマンみたいなものなのです。だから、日本ではむかしから、キモノに絵を描き、それを着て歩く珍しい風俗もあったのです。

扇子は動く美術品です。そうしてみると、日本人が固定した額縁画より、すぐ巻くことのできる掛軸とか絵巻のほうを好んだわけがわかりそうです。

機能面だけでなく、扇子の狭い面に絵を描き入れようとすれば、その対象が花であれ山であれ、より小さく、より細かく、ぐっと縮めた形に描かなければなりません。それを畳むにつれて、その縮小された絵はさらに小さな部分に変わっていきます。扇子を作る細工にしても同様です。檜扇は厚い板を紙のように薄く削らなければならない。工法そのものがすでに繊細な縮小の美学を内包しているのです。

扇子を使用する面でも、扇子は謡曲と結びついて謡扇となり、舞と一体となって舞《まい》扇となります。とくに能の仕《し》舞《まい》扇は、扇子そのものが能の芸術を生んだ直接の動機とされています。ポール・クローデルの表現を借りれば、「それは咲きにおう花、手にある炎、思惟の地平、魂の響き」であるのです。歌舞伎も扇子を必要とします。つまり扇子のあるところに絵画が、舞が、劇があったのです。

縮みのもっとも完全な原形である半円の扇子の形そのものが、日本人にとっては美の原型なのです。偶然の一致とはいえ、日本の象徴である富士山の形を見てもそうです。

扇子はいくら開かれても、その原形は縮みの限界を帯びており、縮小可能な緊張の形（半円形）――つねにカナメの一点に集約されて閉じられる形として存在します。扇子の形は西洋の遠近法とは逆に末が広くなっているので逆遠近法となっているのです。それが日本人の愛好する「末広」であり、日本の絵画や庭などにあらわれている独特な逆遠近法の母型ではないでしょうか。

トランジスタ文化は平安時代からあった

だからといって、扇子の実用的機能を忘れてはなりません。平安朝の末期、京都では扇子の大量生産体制が取られました。扇子は日本人の認識（思想）や美学ばかりでなく、実用的な商品としての原型でもあるのです。

はっきりと実証はできませんが、「現在、商家が何々屋というのは、元来、扇商の看板に屋《ちゆ》とせしに基づく」（畑維竜『四方《よも》の硯《すずり》』）という説を認めるなら、日本の商品を作り、それを売り込んだ商業主義のトップバッターは扇商だったといえましょう。扇商はたんに日本国内だけでなく、紙扇を作りはじめてからは、中国大陸にまで市場を広めていきます。これらの扇貿易商は足利時代までつづき、その莫大な利益のため、扇子作りだけは幕府が直接管掌していたといわれています。中国人は日本から輸入した扇子をヨーロッパへ輸出する伝達貿易をするようになります。日本商品が世界市場を席捲《せつけん》するのに成功した最初の栄誉のトロフィーは、扇子が手にすべきでありましょう。

そのために日本の学者のなかには、英語のファン（fan）は日本の扇、つまりセンを語源にしているという、あきれた主張をする人までいます。しかし、常識的に考えてみても、ヨーロッパには日本の扇子が伝わる以前からウチワがありました。どうしてそれに名称がないなどといえるでしょうか。英語のファンはラテン語のvannusから来たものであり、それは穀類を篩《ふる》って、粒と塵をわける箕《み》という道具の名前です。

ややこしい詮索はさておきましょう。ただ英語のファンまでも日本語から来たと主張するほどに、扇子が世界を動かした日本の商品であったということだけ理解すれば、それで充分です。われわれが興味を持っているのは、その語源より、日本の扇子がどうしてそういう世界的商品になったのかという点です。

はっきりしているのは、扇子がウチワよりもコンパクトであるために携帯に便利だったということと、第一印象できわめて珍しいという感じを与えただろうという点です。縮めることによって、より小さく簡便な商品を作ること、なるほど！　と感嘆の声をあげずにはいられないように、製品を珍しく作ること……これがむかしもいまも変わることのない日本商品の特性かもしれません。

扇子の縮み志向が実用性（商品）と結びつけば、簡便性となってあらわれます。そして扇子は鉄扇となってピストルみたいな機能を果たす武器になったりもします。「込める」というあの志向力が入れ子文化をつくったように、折畳むという志向力が扇子をはじめさまざまな日本的特性を帯びたものを作っていったのです。日本人は何を見ても、すぐ折畳もうとしましたから、部屋と部屋を仕切る壁までも畳んで、世界でもっともフレキシブルな「ふす

す。

しかし、「提灯《ちょうちん》」の場合はどうでしょうか。日本の提灯は中国や韓国のものと形はよく似ていますが、その構造は違っていて折畳式になっているのです。伸縮自在で、使わないときにはいくら大きな提灯でも、ぺしゃっと扇子みたいに畳むと、紙一枚の薄っぺらになってしまいます」を作ったのです。

時代が変わっても、折畳もうとする日本人の「縮み志向」には、衰えのかげはすこしも見られません。日本は大正年間にドイツからスライド式のカサを輸入していますが、一九五〇年代には世界最初の折畳式（folding）カサを作り、むかしの扇子の例と同様に、それを小型化して逆輸出する。そして世界の市場を制するのです。傘はもともと折畳んだものですから、だれもそれをもっと折畳もうとは考えなかったのです。それを日本人は何度も畳んで、八〇年代に入ると、三段折畳式という世界最短の全身十八センチのカサが新発売されるのです。そうして、扇子のごとくカサも、ついにふところのなかに入っていくのです。

手ごろ、手軽主義の小型に作ること、そうしながらもよりコンパクトにして機能をもっと高めること、そうするためには縮めなければならないという着想……これが戦後、日本商品の世界市場進出の突破口を開いたトランジスタ製品です。ですから、トランジスタ文化は平安時代からあったといえるのです。

中国から伝わった紙ウチワを見て、それをたんに縮めただけで逆輸出の奇蹟を生み、機能主義の西洋にまで日本扇の旋風を巻き起こしたのです。その旋風は今日においても止むことを知らずに吹き続けています。より簡単に縮めた日本のカメラと家電製品の貿易の風が、それです。中国や欧米から文化を輸入したときでも、縮めて手に握る発想においてだけは、断然先んじることができたというのが、ほかならぬ日本的な特性でもあったのです。

供給過剰になって中国市場で扇子の売れゆきが思わしくなるや、日本の商人は脅して売るようになり、あげくにそれが略奪にかわったのが、かの悪名高い倭寇のはしりであった、という日本の学者みずからの証言を聞いていますと、それも一種の貿易摩擦というのか、思わず口許に微苦笑が浮かぶのを禁じえません。中国の『皇朝類苑』に、倭寇を扇にたとえて罵倒する「倭扇行」が記されているのを見てもウソではないのです。

このように扇子の商品的特性とその歴史をつぶさに考察してみると、けっして「昔の光今いずこ」ではないのです。

3　姉さま人形型――取る・削る

人形の国

「縮みの志向」でもっともよく見かけられるのは、ミニチュアの型です。実物をそのまま縮小させたり、それを真似て小さな模型を作ったりする方法です。もちろんこの「縮み」においても、日本人は他のどの民族にもその座を譲りはしません。ミクロの世界記録をのぞいてみても、それはすぐにわかります。世界でいちばん小さい飛行機の模型は、全長一・六ミリ、翼幅一ミリという、ハエよりも微小なものですが、きちんと付属品がついていて立派に飛ぶことができるといいます。米国コロンビア市で開かれた世界紙飛行機大会（一九七〇年）でグランプリを獲得しているから、けっしてウソとはいえません。この超ミニ飛行機はほかでもないメイド・イン・ジャパン（滋賀県・竹若弘祠さん）です。

世界最小のオートバイの記録もまた、日本人がその栄冠の月桂樹を授かっています。全長十七・五センチ、重さ一・七キロ、イスの車を利用したタイヤは直径五センチですが、模型飛行機用のガソリン・エンジンをバッテリーで始動させてまわすという仕掛けです。これを作った東京の長谷川修士さんは、このオートバイに乗ってみごと十メートルほど走ったといわれます。

ミニチュアを作製するには、緻密さと繊細さがその土台になければなりませんが、むかしから日本人は米粒に字を書き込んで、何字まで詰められるかを競ったものでした。これまでこのミニ文字オリンピックの金メダリストは、一粒の米になんと六百字、ゴマ粒に百六十字、大豆には三千字も書いたという吉田伍堂さんです。書き込みから彫り込みに進んで、これまた米粒ひとつに四十六字、それも一分そこいらで彫るという信じられない話もあります。だから日本に、虫メガネで見なければ見えない二万点ほどの細字芸術品ばかりを集めて展示しているマイクロ美術館があるのも、すこしも不思議ではないのです。

しかし、個人の記録を並べることだけでは、ミニチュアの「縮みの志向」が日本的なものとはいえません。どの国でも一つや二つのこのような例のリストは作成できるからです。他の民族と比較し、たしかに日本的だといえるためには、ひとつの基準がなければなりません。それには特殊な個人や個別的なミニチュアではなく、それが民衆文化の普遍的な現象としてあらわれているものを基準にしなければならないのです。そうです、それがまさに人形なのです。

どの国にしても、原始宗教では人形が魔よけや豊作の呪術物として使われましたから、人形のない文化など、ちょっと想像しがたい。しかし、それが宗教的な呪術効果だけでなく、玩賞や玩具の審美的な機能を帯びて本格的な人形文化を形成した国は、少なくとも東洋文化圏ではまっさきに日本を指折らないわけにいきません。日本がその生活文化において、中国や韓国といちじるしい差異を示している特性のうちのひとつが、この人形文化にほかならないのです。

同じ宗教儀礼といっても、韓国や中国では、むかしもいまも、ミニチュアの展覧会にも似た、あのひな祭はなかったのです。日本に仏教を伝えた韓国にも、中国にも、「人形の寺」(京都・宝鏡寺)というものはありません。人形師という職名とか、人形町という町名とかを見つけることもできません。

むしろ韓国では人形に対して一種のタブーみたいなものがあって、開化以前には子供が人形と遊ぶことなど考えられないことでしたが、日本では平安時代にすでにひな遊びがあったといわれます。『源氏物語』には、「ことしからでも、少しは大人らしくあそばしませ。もう十歳から上になられたお方は、人形遊びはよくないと申します」というくだりがあります。ひな遊びに熱をあげている紫《むらさき》の上《うえ》を女房がたしなめていることばです。

ところで、紫式部のライバルである清少納言の文章に人形が抜け落ちるはずがありません。日本人の小さきものに対する愛好心の証言であり、その目録でもあった『枕草子』の「なにもなにも、ちひさきものはみなうつくし」とのべている一節を直接読んでみましょう。

ちひさきものはみなうつくし

うつくしきもの、瓜《うり》にかきたるちごの顔。雀の子の、ねず鳴きするにをどり来《く》る。二つ三つばかりなるちごの、いそぎてはひ来る道に、いとちひさき塵《ちり》のありけるを目ざとに見つけて、いとをかしげなるおよびにとらへて、大人などに見せたる、いとうつくし。……雛《ひひな》の調度。蓮《はちす》の浮葉のいとちひさきを、池よりとりあげたる。葵のいとちひさき。なにもなにも、ちひさきものはみなうつくし。（『枕草子』一五一）

そしてさらにヒヨコ、水鳥の卵《こ》、瑠璃《るり》の壺などがつづいていますが、そのなかで人間がつくった小さきものは「ひひなの調度」と「るりの壺」なのです。

「うつくしい」という日本語それ自体に、人形文化のミニチュア志向を見ることができます。漢字の「美」は、「羊」の字に「大」の字を合わせたものです。腹いっぱいうまく食べることのできる大きな羊、つまり中国では大きなもの、豊満なものが美しいものなのです。美をあらわす韓国語「아름답다《アルムダプタ》」も、たしかではありませんが、なにか充実したもの、膨脹したものとかかわりがあるといわれています。しかし、日本語の「うつくしい」ということばだけが、すでに『枕草子』の一節で読んだように、小さきものに対する愛、可憐《かれん》なものに寄せる慈愛など、可愛いという意味から転じたものです（あの「くはし」ということばの原義をもう一度思い起こしてください）。そうしてみると、なぜ日本だけが東北アジアで人形の国になったのかわかりそうです。

　玩賞人形の歴史だけが古いのではありません。その種類も空の星ほどに多く、裸の御所人形、衣裳を着た浮世人形、二十人立ち、三十人立ちの多人数揃えを組にしたきめこみ人形、木彫りに彩色した奈良人形、紙や錦で男女の姿をかたどった紙びな、箱庭にも使われた小さい芥子《けし》人形……と、きりがありません。また、その素材においても作り方においても、日本の人形文化は東洋ではもとより、西洋でもその座を明け渡す心配はありません。そして日本人形の特性にしても、それはひなとか芥子とかの名称のように、巨大なものや等身大のものより、小さくて精巧なところにありましたから、ミニチュアの典型といってよいものです。

けれども、この人形のなかでも、日本独特なミニチュアの縮み方をあらわしているのは、姉さま人形ではないかと思います。ことにそれは江戸姉さまのみならず、ほとんど日本全域に拡がっている民間伝承の郷土人形ですから、民衆の文化をもっともよく反映しているとみられます。韓国にも民間で草を使って作ったカクシというのがあります。しかし人形としての体裁をとることができずに、子供たちのままごと道具に終わってしまいました。

手足を取る

姉さま人形は大きなものをそのまま縮めていく単純な型のミニチュアではないという点からしても、そうなのです。素材が草であれ紙であれ、そして地方によってその形態がどう変化しようとも、姉さま人形が姉さま人形たるゆえんは、その手足が省略されているという特徴を持っているからです。つまり姉さま人形が見せてくれている縮みの様式は、手も足も取っていく、その簡潔化に求められます。人間の形態を削りに削って単純化していけば、姉さま人形のごとく頭の丸と身の直線とが残るでしょう。目も鼻も口もいっさい省略され、顔までがのっぺらになっています。その美しさは、形態の原型からたちのぼる単純性にあるといえます。

人間の姿から手と足を省略してしまうこういった縮小の様式は、こけし人形にも見出すことができます。こけしは東北地方の温泉場の土産品として売られたもので、その歴史はそう古くありません。でも、姉さま人形とは関係なく独自的に「木のわんやおぼんを作っていた木地屋《きじや》の手によって作られていた」という話があります。こけしという名称も、たしかではありませんけど、コゲス（木削子）すなわち木を削って作った人形の意と推測されています。してみると、姉さまもこけしも、取る、削るという縮みの共通的な発想から出てきたものだといえますし、そこから事物を単純化し、簡素化するところに美と機能を求めようとした日本人の心を読みとることもできるのです。

日本人がダルマを好んだのも、こういった側面から分析してみれば、それが禅思想の影響とばかりとはいえないでしょう。ダルマから手と足が切り取られたのは、面壁九年の坐禅の伝説からきたものですが、そういういわれよりも、日本人にそんな形が愛され装飾物のように飾られたのは、姉さま人形とかこけし人形とあい通ずる血脈を持っているからではないでしょうか。日本固有の神様、えびすやほていなど七福神の姿をごらんなさい。その姿はいちようにひとつの球体に近いものとなっています。

複雑なもの、ムダなものを大胆に切り捨てる。侍だけが刀を持って切ったのではありません。手も足もないあの姉さま人形は、日本の美学のいたるところに見られます。世界の国旗のうち、もっとも単純な日の丸から、最小限の線と線とで形づくられた鳥居の構造にいたるまで……。いや、形態ばかりではありません。文学や言語にも、われわれはその削り取る簡潔の美学をうかがうことができるのです。万葉の長歌が短歌の三十一文字になり、さらに俳句の十七文字になります。学問も江戸時代の富永仲基《とみながなかもと》がすでに論破しているように、中国の「文」（つぎつぎに文を加えて重ねていく）とインドの「幻」を比べ、日本の学問は「絞」にあるということです。「絞」というのは「要するに」のごとく、何かを要約するものだといいます。

仮名作りの発想と「どうも」文化

日本人が仮名《かな》を作った発想法も、姉さま人形と同じものです。自国の文字ができる前に、漢字に接したという条件では、日本と韓国はすこしも変わりありません。しかし、その漢字文化圏で自国の文字を作った発想には大きな溝があるのです。韓国の文字、ハングルは抽象的な音声体系によって漢字とはまったく異なる固有の表音文字として作られました。簡単にいえば、ハングルは母音と子音体系の組み立てによって独創的な形の文字を作っていくものです。しかし、日本は漢字を手本にし、それを簡素化して、仮名文字を作りあげたのです。いってみれば、姉さま人形のように漢字の手足を切って単純化した文字を作りあげたのが、あのアイウエオなのです。阿から可を切り捨てて「ア」とし、伊から尹を削って「イ」としたのが、日本の文字です。ひら仮名も同じやり方で、安をくずし、単純化して〝あ〟を作ったのです。だから、その文字は複雑ではない大気循環のいい文字です。

いま一度くり返しますが、「縮み志向」とはすでに「作られたもの」ではなく、「作っていく」動的想像力ですから、姉さま型の縮みは物質にも精神にも、同じ構造を持った変形を作っていくはずで、必然的にことばにもその作用がみられます。

人間から手足を取るように、日本のことばづかいをよく観察してみますと、頭だけ残してあとはみな省略してしまう、世界でも珍しい縮小語を使っているのがわかります。それが、よく話題にのぼる「どうも」文化です。どうもはたんなる副詞ですから、たかだか帽子や手袋のようなものです。それは頭や手の実体があってこそはじめてその役割を果たすものです。

ところが、なんでも切ってしまう日本人は本体の意味は切り捨てて、「どうも」だけを残して使うものですから、外国人には変に聞こえてしかたありません。「どうもありがとう」とか「どうも気の毒です」とか「どうもめでたい」とか、あるいは「どうもけしからん」とか……「どうも」はどうも意味が千差万別ですが、日本人はどこでも、どうもで通じてしまいます。ですから、結婚式場でも「どうも」であり、葬式場でも「どうも」であるといわれています。

ちょっと想像してごらんなさい。どうもは英語では「ベリ」の意味もありますので、日本式にいえば、「サンキュー・ベリ・マッチ」というとき、ただ「ベリ」とだけいうことになります。「ベリ」「ベリ」とやり合う米国人を、いや韓国語では「テダニ」ですから、顔を合わせてたがいに「テダニ」「テダニ」という韓国人の姿を考えると、どうも吹き出さずにおれません。

しかし、日本人がそれを使っていると、きわめて自然にみえる。というのは、それが日本語の縮み方の特性だからです。「今日は」とか「今晩は」というあいさつ語にしても、みなそうなのです。「今日はお天気ですね」「今晩はいい夜ですね」が、「どうも」の場合と同じく本体がみな切り捨てられて、帽子の金モールだけが残っているのです。

もっともはげしいものが「只今《ただいま》」で、これは英語の now という意味ですね。「只今」だけでは、出掛けるというのか、帰ってきたものかも区別がつかないことばなんです。

「現代はせかせかして忙しいから、しまいまで全部話し切れなくなって、そうなってしまった」という人もいるでしょうけれど、「さようならもうここでおいとまを乞います」というあいさつ語が「さようなら」だけで通じたのは、むかしの大名時代からのことなのです。江戸時代の「どうも」文化は、もっと短いもので「もう！　もう！」だったそうです。

「平和なお城の一日は、お小姓の奇妙な『もう！』という声にはじまる。それは本丸表御殿の深部に起り、『もう！　もう！』とこだまのように広い城内へ呼び継いでいくのである。といっても牛啼《な》きの目覚時計ではなく、殿様が『もうお目覚めでござる』というお小姓独特の略語だった」（稲垣史生『日本の城』）という話を聞いても、修飾語だけ残してそれを受ける本体を取ってしまう不思議な日本の略語が伝統的なものだということがわかります。

外来語が日本語化するということも、つまり省略されるという意味にほかなりません。トレーシング・ペイパーがトレペになり、テープ・レコーダー、マザー・コンプレックスも日本語化すれば、テレコとなり、マザコンとなってしまう。そして外来語のイメージ・チェンジ、いや、それも日本式縮小語になおせば、イメチェンが行われるのです。古い世代には懐かしいモガ・モボ（モダン・ガール、モダン・ボーイ）があり、学生運動華やかなりしころのノンポリ、アングラ、果てはレスカ（レモン・スカッシュ）にいたるまで、数えあげていけば、それこそきりがありません。

集約と背面美

姉さま人形は取って削る縮みの志向性ばかりではなく、同時に一点集中の集約性の志向性を見せる第二のファクターを示しています。手も足もない、しかし髪はすこぶる緻密に、瑣《さ》末《まつ》的なまでに再現されているのです。その意味で、姉さま人形は髪にポイントをおいている人形なのです。日本の縮み文化にはかならずといっていいくらい一点集中の中心点がありますから、それを見きわめなければいけません。一方では省略し、一方では強調するこの典型的な縮約法の両面性を、またその相互関連性を申し分なく表現している姉さま人形を作るとき、もっとも手がかけられるのが、その頭の部分なのです。

髪型はまた複雑にこまかく分けられています。それによって数十種の異なる姉さまが誕生するのです。髪の作り方にしても、前髪、両鬢《びん》、髱《たぼ》と別々に作って、それを順にくっつけるのです。それに独特な髪の結い方——島田、桃割れ、勝山《かつやま》おばこ、だるま返し……など数十種の結い方で髷《まげ》を作り鬢のうしろにつけるのです。いうまでもなく、繊細なつけ方の位置いかんで人形全体の雰囲気が違ってきます。つまり、島田の場合、上のほうへのぼり気味にすると若くなり、下げ気味にすると粋《いき》になるというのです。

すが糸と元結《もとゆい》締めで仕上げたその髪には、それぞれ髪飾りを作ってつけます。髪飾りはミニチュアのショーウィンドーです。精巧に作られた小さな花かんざしに、ピンセットでも取りつけがむずかしい黄・赤・ピンクの花があふれる。また、つまみぐし、こうがい、中巻、丈長……すべてが細かく小さい幻のようなミクロの世界です。

日本人のことばづかいもこれに似ています。すでにいいましたように、手足を取るごとく世界に類例のない略語を駆使しながらも、話すたびに敬語にはしきりに「お」（御）を重ねてつけるのです。事物名の名詞ばかりでなく、行動をあらわす動詞にまで「お」をくり返し使う敬語は、手足のない姉さま人形の花かんざしのような繊細さを連想させます。そうですから、トイレットをトイレと省略して、英語辞典の血統にもない畸型児を生み出しながらも、こんどはそこにわざわざ「お」をつけ加えて「おトイレ」としてしまう悲しい日本語も、ときたま見つけられるのです。

姉さま人形型に含まれている縮みの第三のファクターは、いささか話が違いますが、表を裏に縮みかえる含蓄性といわれるものです。姉さま人形が他の人形とは違う、そしてじつに世界のどの人形とも違う独特なミニチュアだというのは、その飾り、見せどころが他のそれとは逆になっているからなのです。

「姉さまは後ろ姿を表に見せて飾る」といわれている、そのことです。人形だけではなく、日本女性の衣裳風俗からが世界にそのためしを見出しがたい構造となっていて、和服はおもに後ろの背面を飾る特色を持っているものです。世界の衣裳は（衣裳ばかりでありません）すべて顔のある表が中心ですから、アクセサリーとかベルトの結びとか、みな表向きのデザインになっています。しかし、日本でだけは後ろ結びの帯で背面を飾っています。口さがない外国人たちはそれを見て、「枕を背中に準備して歩くエロティシズム」といっていますが、髪型も、後ろの首筋を露《あら》わにするそり返った襟《えり》も、みなおたいこと同じように背面美を強調するものであることがわかります。

姉さま人形もこの美学を反映したもので、あらゆる人形が顔を見せているのに、ただ姉さま人形だけが後ろ姿を――あの元結締めで結いあげられた美しい髷の髪型と大きなおたいこを、表のものとして見せているのです。

ここに日本の美学の秘密があるといってもいい過ぎではありません。同じ仏像であっても、インド、東南アジア、中国、韓国などのそれには後面のない浮彫りが多いけれども、おかしなことに日本のそれはほとんど丸彫りになっており、浮彫りのものはなかなか見つかりません。

また日本のように武家社会では前面の百八十度だけに敵がいるのではなく、その後ろにも危険があったので、すぐれた侍は背中にも眼を持っていなければならないということばもあります。後ろからひそかに切りつけようとしても、相手に一分のスキもないように思わせる技倆《ぎりょう》を磨かなければならないということです。

日本人は永遠に閉じられたあの後ろ姿に、逆に開かれた表での顔を見るのです。顔は語り、動き、たえまなくなんらかのはっきりしたメッセージを明るみに出すのです。しかし、結いあげられ、つまみぐしで止められた暗い髪型のあの後ろ姿は、沈黙し、ためらい、たえず暗号のように何かを隠し、暗闇のほうへ過ぎ去ってしまうのです。ですから「後ろ姿を表に見せて飾る」姉さま人形とは沈黙で語りの世界を、静で動の世界を、暗い闇で光のある明るみをあらわせるのです。たしかに「霧しぐれふじを見ぬ日ぞおもしろき」です。芭蕉《ばしょう》は「霧しぐれ」で富士山を見ています。「み渡せば花ももみぢもなかりけり……」と、定家は空虚な秋枯れの夕暮で春の花と秋の紅葉を見ています。

取る（省略・単純性）、集約する（繊細性）、裏で表を、すなわち単純なもので複雑なものをあらわす含蓄性の美学が言語のそれにとってかわれば、省略法の「どうも文化」が生まれたり、芭蕉の俳句となったり、ときには手を能面に近づけただけで号泣をあらわす能のしぐさ、葉と花をぎりぎりまで取り落とした一輪ざしのいけ花などにもなるのです。

4　折詰め弁当型――詰める

食膳を縮める

フランス人は彼らの味覚がいかに繊細で個性的かを自慢しようとするとき、きまってチーズの種類が千種以上にもなるということを強調します。さあ、ここでそれに匹敵しうる日本人の食物は何でしょうか。豆腐？　そうですね。木綿、絹ごしをはじめ、寄物《よせもの》のクルミ、ゴマ、タマゴ、磯豆腐など、その種類が多いことは多いのですが、チーズにはかないません。またそれはあくまでも特殊なもので、日常的な食物の普遍的な例としては、ふさわしくありません。漬物とか鍋物とか、さがせばかなりその種類の数字を羅列できましょうが、それよりは比較の発想法をかえてみるのがいいでしょう。

そう、弁当です。昭和五十三年の調べによれば、駅弁だけでも種類が千八百種にものぼっています。卵焼、カマボコ、魚の三つを駅弁の三種の神器といいますが、この組み合わせを基本にしてこしらえられた普通の弁当が七百種、そして残りの千百種の特殊な弁当が現在さかんに食されているということです。

観光案内書には日本列島の駅弁地図まで載せていますが、いますこし弁当文化を探りたい人は、日本料理のメッカである京都に行ってみるのが、いや、行って食べるのがいいでしょう。向月弁当、円月弁当、半月弁当の月シリーズ、利休弁当、光悦水指弁当の人物シリーズ、そして竹かご弁当、茶箱弁当、手おけ弁当、柳箱弁当の「べんとう箱」シリーズ等々、とても十本の指では数えられないほど名物の数々が肩を並べています。

弁当といえば、かつての愛妻弁当のように、サラリーマンのあの几帳面なホワイト・カラー文化を連想する人が多いでしょうけど、弁当の記号が指示している内容ではなく、形式そのものを分析してみれば、安土・桃山時代にまでさかのぼる、それこそ縮みの文化を代表する食物であることがただちにわかります。弁当とは食膳をもっと小さい箱のなかに縮めたものにほかならないからです。侍が本刀とそれを縮めた脇差しの二刀を持っていたように、日本人は本膳とそれを縮めた弁当の二つの膳で暮らしたといえましょう。

弁当の起源とか、そのことば自体についての語源には、種々の説があります。織田信長が軍陣で兵士らに均一の兵糧を渡したものからであれ、江戸中期に芝居の幕間に食べたものからであれ、いずれにしても、それらに共通する特性は、食物をコンパクトにし、手で持って運ぼうとしたニーズに応えて誕生したものであることはたしかです。

ここで、われわれが注意深くその弁当箱をのぞいてみなければならないのは、食膳を縮めて可動的なものにつくりあげたその発想であり、その方法のためです。神社も御神輿《おみこし》に縮めて四方に引きまわす日本人が、食膳程度を縮めて、扇子のように入れ子のように持ち運ぶのは、サルが木にのぼり、モグラが地面を掘るごとく、当然なことと映るのです。「弁（そな）へてその用に当てる」のが弁当であり、その飯を略してそのまま「弁当」と呼んだという江戸期の『柳亭記《りゆうていき》』の語源説をそのとおりに信ずるならば、日本の文化は弁当主義文化であり、それは弁当箱に食物を詰める縮みの文化といえるのです。なんと弁当箱を行厨《こうちゆう》とも呼んだのをみれば、くだくだしく語源をただすまでもなく、日本人は動く厨房の意味でそれを作ったのだといえます。

日本の食物と韓国の食物

しかし、こういった弁当文化を可能ならしめたのは日本の食物の形がコンパクトに詰めることが可能な「塊《かたまり》」になっているからです。同じく米の飯を主食にしていても、韓国で弁当文化が生まれなかったのは、食物の形が異なっているからです。

もっとも似ている日本のおしんこと韓国のキムチ、そして同じ大根で作ったタクアンとカクテギを見比べてごらんなさい。日本のものは漬け汁がなく、汁気《しるけ》のない塊です。でも、韓国のキムチとカクテギはその塊を、漬け汁がとりまいています。

また、同じおつゆである日本の汁と韓国のクゥを比較してごらんなさい。汁はつゆというように、それは液体中心です。浮かんでいる麩《ふ》や豆腐などの具はいくらもありません。けれども、韓国のワカメクゥやもやしクゥは日本の何倍もの具が入っています。例外もありますが、一般的に日本の食物は固体と液体の二つにあっさりと分けることができます。しかし、韓国では具があるときには汁が、汁がある食物には具が混じっています。汁気のないものを好まず、きちんと色分けされたものより、その限界があいまいな翳《かげ》を愛するのが、韓国人だからです。

韓国人のもっともきつい悪口は「汁もない」というものです。

ですから食事をするのを見ても、日本人は箸《はし》ばかり使うのに比べ、韓国人は箸と同じくらいに匙《さじ》をさかんに使います。フォークやナイフで食事をする西欧人は、爪の先で餌食を引きちぎる猫を連想させ、箸で小さな塊を突ついて食べる日本人は、どうも雀みたいに見える。ロラン・バルトが指摘しているように、そう、箸は鳥のくちばしであり、フォークは肉食動物の爪です。してみますと、汁と具を食べる韓国人は、パクパクと水とともにエサを口に入れる金魚に近いのです。

変なところに話がそれましたが、食物とその国民の意識には、奇妙な相関性が見出せますし、そういった韓国人の視点で見るとき、あっさりした日本文化は逆に「汁のない文化」であり、「弁《そな》へてその用に当てる」如才がなく機動的な弁当文化は軽々しい下卑たものと考えられたのかもしれません（いまでも、韓国では弁当は恥ずかしいものとしてのイメージが残っています）。

韓国の食物はショーウィンドーのサンプルにも飾れません。大小の塊が集まった日本の食物とは違って、ソルロンタンのように一定の形がなく、熱いスープのなかに塊が隠れている韓国の食物は、プラスチックでつくって陳列できるものとはなりえません。そればかりでなく、韓国人は人の食べる食物をネクタイやブラウスのように、道ばたのショーウィンドーに慎みもなく陳列することに拒否感を感ずるのです。

一言でいって、食物の形態からしても、それに対する意識構造からしても、韓国では弁当文化は期待できないということです。やはり弁当は、日本人による日本人のための日本人の食物であるのです。

詰められないものは「つまらないもの」

では、弁当が示している縮みの志向の特色とはいったい何でしょうか。くり返していえば、弁当は広くて大きいお膳の拡がりを、ホカイ（行器）とかワリゴ（破籠）とか、一定の小さい囲いのなかに縮めることなのです。したがってこの場合の「縮み」とは、「詰める」と同義語になるのです。ここでわれわれは縮みの志向には、「詰める」といういまひとつの重要な型があることを知るようになります。

ちょっと見にはなんでもないことのようですが、「詰める」という、このありふれたことばに、さまざまな日本文化を育んでいった力学が含まれているのです。駅とか列車のなかばかりでなく、ちゃんとした和食堂のメニューのなかにも弁当が堂々と重要な地位を占めているのです。弁当の味は「詰めた」味なのです。

日本人は何を見ても、すぐ扇子のように折畳んだり、入れ子のように入れ込んだり、姉さま人形のように手足を取って単純化しようとするのと同じ伝で、散らばっているのを見るとなんでも箱に入れてしまわなければ気がすまないのです。ですから、日本では「詰める」ということばは、「甘え」などとは比較にならぬほどいろいろな日本的含蓄性に富んだ意味を持つ述語として使われているのです。集まることも「詰め合う」というでしょう（ただ集まるだけではなく、狭い場所に人がたくさん集まるというニュアンスが強い）。ある場所にはりつくことを「詰める」といい、そこに「詰所」ができます。またドラマや小説などで緊張を盛りあげるクライマックスを日本語では「大詰め」といいます。

弁当文化と同様に、韓国には「詰め」にあてはまることばはありません。しいていえば、空所を満たすくらいの「チェウダ」ということばだけで、一定の枠のなかに凝結してきっちりさせる、そのテンション（緊張）の感じをあらわすことはできないのです。だから「缶詰」を韓国語で文字どおりいえば、「かん（トン）煮（チョリム）」というのです。

詰めるとは、物にあらわれれば、弁当のようにより狭い空間により多くのものをコンパクトにして、そして量を質にかえることですが、この型の「縮み志向」から生まれたのが、むかしの茶室・庭・マンダラ、今日のトランジスタをはじめカメラ・電子腕時計・VTRといった日本の目玉商品です（これについてはのちにゆっくりと話す機会があるでしょう）。

しかし、詰めるは例のように、物質的な面ばかりでなく、精神面にもまったく同じ作用をしているということを忘れてはならないでしょう。日本人が人を評価するとき、よくその基準となることば——「あの男はしっかりしている」という表現は、「あの男は気が張り詰めている」ということなのです。食物を詰めれば弁当になり、心を詰めれば「しっかりした男」となるのです。なるほど、弁当箱を持って出勤するあの小市民たちは、とてもしっかりした「弁当男」なのでしょう。

ですから、日本人はただ「見たり」「思ったり」「息を吸ったり」してはダメなのです。何かを真面目に真剣に一所懸命にしようとする場合には、必ずもっと「詰め」ていかなければダメなのです。そうすれば、「見る」のは「見つめる」ものとなり、「思う」のは「思いつめる」となり、息は「息をつめる」となるのです。

日本人の技術と力は「詰める」所に出てくるらしいのです。だから日本人にとっては、詰めることができないものは、つめられないもの、すなわち「つまらないもの」になってしまうのです。「つまらない」ということばの原義だけの話ではありません。実際、村の枠の集団に詰められない人を、村八分にするでしょう。民主主義など、形の上ではうまくいっているのですけれども、その内容を吟味していけば、いまでも日本人の社員教育は、むかしからのあのおケイコのやり方と同じく、精神とか知識を「詰め込み」主義でやっているのが目立ちます。禅の悟りは、精神を詰めていって、もうこれ以上詰めきれない追い詰められた鼠《ねずみ》のような極限になってはじめて開けるのです。

個々人の多様性をその根本の哲学に持ってこそ、はじめて民主主義は成り立つものですが、日本人は個人一人一人がお膳の上にあがってはいられません。集団の枠に詰められて(これが日本独特の団結力というものですが)、はじめてその力を持つ。ですから、日本の知識人たちから韓国は独裁主義だと批判されていますが、韓国人一人一人の思考方式は日本人とは違っていて、「一億総評論家」とか「一億総白痴」とかの表現は出てきようがありません。一億をまるで一人のように縮め、詰めて、弁当箱の枠に入れる全体主義的考え方は、不思議にも東洋でただひとつ自由民主主義の模範といわれている日本のものなのです。

和字と国訓の意味

詰めるは、同質のもの同士に限られるものではありません。むしろ一緒に詰めることができない物、あるいはふっくらとして詰められないものを詰めるからこそ、詰めの技術とやり甲斐《がい》が出てくるのです。何かを「詰める」には、何よりも論理的に過ぎたり、原理原則(これを振りまわすと日本人は理屈っぽいといいます)にかたよらないことが大切です。論理とか原則とかは、逆にものを別々の枠に区別して、いわば散り離す方法です。

いろは歌を見てみなさい。私がかつて日本語を習ったおり、いちばんびっくりしたのが、このイロハです。世界のどの国に、自分の文字をすべて使って、しかも二度とくり返さないで、一篇の詩に詰め込んだ国があるでしょうか。まさに奇蹟です。日本人はじつにこの詰め方に長けている。ですから狩野永徳《かのうえいとく》は「洛中洛外図屏風《らくちゆうらくがいずびようぶ》」のような絵を描くことができたのです。彼は京都の町の生活全体の空間と春夏秋冬の四季の時間すべてを、屛風のなかに詰め込んだのです。そこには必ず点景人物が見られますが、あらゆる階級、あらゆる職業、安土・桃山人ばかりでなく、ポルトガル人などの南蛮人までが描き込まれています。仏教も日本に入ると、その厖大《ぼうだい》で抽象的かつ無限な思想も「南無妙法蓮華経」のたったの七文字に詰められ、縮められて、それだけ唱えていれば、極楽往生するものになってしまうのです。

姉さま人形型の縮み方で、漢字を簡素化し、ひとつの形を取って日本の仮名文字がつくられたことは前に話しました。では、この「弁当型」の縮みである詰め方では、漢字はどうなったか。康熙《こうき》字典にはない和字（国字）という漢字をつくりだしたのです。「俤」「働」「凪」などの字が、それです。弟は兄の面影を持っていますから、人と弟を組み合わせて日本的なデリケートな感傷主義を詰め込んだ「オモカゲ・俤」、国際的摩擦を呼び起こした日本人のハタラキ主義を一文字に縮めた「働」、風が止まってほしい凪の国の願いをたくみにつり合わせた「ナギ・凪」……すべて韓国では例がない漢字です。

「エコノミック・アニマル」をケモノへんに円をつけて「狎」と書いたある外国人の諷刺《ふうし》のように、韓国人は破字遊びなど、たわむれに漢字をつくりましたが、正統性、原理原則、厳粛主義の文化では、公用の字としてあえて登録されなかった文字です。論理に偏《へん》さない便法主義が、詰めるには便利ですから、日本人は一字一音の原則を破り、漢字を書いて音読もしたり訓読もしたり、それでも不充分なときは漢字そのもののオリジナルな意味をも変えてしまう国訓という例もつくりました。「偲」は中国では、相責めるという意味なのですが、その文字の形が「人」と「思」うの合字ですから、人を思う、シノブという意味に変えてしまったのです。

こんな極端な例ではなくても、漢字の訓読は、韓国人の眼からすればじつに珍しいものです。springと書いてスプリングと読まずに、そのままハルと読んだら、もの笑いになるでしょう。春と書いてシュンと発音せずに、ハルと読むのもそれと同じ性質のものです。だから、韓国には漢字の訓読というのがなかったのです。

利休ねずみ

赤・緑・黄・青のすべてを混ぜると、ねずみ色になりますね。これが色の弁当である、あの有名な「利休《りきゅう》ねずみ」です。わびの美学がつくりあげたこのねずみ色は、すべて矛盾する生の現象とその意味を詰め合わせる文化となり、仏教と神道と儒教が〝お手々つないで〟合唱する日本の融合文化というものであると主張する日本の知識人がたくさんいます。こういった融合精神は別に日本的なものではありません。華厳《けごん》思想、新羅《しらぎ》の元暁《げんぎょう》の円融会通の中心テーマがみなそれです。

日本の利休ねずみは「融合」というよりは組み合わせのほうに、より特色があるのです。すなわち自国の文化であれ、外来のそれであれ、なんでもかでも詰め込む文化、和語のカラ

（空）と洋語のオーケストラを組み合わせて、「カラオケ」となっている、あの文化なのです。

ラジオとカセットを詰め合わせてラジカセをつくり、腕時計に電卓をのせる、たくみな日本的開発商品のアイディアも同じことです。しかし、「詰め方・組み合わせの才能」の一面には、同時に無原則の八方美人という印象が漂っているため、ときにはポール・ボネさん（『不思議の国ニッポン』の著者）のつぎのような批評も受けるのです。

日本人の胃袋はモナリザもラーメンも同時に消化する機能を持っているのだよ。スーパーマーケットで買物をし、ラーメンをすすり、テレビのクイズ番組をながめ、チューインガムをかみ、都はるみに熱狂し、ゴルフのケイコをし、そしてマチスとピカソを論じ、サルトルの本を買って来る……ルーブル美術館は日本からの団体客でごった返し、パリの一流ホテルのルーム・サービスのボーイは即席ラーメンのための熱湯の注文にてんてこ舞をさせられるのである。

文庫本とコンサイス

「詰め」型の縮み志向が本の文化にあらわれると、豆本の形になります。豆本は日本だけの話ではありませんが、日本では豆本図書館（静岡・青森）があったり、豆本目録を豆本で刊行したり（日本古書通信社）、なにかしら豆本に対して異様な関心が示されています。そんな豆粒みたいな極端なものでなくても、文庫本もまた縮めた本といえます。書斎で正装本（ハード・カバー）を読むのを食卓でご飯を食べるものとすれば、電車のなかや野外のベンチで文庫本を読むのは、弁当を食べるようなものでしょう。昭和年代の日本人は、肉体の栄養は折詰め弁当で、精神の糧《かて》は文庫本で得たといってもいいくらい、文庫本ブームがありました。

韓国ではいまでも文庫判はあまり人気がありません。しかし、日本ではすでに半世紀以前から、それを模してつくったドイツのレクラムよりも流行っていたのです。欧米のポケット判が大衆の熱い反応を得て売れるようになったのは、やはり第二次大戦後のことですが、日本では岩波書店が最初の文庫本を出す前に、早くもアカギ叢書というのが発行されていました。「十銭本で丁度岩波文庫くらいの形であるが、どんな大きな本でも一冊に縮めてしまうという方法」（「風雪に耐えて――岩波文庫の話」）で、一時はたいへんな売れ行きをみせたといわれています。

本格的な文庫本が日本の出版界にあらわれたのは、昭和二年のことです。同年七月十日の東京朝日新聞第一面の題字わきに半ページ分の大きさで、「古今東西の典籍」という標語と「真理は万人によって求められることを自ら欲し……」のマニフェストとともに岩波文庫の広告が載ってからです。同じ日の第二面のトップ記事として出ていたジュネーブの海軍軍縮会議は、その後、八月四日に失敗のうちに幕を下ろしますが、「軍縮」でなく岩波の「本縮」（文庫本）は大成功で、つぎつぎにその広告は各新聞の第一面を飾りました。

本というものは権威がなければならない。それは靴ベラのようなものでないから、ポケットのなかに入れて持ち歩く便利さより、品があって荘重な書架の陳列により大きな意味を付与すべきだという考えは、「手ごろ・手軽主義」の日本では、別に大きな問題にはならなかったようです。

これと同じものとして、三省堂のコンサイス辞典を例にあげることができます。小辞典の代名詞となったコンサイスというネイミングからしてそうですが、インディアン・ペーパーを使用し、手のなかにすっぽり入る小型の辞典に大辞典に匹敵する語数が詰め込まれた辞典そのものが、日本「縮み文化」の辞典ともいえそうです。

私は「アイ・アム・ア・ボーイ」を習いはじめた中学生の片手にきまってあのコンサイスが握られていたのを、よく覚えています。それは単語を探すという実用性よりは、大量の英単語を片手に取ることで、なにか安心するような心理的象徴物であったのです。まるで乳呑《ちのみ》児《ご》がオッパイを吸っていないときにも、母親の乳房を手でしっかり握るようにです。

米のご飯までもカタカナでライスと書く外来語氾濫の国——日本ですが、あるいはテレビのコマーシャルでも消費者に向かって「奥さん、デリシャスでなく、デリーシャスですよ」と発音の講義をしている国——日本ですが、さらに電車のなかにも毎日の新聞にも外国語を教える学校の広告がいっぱい花咲いている国——日本ですが、実際のところ外国語が下手な日本人というこの不思議さは、どうもその立派なコンサイス文化のせいではないだろうか、という気もするのです。見知らぬ外国語を習うというのは、海図にない海を航海するのと同じく「拡がり」志向でしょう。弱いはずです。ですから、外国語を習う方法でも、拡がりでいくのではなく、縮めて手に入れようとする傾向が強いらしいのです。とどのつまりはコンサイス英語で終わってしまいますが、もっとモダンな人はマイクロカセットテープの英語（まあ、これだけあれば大丈夫だろうというあの心理）で卒業してしまうのです。

「古今東西の典籍」を詰めた豆本と数万の単語を詰めた豆辞典、それを手に持つだけでも、いちおう教養を身につけたような気持になってくるのですから、文庫本とコンサイスは、また日本人の知識を養う両輪になったともいえるでしょうか。

5　能面型――構える

ストップ・モーションの波

北斎《ほくさい》の「富嶽三十六景」の神奈川沖浪裏はすばらしい。あのものすごい波を見た瞬間、人々は目をみはり、息をころし、おそらく声をあげずにはいられないというハーバート・リードの評言をちょっと聞いてみることにしましょう。

感情は崩れかかる大波に呑みこまれる。われわれはその湧きかえる動きのなかに入り、波の高まりと重力との緊張を感じ、その波頭の白く砕けるとき、われわれ自身が下にある異質のものへ怒りの爪をのばすかのように感ずる。(『芸術の意味』滝口修造訳)

しかし、この絵の波を見て、なぜそんな気持が湧いてくるのか、この評文だけではもの足りない気がします。いろいろと理由はつけられるでしょう。怒れる波浪に接近した大胆な構図とか、線で波のボリュームをあらわしているとか、あるいは遠くに見える富士山の不動性と波間に吸い込まれていく舟がしらの一部のコントラストとか……。そうだとしても、私に一言ずばりいわせれば、「北斎は波をストップ・モーションで描いているから」と評したいのです。

波は連なりをもってたえず動いています。一瞬でもその動きがなくなれば、それはもう波ではありません。波とは、花とか木とか、ましてや山のような「物」ではありません。それはただ動きそのものなのです。北斎は荒れ狂うその動きを、瞬間の物としてわれわれに提示してみせたのです。まるでその精密さを世界に誇る日本製カメラが江戸人、北斎の眼に乗り移ったかのように、彼は千分の一秒くらいのシャッターで波の動きを切ったのです。そこから波のストップ・モーションもしくは波のスロー・モーションのような効果が出てきたのです。実際に歌舞伎の「見得《みえ》」でもストップ・モーションの効果を取り入れています。

ですから、パッと砕け散る荒波の白い飛沫《ひまつ》がその絵では、ひとつひとつの凍えた点となって空間を満たしています。水平線に連なった波の動きとその連続的な時間は、ひとつの波の形に、一瞬の動きに停止して縮められているのです。波は「拡がりの志向」をあらわす代表的なものとして、ボードレールをはじめ欧米のロマンチストらの詩のキーイメージになっていますが、北斎の波は拡がりの空間を拒否しています。漠然とした形と動きを縮みの世界にとりかえてしまったのです。よく見てごらんなさい。連山の峡谷を見るようではありませんか。それなのに、そのなかに海の広さと激しい動きが含まれている。つまり速い動きをそのまま撮したフィルムより、スロー・モーションにした動作のほうが、はるかにスピード感や迫力を与えるのも同じ効果です。

映画やテレビでよく使われる高速撮影のスロー・モーションはだれが、どこで着想した技法だろうかという英国のユーモアがあります。あれはケチなスコットランド人たちがレストランで食事をしたあと、金を払いにいく動作からヒントを得たものだというのです。しかし、こちらは真面目な話ですが、ストップ・モーションやスロー・モーションのカメラワークは、映画やテレビがあらわれるずっと以前に、北斎の浮世絵と能楽者が発明した動きの美学なのです。もっと正確に表現すれば「動きを縮めた美学」です。

これまで述べてきた縮みの型は、おもに空間的なものでしたが、波をストップ・モーションで表出した北斎流の、あるいは能のようなスロー・モーションで動きを刻んでいくしぐさは行動の（時間的な）縮みです。

六百年近い年月の間に磨きあげられ、削りとられた能舞台の動作の型では、一、二歩前に出ることによって決意を示し、逆に一歩退くだけで落胆をあらわしているといわれます。動きの究極を表現するために、動かぬ「構え」という能の型もあります。ただじっとひとつの位置に立っているだけで、動きをあらわす演技をしている。それを「もっともはげしい回転時に独楽《こま》が止まっているように見えるもの」と同じだと表現している人もいます。

「構え」の動作

すべての波の動きを、すべての波の連続性という時間を、ひとつの型、ひとつの瞬間に縮めあげた、あの北斎の絵を人間生活の場にもってくると「構え」の姿になるのです。そう、剣道とか柔道で呼んでいるあの「構え」です。むずかしく考えることはありません。日本では弓道、華道、茶道などという「道」の字がついたものをはじめ、なんでもかでも「構え」から出発します。構えとはあらゆる動作、今後起こったり、あるいはすでにあったものを含め、すべての動きを「縮めた型」なのです。そこから始まり、そこに終わる構造を持った一瞬の動きなのです。だから、欧米人が使っているひとつひとつの動作をあらわすスタイルとかフォームということばとは全然異なったものです。構えは静態的なものではありません。北斎が描いた波は「波の構え」といってさしつかえないでしょう。動いている静止ですから。

日本で稽古というのは、この「構え」を身につけることだともいえるのです。中村元さんは、他の民族の仏教とは違った日本仏教の特殊性のひとつとして、即身成仏《そくしんじょうぶつ》の思想、つまり心が悟るのではなく、身体が悟ることを唱えた道元《どうげん》の話をしていますが、「……心の念慮知見を一向に捨て只管打坐《しかんたざ》すれば道は親しみ得なり。然《しか》あれば道を得ることは正しく身を以て得るなり。是に依て坐を専らにすべしと覚へて勧むるなり」ということばは、坐るという「構え」を禅の中心においたという意味になるのです。

弓道も同様です。坐る「構え」さえきちんとしたら、悟りはおのずと開かれるという道元の教えのごとく、日本の弓道は矢が的に当たらなくても気にしません。ただ弓の「構え」がよくできているかどうかが重視されるところに、その特色があるといわれます。「構え」がよくできていれば、矢は自然に命中するものだという考えなのです。

現代では野球にそれが見られます。『菊とバット』を書いたホワイティングさんによれば、米国では多くのバッターはフォームやスタイルなどは気にせず、いい結果を生むことだけを念頭におくのに、日本では「良き野球選手とは自分自身の身体の動きをいつも正しいフォームに合致させる者をいう。それさえやれば、他のことはすべて自然についてくるという」のです。ホワイティングさんはここでフォームやスタイルといってますが、これこそがあの「構え」なのです。

話がいささかずれますが、武家社会の伝統を持つ日本文化は、やはりなんといっても刀の文化ですから、日常よく使われることばに、筆で象徴されるソンビ（文士）文化の韓国ではめったにお目にかかれぬ刀と関連のある熟語がたくさんあります。背信を「裏切り」といいますが、あれは刀で後ろから切りつけるものですね。「切味」「切身」「切目」「切盛」など、そして「助太刀《すけだち》」とか「真剣」……。いくらでもあります。テレビ番組をざっとみても、「江戸を斬る」「闇を斬る」などの時代劇はもとより、座談会や解説でも「××を斬る」なんですね。私は日本に来て最初のころ、新聞の「東大生を斬る」という大見出しを眼にしてびっくりしたものです。もちろん、本当に日本のエリートである東大生たちを虐殺したという話ではなく、東大生の意識構造を調査した記事だったわけです。そのときちょうど通りすがりの通行人をつぎつぎに切り殺した川俣軍司の通り魔事件がありましたが、新聞の大見出しにはこう出ていました。

「いくら憎んでも憎み切れぬ」

また切りましたね。

話を元に戻しましょう。日本の文化はやはりなんといっても刀の文化ですから、構えの典型は剣道に求めるべきでしょう。構えとは何か、を説いた剣道九段の佐藤貞雄師範の話（『私の剣道修行』）に耳を傾けてみましょう。

「まず、私はずばりと申し上げます。剣道を学んでいる人に、あなたはまだ構えがわかっていないのですと」

そして佐藤師範は、構えは体の形を整えるというだけではなく、必ず気合、気配りといった精神力を合わせた場合にのみ、身構えるということばが使えるというのです。竹刀でなく本当に切れる剣をもって相手の前に立てば、おのずから身も心も引きしまって構えができあがる。すなわち構えとは、精神を集中させることなのです。

また佐藤師範は、宮本武蔵のような剣の達人のもとに、親の仇討《あだう》ちのために、ぜひ一手御教示願いたいと、全然武芸に心得のない孝子がやって来る講談を紹介しています。そのとき武蔵は文字どおり一手だけ伝授しましたが、それは技術ではなく、正しい構えの教えだけだったのです。しかも、親の敵《かたき》と呼ばわったあとは、目隠しをしろと命じます。敵の殺気を感じたら、構えた刀を突き出すだけでよいというのです。はたして敵のほうは、構えている相手にスキがないので、焦《じ》れて無理やり大刀を振り下ろす。あわや孝子は真っ二つと思いきや、朱に染まって倒れたのは孝子ならぬ敵のほうだった。

この講談を聞いただけでも、構えとは剣術のすべての動きと精神をコンパクトに縮めた形だということがわかります。ですから、構えだけみても、その人の剣道の腕前と品位を知ることができると、佐藤師範はいい切っています。

芸能とか諸道に限った話ではありません。普段の生活においても、個人であれ集団であれ、「構え」というのがあります。将来のさまざまな出来事やそれに逐一対応してゆくプランニング、精神の集中、態度などが、それです。それを日本人は心構えというのです。敗戦後の日本人はその「構え」があったからこそ、この焼跡の灰のなかから経済大国の金《きん》を掘り出したともいえるのです。

能面の中間表情

「構え」とは、いろいろな動作、いろいろな時間をひとつの形に、ひとつの瞬間に縮めることだということを、いま一度思い返してください。すると、感情の構えをひとつの表情に縮めると、いったいどんな顔になるか、という疑問が湧き上がることでしょう。その答えは能面にあります。

世界のどの民族にも仮面はあります。日本の能面がそれらとどう違っているのかを比べてみれば、日本人の特性を、日本文化の顔を見ることができるでしょう。仮面とはその民族の深層にある心の顔ですから、白人とか黄色人とか、外面の顔の皮膚の色で判断するより、仮面でもってそうするほうがずっと有効だと思われます。

日本の仮面の特色は、他の縮み文化と同様、狭く小さい面になっていきながら、完成されてゆくところにあります。それと同じく、はじめ伎楽などでは誇張した表情を刻んだものが、能面にいたると、喜怒哀楽のいずれの表情にも通じうる中間表情になっていくのです。他の国の仮面ではなんらかの仕かけによって表情を動かしたり、またはキャラクターによって喜怒哀楽のひとつひとつの感情、いわば怒った顔とか笑い顔など固定した型のものとなっています。しかし、日本の能面、とくにシテ（主人公）となる若男・若女の能面などは、あの剣道の構えのように、すべての感情に転じうるように、喜怒哀楽を凝縮して「中間表情」につくられたのです。たとえば能面の口を見ればわかるでしょう。能面で口をギュッとつぐんでいるのは二種類しかありません。残りは口がやや開かれています。大きく開かれたのとつぐんだのとのちょうど中間ですね。ですから、こういう中間表情は「能面のような顔」ということばのごとく無表情に見えますが、それだからこそいろいろな表情をつくりだすことができるのです。つまり、構えの表情なのです。だから、同じ面でもって、ちょっと下を向けば――それを曇《くも》ルといいます――哀しみの表情となり、またちょっと上に向けば、照《て》ルといって、明るい喜・楽の表情に変わるしぐさが可能になるわけです。

ひとつの表情に凍えた能面の表情、しかし、達人の剣の「構え」のように、静止のうちにも一転すれば、数十数百という動きの可能性を秘めているあの動き、それがまさに日本人の顔でもあるのです。

能面のこのような縮みは、能舞台にしか見られないものではありません。顔の向きをほんのすこし変えただけで、あれほど違ってくる「若女」の能面は、街角でもホテルのロビーでも国際会議場でも、そこかしこに見られます。

満面に微笑をたたえ、餅つきのように腰を折るあいさつの顔には、誠実、丁寧、親切、織細などあらゆる形容詞が書かれています。ところが、その長いあいさつが終わって、いざ顔の向きを変えると、「曇ル」「照ル」どころではありません。その表情の瞬間の変わりよう――ほんの一秒前にあのあいさつを交わした人の顔とは信じられないほど冷静になっているのです（じつは「構え」に戻っていっただけの話ですが、外国人にはそれがよくわからないから）。

『菊と刀』のベネディクトの驚き！　神風特攻隊の顔として知られた日本人は、戦いに敗れてもけっして素直に承服して米国の軍隊を文句なしに上陸させはしないだろう、と想像したのが、一朝にしてガラッと変じて、歓迎のやさしい顔をして勝利者を迎え、神風特攻隊とともに世界をいま一度驚かせた日本人の一転性。能面の縮みを知らない欧米人には理解しにくいのも無理からぬことです。

北斎の波の絵は静止しているのではない。「動く彫刻」といわれる能のしぐさはスローに見えても、のろいのではない。剣道の構えはただ立っているのではない。能面の表情は固く刻まれていても、ただ凍えているのではない。それは一転性をもって変わる。

一瞬のうちに、波はなだれ落ち、能のすり足は火花を散らし、じっとして動かない剣は稲妻になるだろう。それと同様に、能面はちょっとの動きで喜怒哀楽の極と極を呈示する……この構えが視線に移ると、不動性の能面の表情のように、じっと見つめるものとなるのです。

じっと見る視線

よくみれば薺《なづな》花さく垣ねかな

芭蕉のこの句を「よくみれば」、筆をもった詩人にも剣を佩《は》いた侍のような「構え」のあることがわかります。鈴木大拙《すずきだいせつ》は東洋と西洋の思考様式を究明するため、この俳句をテニソンの詩「割れ目のはいった壁」と比較したことがあります。「東」と「西」の文化を比較するのに、わずか二篇の短い詩を引用して対比するその方法自体からして、すでに日本的な「縮みの思考」を示していることはさておいても、芭蕉の俳句は東洋的なものというよりは日本的な特性を帯びているといったほうが正しいでしょう。

もし彼が、日本の詩を代表する伝統的な様式が「俳句」であるように、韓国の詩を代表するそれが「時調《シジョ》」であるということを知っていたなら、そして芭蕉が俳句の象徴的な詩人であったのと同じように、尹善道《ユンソンド》が時調のそれであることを知っていたなら、おそらく芭蕉の俳句に東洋を代表させるようなことはしなかったかもしれません。

テニソンの詩と芭蕉のそれが違うほどに、あるいはそれ以上に芭蕉と尹善道の詩には同じ席に坐れない違った世界がありますから。

壁の割れ目に花咲けり
割れ目より汝を引き抜きて
われはここに、汝の根ぐるみすべてを
わが手のうちにぞ持つ
おお小さなる花よ
もしわれ汝のなんたるかを
根ぐるみ何もかも、一切すべてを
知りえし時こそ
われ神と人とのなんたるかを知らん

鈴木氏が芭蕉の詩句と対比させたこのテニソンの詩（小堀宗柏訳）が、西欧的なものという感じがするのはたしかです。「芭蕉は花を引き抜きはしなかった。じっとよく見ているだけ」。しかし「テニソンは無惨にも花をその生えている場所から抜き取る。花にとって大切な土から抜き取る」。テニソンが行動的であるのに対して、芭蕉は静観的であり融合的である。そして「かな」という感嘆詞で身をもって感得する芭蕉とは違い、テニソンは「もし」という仮定の知性に訴えて、神と人間の秘密をきわめようとする。これが二つの詩を比較する鈴木氏の観点なのです。

ところが、ここに尹善道のいまひとつの詩が登場するとき、鈴木氏のこの比較はどうなるでしょうか。


入江の霧が霽《は》れ、背後の山に日が映える。

夜の潮は引き、昼の潮が満つる。

江村の花はすべて、遠目にさらによし。


花を見るこのいまひとつの視線は、テニソンはもとより、芭蕉のそれとも異なるからです。尹善道にしてもテニソンのようなことはしない。花を手づかみにして根こそぎ引き抜き、解剖学者のように観察しようとはしません。その点は東洋の詩人、芭蕉と同じです。しかし、彼は芭蕉のように「よくみれば……」の立場から花を見ようとしません。意識的にそのような見方を拒否する。だから「花は遠目にさらによし」と表現しているのです。芭蕉は花に近寄ろうとする。じっと見つめる意志が働く。「よく見ようとする」この意識的な視線が強調されると、テニソンのように花を根元から抜き取るようになります。〃いけ花〃の美学がそうですね。だから孤舟《こしゅう》は「手にとれば猶《なほ》うつくしき菫《すみれ》かな」とうたったのです。

ところが、尹善道は花を見ようとする意図、近寄ろうとする意志を放棄する。彼の立場からみれば、テニソンも芭蕉も同じです。彼らはともに花に接近しようとする行動を示しているのに、尹善道はそれからなるべくなら離れようとする正反対の運動をします。よく見ようとすればかえってよく見えない、という逆説を知っているのです。この詩人はじっと見ないで、ぼんやりと遠くから眺める。そのとき花はもっとも美しい姿をあらわす。人間の観点をできるだけ排除するとき、自然はそのありのままの姿をあらわします。これこそ、西欧人の視線とは異なる東洋の観照的な態度なのです。

　芭蕉も東洋の詩人だから、はじめのうちはぼんやり眺めていたのです。「春の景色」――鄙《ひな》全体を眺めていたのです。これが「よくみれば」以前の心の状態です。しかし、彼は意味を持たぬままに春の風景を直視する自然の状態にとどまろうとしないのです。近寄って対象を「よく見よう」としたとたんに詩が生まれる。彼がたんなる東洋の詩人ではなく、日本の詩人だったからです。

「よくみれば」は「じっと見つめる」ということです。それはある対象を「構え」て見る視線なのです。鈴木大拙も無意識のうちにその特性を感じ取ったのか、「よくみれば」を「じっと見つめる視線」であると解釈しています。擬態語や擬声語が日本語よりもずっと豊富であるのに韓国語には「構え」にぴったりあてはまる単一のことばがないように、「じっと」に該当する表現もありません。それに近い「물끄러미《ムルクロミ》」ということばがあります。その意味は尹善道の詩のように「ぼんやりと」、それでいながら関心を集中させて眺めるという、矛

盾性を含んだ複雑な視線をあらわすことばです。「물끄《ムルク》러《ロ》미《ミ》見る」ということはなんの構えもしないで対象をありのままにながめる視線なのです。

なるほど！　ですから韓国の学生に芭蕉のこの句を詠ませると、変な顔をして笑うのです。「どろぼうでもないのに、なぜ、そのように垣根をよく見ていたのか」というのです。

結局、芭蕉の詩は日本人特有の構えの視線で花を見つめているのであり、その構えの視線は「じっと」見ることによって摑《つか》まえられるのです。いくら自然を愛しても、じっと見る構えの視線では、花も剣客の前の敵のようなものになります。花の前では武装解除すべきです。猫が鼠を狙うときにだけ構えが必要なのです。母の胸に抱きしめられる子供に構えというのがありましょうか。だから尹善道はじっと見ないでムルクロミ見ているのです。

「はたらけどはたらけど猶わが生活《くらし》楽にならざりぢっと手を見る」啄木の眼はニヒリストの虚《うつ》ろなあの眼ではありません。じっと見ているかぎり、日本人愛用の和洋合成語、ガンバリズムからそう遠くはないのです。

日本人は新婚旅行に出かけようとする花嫁を見ても「がんばって！」と叫ぶといわれています。その「がんばる」の語源はご存知でしょう。がんばるとは眼張る――眼を張ってこらして見るともいわれています。そうしますと、花も手もじっと見る詩人への掛け声も自然、芭蕉ガンバレ！　啄木ガンバレ！　です。詩人がにわかに運動会のリレー選手になったみたいで、なんだか具合が悪いですね。やはり詩の世界だけには、花嫁と同じようなガンバレはあまり似合わないのではないだろうかという気もします。構えを解いてムルクロミ花と人生を眺めるあの視線は、どうも日本的なものにはなれないらしいのです。

6　紋章型──凝《こご》らせる

聞くことと見ること

人間の五感のうちで代表的なものは視覚と聴覚です。人間の文化は見ることと聞くことによって作られています。ところで、この二つの感覚を比較してみますと、視覚には縮みの志向性が色濃く、聴覚には拡がりの志向性が大きいといえます。

見ることは詰めることが可能で、「見詰める」といいますが、聞き詰めるとはいえません。音は音波に乗って拡がっていくものであり、時間のなかに遠く消えていきます。人為的にその音の拡がる波を縮めることはむずかしいのです。しかし、見ることは空間によって切ることができ、見る人の意志によって選択し、縮めることが可能なのです。

日本的な特性の持主である一茶が、広い夜空のあの茫漠たる天の川の拡がりの世界をそのまま見ずに、破れた障子の小さな穴を通じて眺めたのはすでに話したとおりです。ですから、その小さい穴によって広い夜空と天の川が縮められるときに俳句が生まれてくる。それが「うつくしや障子の穴の天の川」という名句でした。けれども、音は耳をふさぐことはできても、漠としていて縮めることはできません。滝の音を障子の穴から聞いても、草の葉の虫の声にはなれないのです。

そうです。縮み志向の強い日本人は、やはり耳で聞くよりも眼で見る文化です。ケンペルは、日本の絵画にはいくらほめ讃えても称《ほ》めすぎることはない、といいながらも音楽には沈黙し、日本では芸術のうちで絵画がいちばん尊重されていると認めているシーボルトは、音楽についてはあまり進歩していない芸術であるといっています。

ゆっくりとお話しすることはできませんが、日本文学では、音も眼で見る共感覚的(Synaesthetic)な表現が多いということだけは、指摘しておきたいと思います。「海くれて鴨のこゑほのかに白し」(芭蕉)とか「牛部屋に蚊の声くらき残暑哉《かな》」(芭蕉)とかが、そうです。俳人はよく音に光の彩色をしています。テレビの連想ゲームで俳句の最高位をとった「古池や蛙《かはづ》飛こむ水のをと」にしても共感覚ではありませんが、音を眼であらわす手法は同じです。

水の音はいくらせせらぎのかすかなものであっても、拡がりがあります。だから、英語で「水の音」を“sound of the water”といっては、水が流れる音やもしくは川の音(running stream or brook)となって、蛙が水に「ぽん」と飛び込むあの小さい音の感じがでないというのです。そこでR・H・ブライスはわざわざ〝水の音〟をとって、かわりに“plop!”

という変な擬声語を使っているのです（The old pond/A frog jumps in—/Plop!）。
わかっていないんですね。「水の音」は日本でも同じです。それは拡がりを持っている。しかし、芭蕉は水の音を「古池」「蛙」「飛こむ」の三つの視覚的なイメージで包んで、「ぽん」という擬声語を使わずとも、その音をみごとに縮めあげたのです。「古池」は時間を視覚的な空間にかえてつくった背景（setting）であり、「蛙」は主人公（character）であり、「飛こむ」は行動（act, plot）です。小説や戯曲をつくることのできる三つの要素を十七文字にみな入れている。ですから、この詩のテーマでありイメージである「水の音」は、たんなる聴覚的表現以上のものになっているのです。

現代の俳句にしても同様です。水原秋桜子《みずはらしゅうおうし》さんは「瑠璃《るり》沼に滝落ちきたり瑠璃となる」と詠んでいます。滝を音であらわさないで、その白い流れが沼に落ちて瑠璃色に変わる視覚的な変化でもって描写する。この俳人は滝を聞いているのではなく、見つめているのです。

音を色に、つまり耳で聞くのを眼で見るという、それだけの話ではなくて、日本人はそもそも言語的なもの、抽象的なものも形であらわして眼で見る傾向があるのです。『源氏物語』を絵巻にしたり、視覚的イメージにじゅうぶん富んでいるのに、俳句を詠むだけでは満足せずに、俳画をつくったりするのです。言語を絵画に翻訳することは、抽象的なものを凝《こ》らせて具象的なものに換えるということなのです。そういった志向を持っていますから、仏教にしても、日本では経文とか教学のような抽象的理論はあまり発達せずに、伽藍《がらん》とか仏像もしくは方丈庭などの造形的な仏教となってしまうのです。

そういえば、倫理的なものも例外ではありません。日本人がつくった和字（国字）に躾《しつけ》という字がありますが、この一字を分析してみても、日本では礼儀は「身」を「美」しく見せる視覚的問題だということがわかります。日本の文化をよく観察してみますと、広い観念の世界、漠然とした歴史や集団の世界、それらをもひとつの形に凝らせて視覚的なものにしあげようとする縮みの志向を強く示しています。それが東洋においては日本だけにしか見られないあの紋章文化です。

族譜と家紋

韓国では王家でも紋章というものはありませんでした。李朝の王家の紋が梨の花となっていますが、あれは旧韓末（おそらく日本の影響でしょう）になってからのことです。中国でも竜など皇帝のシンボルとなる物はありましたけれども、紋章のようなものはあまり見あたりません。しかし、日本ではその歴史にしても種類にしても、また図案にしても、紋章の比重はヨーロッパに比べてもけっしてひけをとるものではありません。

家紋の起源をはじめて探ったといわれる山鹿素行《やまがそこう》の主張（『武家事紀』）では、「聖徳太子ヨリハジマレリ」とあり、それが家々の章《しるし》として紋を出すようになったのは「右大将（頼朝）のころから」といわれます。また新井白石《あらいはくせき》は『紳書《しんしょ》』で家紋の起源とその歴史をたどっています。もともと院政の時代から鎌倉時代にかけて、公家で蓋《きぬがさ》と車を識別するために標したのが、紋の起こりで、それが転じて家紋になったということです。

しかし、それが敵・味方を区別し、自分の武具を知らせるための戦場の産物であれ、あるいはいまの自動車のナンバープレートのような用途から生じたものであれ、そしてその起源の年代がどうあれ、重要なことはどうして貴族だけでなく、町人、農民すべてが家紋を持ち、芸妓までそれを使い、全盛期の江戸時代にはそれが一万二千種に達するブームが起きたのか、というその文化的現象の解釈なのです。いまでも日本地酒頒布協同組合では、冠婚葬祭に使うように六百六十四個の家紋をラベルに印刷した「家紋の酒」を新発売（一九八一年十月）しています。それで日本全国の家紋の九五パーセントをカバーできるというのですから、現代でもなお、日本は家紋世界一の国といっても過言ではないのです。

それなのに、家紋を文明批評的な立場から捉えている人は、あまり見つけられません。最近、渡部昇一さんが、それも週刊誌の「古語俗解」というエッセイの一部でちょっと触れているだけです。

先進国を先進国たらしめた共通点とは、近代化の前段階として発達した封建制度があったということである……封建制度は家系を尊ぶ制度である。したがって家紋が発達する。西ヨーロッパと日本は、相互影響なしに家紋を発達させた。今、先進国と呼ばれる国々がいずれも家紋を発達させた国々であったことを指摘した本にまだ出会ったことはないが、事実はそうである。

しかし、渡部さんのこの発言は一読しただけでも、風が吹けば桶屋《おけや》がもうかる式の奇怪な論法であることがわかります。先進国と家紋のつながりはさておくとしても、家系を尊ぶ制度から家紋が生まれてきたといいますが、オーソドックスな儒教国家であった韓国では、日本以上に家系を尊ぶ文化であったのに、家紋はなかったのです。日本では自分の記憶にあるすぐ前の祖先しか祀《まつ》りませんが、韓国では数代前の遠い祖先までも祀っています。韓国がつくったのは紋章でなく、何十代も前の祖先の名まできちんと書かれている「族譜」でした。それは家系を尊ぶ方法の違いであったにすぎないのです。家紋がないから、ストレートに家系を尊ばない文化となり、それがまた先進国たる条件に欠けるものになるとは考えられません。

むしろ家系を尊ぶ方法として、日本では「家紋」を、韓国では「族譜」をつくった、その差異によって両国の文化のあり方を捉えてみるほうが、ずっと意味があるのではないでしょうか。族譜は家系の歴史を観念的なシステムにあらわすということです。族譜はいまの戸籍のように、登録され保存されて書棚におかれます。観念的な文字尊重の方式です。ソンビ（文士）文化とはみなそうなのです。

それに比べ、紋章は家系の歴史性と集団を具象的な「物」として示している。システムではなく、ひとつのイメージ——象徴物なのです。紋章は族譜のように、書棚で保存される書物の文字ではなく、旗のように大勢の人々の眼に触れさせる展示用なのです。

だから、いまの先進国と家紋のつながりは、家系尊重という精神よりも、抽象的なもの、集団的なものを、ひとつの形に凝《こご》らせた象徴物尊重いかんの関係といえそうです。

族譜文化では人に会ったとき、その本貫《ほんがん》（先祖の出身地であらわす家系の始まり）を聞き、名前の行列字（家系の代を示す名前の一字）を聞いて、その人の家柄と血統を系図的に測定することができますが、家紋文化では氏名の系図化はあまりはっきりしていません。日本人は平気で姓を変えることがあります。嫁入りすればまた、夫の姓に変わりますが、紋章を変えることはまれです。

何よりも紋章は族譜と違って、一目見ただけで感覚的な反応が生じるということです。大閤の桐紋には、豊臣家の栄光と衰滅の光を、葵紋の三葉葵の紋章には徳川三百年の権威と十五代にわたる将軍などを、そして十六葉八重表菊の紋章には、皇室の神聖と、あるいは過ぎし日の軍国主義日本全体の像を感ずるのです。

紋章は衣服をはじめ門や建物、盃や提灯にまでいたるところに飾られて人々の脳裡に焼きつくのです。その象徴物は条件反射的なものとなり、時代劇などで水戸黄門が印籠《いんろう》にあしらわれた葵の紋を見せると、人々はハハーッとひれ伏すことになるのです。ですから、家紋はある家系を指示するというよりは、家そのものを公にあらわすといえるのです。

そうしてみると、本体より紋章のほうがかえって主になることもありえます。キリスト教の十字架、仏教の卍字を考えてみてもわかるでしょう。その宗教の教理とか歴史とか集団などは、漠然としすぎて、つかまえられないのです。それをひとつの紋章にあらわせば、人々は容易にそれを中心としてまとまっていくことができる。十字架という具体的な形があるから、殉教者はそれをたよりに死ぬこともできるというわけです。

それが世俗的になれば旗です。近代国家はみな、旗のような象徴操作を通じて、国民を糾合し、外国にその威勢を提示するのです。

こういう方法を、日本ではずっとむかしから、そして個々の家で使用してきたのですから、血統的なものでなくとも、自分が属している「家」に対する宗教的な忠誠心と一体感という集団主義をつくりあげたのです。家紋が運命共同体的な武家社会の名誉であったように、寺では寺紋を、神社では神紋を使い、他の階級でも家紋のような象徴物を各自の象徴として用いたのです。

半てんとのれん

家紋で家の名誉と団結を表示するように、労働者の職人の世界ではそれが半てんとなります。半てんということばはマントみたいな上っ張りを意味するポルトガル語からきたといわれていますが、たんなる仕事着というよりは、自己の所属する組の共同体を公に見せる標識です。家系の歴史と誇りの血縁意識が家紋だとすれば、工人の技術と職人気質の責任が象徴されているのが半てんなのです。背中に大きく染め抜かれた「組」のシンボルマークは、個人の所属を万人に示すのですから、自分ひとりの行動でもすぐにその組全体にかかわります。

ですから、半てんをまとっているかぎり、個人は、その個人の顔よりも集団の顔に拘束され、またその半てんの誇りは自分自身の誇りとなるのです。職人の高い技術、古い歴史、厳格な責任などが、半てんの紋に刻み込まれていくのです。

これと同じシンボルが商家に入ると、「のれん」になります。半てんが着物であると同時に職人の紋章の役割を果したように、のれんは店の前にかけて日除けもしくは風除けに用いられたものですが、同時にその商家のシンボルマークなのです。商人は自分の腕と信用を「のれんにかけて」働くのです。商人は店が焼けようとも、のれんだけは軍旗のように大事に守ります。それはただの垢《あか》のついた古い布切れではないからです。

逆にいえば、われわれは服に染め抜かれている家紋を見て、ただちにその人の家系を、つまりその名誉と権威の歴史を読み、半てんを着た職人を見て彼の技術と責任を、また商店ののれんを見ただけでその店の信用度を判断するのです。家紋も半てんも、ある集団の抽象的な名誉、信用、責任をひとつの視覚的な記号にあらわした「縮み」の仕方ですが、これがほかならない日本の歴史と社会を動かして来たその特性だといえるのです。個人はその「紋章」によって集団との同質化を築くようになり、社会全体はその紋章の名誉によって集団的な秩序を保っていくのです。

現代において紋章は三菱とか三井などの会社のマークとなり、個々の会社員には襟につけられたバッジとなり、その集団からつくられた個々の商品に付されたソニーやナショナルなどの商標となるのです。武士は家紋にかけて戦い、職人は半てんにかけて働き、商人はのれんにかけて信用を守ります。その伝統が現在の会社員になると、いささか照れくさい気がしますが、紋服みたいなバッジと半てんとのれんみたいなトレードマークの名誉に励まされ、また拘束されて一生を生き抜くということになるのです。この紋章型人生からなかなか脱け出すことのないのが、まさに日本人なのです。「紋」のない侍は浪人になり一匹狼として、辛い人生を送らなければなりません。

日本人の集団主義はこういった紋章化によって行われてきたので、紋章のない文化とは違い、集団から離れては生きられないのです。だから、日本人は生理的に一人ぼっちでいることにたまらない不安を覚えます。紋の型・集団に入っていると、かえって心が落ち着くのです。そうですから、旅行をしても観光会社の旗の下に集まって、右へならえ！　前へ進め！をするのです。そしてその紋章は国全体の旗となり、それが人となれば、天皇になるのです。日本の天皇制が、むかしから政治の中心というよりは日本国民全体を結合する最高のシンボルであったことはひとつの常識となっています。

名刺と飯

ジョージ・ランバートさんはその『紅毛日本談義』で、「名刺」と「飯《めし》」の発音の違いで、名刺を作りに行って焼きめしを喰わされるという騒動を引き起こした、ウソみたいな経験談を語っていますが、その話は胸にピーンとくるものがあります。日本人にとって名刺は飯なのです。飯によって生命を養ってゆき、名刺によって社会生活を営んでゆくのですから、一日も欠かせないのが、名刺であり飯なのです。

韓国人である私が日本にきて、はじめて「穴があれば入りたい」気持になった失敗談は、その名刺にちなんだことでした。もちろんランバートさんのように、「めし」屋に入って「名刺を百枚作ってくれ！」となったのではなく、「はじめまして……」の初対面の厳《おごそ》かな儀式で、名刺を用意しなかったために赤恥をかいたからです。名刺屋を探してようやくそれができあがってくるまでの一週間は、人に会うのが悪夢のごとく感じられたものです。

日本では人と人がはじめて会って顔を見合わせても、名刺を見るまではその顔は見なかったも同然なのです。名刺屋の宣伝文句に「名刺はあなたの顔」というのがありますが、まさにそのとおりです。そうですね、初対面同士の日本人のあいさつの光景を思い浮かべてみましょう。荒々しい米国の西部開拓者たちは見知らぬ者とぶつかれば、まずその手が腰の拳銃の引き金にいきますが、やさしい日本人の手はさっと内ポケットをまさぐるのです。そして名刺を取り出し（その時間があまり遅いと、それは初対面ではすでに減点となります）、丁寧に頭を下げて、それを相手に渡します。名刺を貰ったら、それをじっと見つめなければなりません（こんどは逆にその時間が早過ぎると減点になります）。

人の顔よりはその人を縮めた名刺の顔のほうがもっと重要に見える。いや、顔というよりは名刺の「肩」を見るのです。名前の横にある肩書を読むのです。そのときの表情が外国人にとってはじつにむずかしい瞬間です。初対面の儀式の成功いかんは、相手の名刺を受けて肩書を眺めるあの表情、なにか重大なことでも発見したようなちょっとした驚き、軽いうなずき（その肩書の重さによってうなずきも調整していかなければなりません）にかかっています。そしていかにも大事なものをしまうといった、うやうやしいしぐさでポケットのなかに入れるのです。名刺を渡された瞬間、それを見もせずにシワのよったハンケチのようにポケットのなかに突っ込む無神経な人は、日本ではまあ、いちおう苦労を覚悟しなければなりません。

顔を見てもその人はわからない、名刺を見てはじめてわかるというのが、紋章の国、日本のならわしなのです。ですから人間はあまり信用しなくても、名刺を信ずる風土では、名刺詐欺事件も名刺屋のように繁昌しているのです。

なにも名刺は日本だけのものではありません。日本人が現在のような型の名刺を使ったのは、一世紀すこし前の万延元年、幕府から遣外使節として米国に渡った新見正興《しんみまさおき》らがはじめてだろうといわれているのですから、他の文化に比べてその歴史は浅いのです。中国でも古くから使われているし、西洋ではその起源といわれているルイ十四世時代に使用され、ルイ十五世のときには現在のような銅版刷りの名刺が社交界にあらわれています。しかし、その有無の問題ではなく、それがいかに活用され、愛好されているかで、名刺文化をおしはからなければなりません。そうしてみますと、名刺の起源国という「フランスが一番名刺を用いない国になり、一番名刺を用いるのが日本である」（経営技術研究会編『現代ビジネスマン作法』）というのです。

こういう名刺の盛んな国ですから、相手の印象を引くために涙ぐましい努力が払われ、名刺の裏に地下鉄の路線図を印刷するというアイディアもひねり出されるのです。韓国でも名刺をよく作りますが、それはおもに接客の職種で、ビジネスカードです。ですから、私は日本に来てあんな失敗を犯すはめになったのです。

日本人の名刺好みは紋章の伝統であり、個人の顔を集団の肩書であらわす、いわば抽象的な拡がりの世界を具象的なひとつの型に縮小しようとする志向から生まれてきたものです。一枚の名刺だけでなにかしらその人のすべてがわかったような気持……その人が属している集団とその位置、あるいはその住所と電話番号にひとつの人生が四号名刺の紙に縮められて手に取られる。ですから、人と人とが会ってもたがいにその人の顔を見ないで、まず名刺から眺めるのです。

「名詞」から「動詞」への文化論

これまでわれわれは具体的な物事を中心に「縮みの志向」の六つの異なる類型を調べてみました。

いままで日本の特色を探る日本論は、いくつかの心理的な用語（「甘え」「哀れ」「わび」「さび」など）、いくつかの倫理的な用語（「義理」「恥」「武士道」「和」「まこと」など）、いくつかの文化社会的な用語（「タテの社会」「農耕文化」「武家社会」など）に集約させようとしたものです。

このようにこれまでの日本論に見られるごとく、文化を文化の多様性そのものとして取り上げようとせずに、いくつかの単語のなかに日本の文化のすべてを集約させようとする考え方自体が、とりもなおさず日本の「縮み志向」を暗黙のうちに証明しているともいえるのです。日本論の古典となっているベネディクトの『菊と刀』は、その題目そのものが日本論のカギとなっているのです。二つのことばだけでなにか日本文化を縮め、握りしめのごとく、手でつかんだような気になる。だから日本とは何かという問題に対して、すぐわかったような手軽な気持とそれを確認したような安心感が出てくるのです。そうですから、日本では他の国にはあまり見られない現象として「日本人論」があれほどたくさん出版されているのかもしれません。

しかし、どうせひとつの用語で集約させる必要性があるなら（私もいまその必要性によって書き進めていますが）、名詞よりは動詞ですべきです。名詞形のことばでひとつの文化に接近していくということは、あまりにも静態的で、空飛ぶ蝶をピンでとめた標本箱的なアプローチです。たえず動き、変わっていく波のような文化形態をそのまま捉えながらも、ひとつの決まった構造を見きわめる方法は、名詞ではなく動詞に求められるべきです。いわば主語発想から述語発想に変えて、文化を見ることです。述語発想とは、いままで主語（名詞）を固定しておいて述語だけ変えていった静態的思考から、逆に述語（動詞）を固定して主語とかその目的語などを変えてみるものです。

こうしてみますと、これまで述べてきた縮みの志向の六つの構造をあらわすことばは、みな動詞中心のものであることがわかります。「縮める」ということ自体が力学的なものですが、それを細分化した下位体系の概念もなにかの働きをあらわす力の構造を示す動詞です。それを整理して列挙してみれば、「込める」「折畳む」「引き寄せる」「握る」「削る」「取る」「詰める」「構える」「凝《こご》らせる」などです。

それは、すでに作られた文化をあらわすことばではなくて、文化を作っていく内燃機関のようなもの、いわば、人間の力動的な想像力とか、その思考構造を示す主要なキーワードだということです。

こういった「縮まり」は、あくまでも「拡がり」の対立物としてはじめて、その意味が与えられるのです。つまり、「収縮」と「拡散」の二項対立は自然と文化とを問わず、あらゆる生成変形法則を記述するもっとも有効な運動概念として知られています。ゲーテは「植物の変態」で、その「縮み」と「拡がり」の両極構造を取り入れて自然を観察していますし、多くの文芸史家たちは、古典主義とロマン主義の比較原理として、この用語を援用しています。現代では、バシュラールをはじめジョルジュ・プーレなどが力動的想像力を探るキーワードのひとつとして重視しています。

私はそれを比較文化論に応用したわけですから、なにも「縮み志向」が日本人にだけあらわれている意識現象だというのではありません。日本の文化ははたしてどちらの志向に向けられているのか、また他の国の文化と比較して、日本の文化は「収縮」と「拡散」のどちらの運動によって、よりその示差性をあらわすかに対する観察の指標であったのです。

一見、単純に見えますが、「縮み志向」と「拡がり志向」の二項対立は、秩序と混乱、閉鎖と開放、具象と抽象、形式と実質、緊張と弛み、拘束と自由など、あまたの対立体系の象徴を持っていますから、文化の幅広い分野を照明することが可能です。

もともと収縮と拡散は動詞から作られた概念ですから、力学的なものであり、イデオロギー的な価値を含んでいないため、文化に対してよりニュートラルな記述も容易です。「縮める」とか「拡げる」とかの述語は、その主体（主語）と対象（目的語）を自由に変えられますので、文化のいろいろなパラダイムが作られます。そうですから、一見その分野が異なり、関係がないように見えるものの間でも、その結び目を発見できるようになります。

人と動物を主語として考えれば、その間には大きな隔たりがありますが、かりに「走る」という述語を中心に見れば、人が走っても、馬が走っても、または自動車が走っても、「走る」という力学的現象においては同じものになりうるのです。

これと同様に、俳人であれ、職人であれ、みんな異なった文化を作るように見えますが、「縮める」という視角から見ると、十七文字に圧縮された俳句と数個の石で作られた石庭は、同じ共通性を持つものです。主体を入れ換えたように、こんどはその対象（目的語）を変えても同じことです。縮める対象が、花のような自然になれば生け花になり、それがなにか人工的な物になれば、トランジスタになるのです。

こういった方法論でいけば、古代の伝統文化と現代の物質文化を同じ視座から観察できますし、可視的な物質文化と不可視的な精神文化を同じコンテクストに置いて、分析することが可能になるのです。こういう切り方で日本の文化を切っていくと、どんな木目があらわれるでしょうか。

では、「縮み志向」の六型が日本の伝統文化と今の現代文化に、いかに作用し、どういった文化をもたらしたのかを、いっしょに観察してみましょう。それと同時に、それが「拡がり志向」の文化とはいかに違っているのかを考えることです。

第三章　自然にあらわれた「縮み」の文化

1　「綱」と「車輪」

庭文化の生まれ

日本人はむかしから巨大な自然を自分の家のなかに引き入れようとする欲深な夢を見ていたようです。『万葉集』の東歌《あずまうた》にある「多胡《たご》の嶺《ね》に寄せ綱延《は》へて寄すれどもあに来や沈石《しづし》その顔よきに」という歌も、そのひとつです。そしてこういった詩的想像力を現実生活に実現したのが、あの日本特有の庭文化にほかならないといえます。

それにひき比べ、韓国人は自然を自分のもとに呼び寄せようとするより、自分がそちらに出かけていこうとする傾向がより強かったようです。山の美しさを恋人と比べる心において、高麗のときの詩聖、李奎報《イギュボ》は、東歌のあの読み人といささかも変わるところはありませんが、彼が夢見たのは「綱」ではなく「車輪」であったのです。李奎報は「四輪亭記」という文章で、家に近い山の麓を自由にめぐることができる四方六尺の車輪のついた亭子《あずまや》を想像しているのです。動く亭子を設計し、それを従僕に引かせながら、好きな自然の景観を眺め、琴を弾きたいというのです。

李奎報のこういう夢のなかからは、日本のような「庭文化」は生まれにくいでしょう。韓国の文人墨客をはじめ禅僧らはみな李奎報の場合と同じく、自然を自分の家に招き、引き寄せ、閉じ込めようとせずに、自分の家を逆に自然のほうに運んでいこうとしたのですから、そこに必要なのは「綱」でなくて「車輪」でした。庭ではないのです。聳《そび》える山、流れる河そのままの場所で、自分を見出すのが彼らの理想でしたから、李奎報の「車輪亭」は、現実には四方の壁が開け放たれている「亭子」の姿となってあらわれるようになります。韓国のソンビ（文士）らが楽しんだのは〝楼〟と〝亭〟で、韓国ではどの村に行っても必ず美しい山と川があるところには、それが建てられています。

韓国の抒情詩人、金素月《キムソウオル》の歌を聞いてみましょう。

母さん姉さん　川辺に住もうよ
前はキラキラ銀の砂
後はそよそよ葦の声
母さん姉さん　川辺に住もうよ

砂の光と葦の音が、自分の住まいを変えさせようとするのです。「川辺に住もうよ」という望みは、いまの家を捨ててそこに新しい家を建てようという望みです。取り換えるべきものは自然のほうでなく、自分の家なのです。ですから、庭を作っても、自然をとりこにして家のなかに運んで来たような形ではなくて、自然そのもののなかに家を建てたごとき（いってみれば深山のなかに庵を建てたような）感じがするようにつとめたみたいです。

評論家の吉村貞司さんが、韓国の秘苑を見て、つぎのような印象を記しているのを見ても、それはわかるでしょう。

私はソウルで秘苑を見ている。それは低い丘陵を新緑の雑木がほどよくしげり合っていた。私はこの名園の中を歩きまわり、庭をあるいていることを忘れた。あまりにも丘陵のままであり、自然林のままでありすぎた。……私には庭園以前を思わせた。山そのものは、いかに景観にめぐまれていても庭ではない。それが日本人の感覚である。（『沈黙の日本美』）

秘苑に対して、また韓国の庭園に対しておそらくこれ以上の讃辞はないでしょう。なぜなら、庭園という感じがない自然そのままの錯覚を抱かせるのが、ほかならぬ彼らの理想とする造園術だからです。日本の庭園術が入ってくるまでは、木を切り揃えることなどありませんでしたから。だから、ひじょうに極端な例をあげれば、秘苑の庭が有名だと聞いてきた日本の観光客が秘苑の真ん中を歩みながら、「ところであの有名な庭はいったいどこにあるんですか」と質問することも、たびたび見られるようです。

しかし、山の峰を引っ張る寄せ綱の想像力を持った日本人は、御神輿の代わりに重さ二トンの土で盛り上げた富士山を担いで回ったり（富士吉田の火祭り）、岡山の後楽園の大立石に見るように、高さ八メートル、周囲二十三メートルもある瀬戸内海の犬島の巨岩を九十余個に割って、庭に運んで組み立てたりするのです。いくら広い大名の庭でも、それは人間の手の内に収まった自然なのです。

ありのままの山水

同じ禅にしても、韓国と日本のそれがあれほど異なるのも、自然に対するその態度からくるのかもしれません。韓国の禅僧は、世俗の地を離れることからその修行をはじめます。海南や智異山《チリサン》を歩き回りながら、ときにはその一隅に一枝庵のような小さな庵をもうけて住んだりした朝鮮朝後期の艸衣《そうえ》（禅僧）みたいに、自然とじかに対面しながら、それと一体の禅的境地を拓いていったのです。

しかし、日本の禅僧は世俗の巷《ちまた》のなかにありながら、自然を自分のところの縁側のそばに呼んで来たのです。それがあの禅寺の方丈の庭なのです。彼らは韓国や中国の禅師のように、本物の自然とまっこうからぶつかって宇宙を考えたのではなく、石と砂に凝縮された庭の自然を見ながら、いうなれば砂になった海、石になった山を縁側のふちで眺めながら、永遠と無限の宇宙を考えたのです。

もし彼らが同じ日本人でも李奎報の動く亭子のように、車二台で簡単によそに運んで移すことのできる組み立て分解式方丈の庵を建てて、日野の自然をあるがままの庭として楽しんだ鴨長明《かものちょうめい》であったなら、竜安寺や大徳寺大仙院などの石庭はけっして造らなかったかもしれません。

じかに自然のなかに入っていって、自然そのものを感じようとした韓国の「亭子《あずまや》文化」と、「自然」を自分のほうに呼び寄せ、再構成した自然を通じて宇宙を見ようとした「庭文化」は、とどのつまり「綱」と「車輪」の違いで象徴されうるものです。

日本人は、「江山は運び込めないから張りめぐらされたままに眺めよう」と歌った朝鮮朝の時調詩人《シジョ》とは違います。「力、山を抜く」という中国式誇張の力でなく、自然を凝縮させる日本特有のその想像力と技術の寄せ綱を通じて、日本人は山や海を狭い庭のなかに引き込むことができると考えたのです。

巨大な自然をそのまま限られた庭のなかに引き入れようとすれば、それを縮小する方式しかありません。そうであるため、日本の庭文化は取りも直さず、この「縮みの文化」と直結されます。そしておのずと日本の庭の様式やその変遷も、「縮みの方式」の差異という観点で理解されなければなりません。

まず中国や韓国にもっとも近い、つまり庵文化とそう遠くない造園術から観察してみましょう。それはほかでもない、あの有名な日本の借景の庭です。

借景の論理

「菊を採り、南山を見る」という陶淵明《とうえんめい》の詩のように、内なる庭の背景として、いわば庭と一体のものとして庭の外の景色を眺めるという意味の借景は、なにも日本独特のものではありません。中国にも、また英国式風景庭園にも見られるものです。室町時代に入って確立されたという日本の借景は、「山を借り、水を借り、烟雲《えんうん》を借る。花の時は花を借り、雪の時は雪を借る」環境の単純な利用ではないのです。借りる景が逆に庭の主賓になる、もっと積極的な造園術を意味するのです。借景庭園としてよく知られる京都郊外の円通寺で、比叡山はたんなる庭園の背景としてあるのではありません。そしてまた、庭園は東京タワーのように景色を見るための展望台の役割をしているのでもありません。あの高くて大きい比叡山は、円通寺の庭そのものとして存在するのです。庭が寄せ綱のように比叡山をピーンと引っ張って、一体と化した有機的なつながりを作っているからです。

常識的に考えてみても、借景の庭は借景する対象によって、その美学と構造が決定されるほかありません。庭に植えた木が高すぎれば、借景とする山が遮られます。反対に低すぎると、山と庭の間に中間の景致があらわれて、その連結性が断たれます。借景で何よりも重要なのは、このように遮られてもならないし、見えすぎてもならないということです。そうですから必然的に庭木を自然そのままにしておくわけにいかないのです。ここで人間の意識が自然に関与するようになり、その高さや位置や配合に手が加えられるようになるのです。だから山と庭が直接連結されてひとつとなるためには塀の囲い、石の組み合わせ、灌木の刈り込み、また庭の形がすべてその借景と一体化して、緊張関係を持たなければなりません。

吉村貞司さんは、円通寺の借景の特色は庭を実際より狭く見せる凝縮術にあるといっています。石、木、苔、こういったものの配合がすべて、庭の広さを抑え、「庭の空間の濃度を緻密にするようにはたらいている」、だから「凝縮した庭の空間はレンズの役割をし、比叡山を美しく尊く大きくのんびりと見せてくれる」というのです。

日本の美的原型——あの扇子を拡げてみましょう。手にとられている要《かなめ》の一点に向かって扇の骨が集まっています。扇の骨はその一点に至れば至るほど狭くなり、濃密になります。末は拡がってなかの中心は縮められています。比叡山は扇の末広であり、それを引き寄せる無数の寄せ綱は扇の骨です。そしてその力の凝縮された棒杭のごとき役割を果たすのが、つまり扇の要が、円通寺の庭です。

この場合ばかりでなく、借景の庭は、どんな場合であれ、扇の「要」的な凝縮力を持っていたということがわかります。広い庭もわざわざ狭く見せ、大木も小さく見せるようにしなければなりません。この扇子型の縮み、そして山と庭の中間にある景色を切り取る姉さま人形型の縮小法によって、外の山を自分の庭のうちに引き入れる借景庭園をつくりだすことができるのです。そして関東では富士山、筑波山、関西では奈良盆地や淀川、琵琶湖、またとくに京都では比叡山、愛宕山《あたごやま》、男山などが「庭になった」のです。結局、借景庭園は、東海が縮み込んだ啄木のあの蟹と同じ自然の入れ子なのです。

2　縮景——絵巻としての庭

シマと呼ばれた庭

自然を自分のものにしようという方法が、つまり、より積極的に直接的な造園手段としてあらわれたものが「縮景」です。それは「借りる自然」から「写す自然」として、その対象物自体を縮小する方式です。この縮景は江戸時代の大名庭園ばかりでなく、その根源をさかのぼっていけば、日本の庭の歴史とほぼ同じくらいのものといえるでしょう。

飛鳥、奈良時代には、庭をシマと呼んだといいます。「妹としてふたり作りしわがしまは木高《こだか》くしげくなりにけるかも」という『万葉集』の歌では、庭が「しま」ということばであらわれます。そしてその当時、自分の屋敷に大規模な庭園を作った蘇我馬子が島大臣《しまのおとど》と呼ばれたのも同じ理由からです（最近、奈良盆地の南方、古代の都、飛鳥の地で、橿原《かしはら》考古学研究所が「島」という古い地名の土地を発掘したところ、古代庭園の遺構が発見され、まさにそれがあの蘇我氏の邸宅の庭園ではないかと推測されているということです）。このシマということばにうかがえるように、海とその島の景色を写して縮めたものが、当時の庭様式であったようです。

庭の研究家は、なぜ海を陸地の庭に取り入れたのかについて、いろいろと面白い推測をしています。飛鳥、奈良時代の人々は使節として大陸の中国に出かける際、また地方官吏として西国に赴く際に必ず瀬戸内海を通らなければならなかった、そして長い海の旅から帰って来てあのすばらしい海洋風景の追憶を故郷の大和に再現しようとした、そこでシマすなわち、庭が作られたというのです。

まるで明治の開化期に福沢諭吉がアメリカからの帰り、ハワイのある写真館で、そこの娘に頼んで一緒に写真を撮って持ち帰ったのと同じ印象を受けます。ですから、シマ（庭）は船旅の生きたアルバムともいえるのです。

また、日本人が海洋から来たことから、陸地に海辺の生活を恋しがったからだとか、古代人が海洋の彼方に理想郷を夢みた世界観を再現したものだとか、さまざまな原因があげつらわれていますが、そのどれが正しいにせよ、飛鳥、奈良時代の庭が海景色の縮景の庭作りであったのは間違いないことでしょう。そうであるため、その造園様式は池を掘り、中島を造り、水際には白砂や小砂利を敷いて洲浜をもうけ、そして必ず黒松を植えるというものになって来るのです。

たんなる一般的な海景色ではなく、縮景の造園は特定の自然風景を写し縮めたものとしてもあらわれ、すでに九〜十世紀には七百キロ以上も離れた奥州の塩釜湾の風景を模写した河原院の庭園が作られたり、摂津の住吉の浜が縮められて平成親《たいらのなりちか》の庭に取り入れられたといいます。

回遊式庭園は名勝の写生画である

ですから、江戸時代になって、各大名が大陸風の大規模な庭園を作りましたが、その回遊式庭園は広びろとした平易な自然をそのまま生かしたものとは違い、根本的には狭い茶庭（露地）と異ならない「縮められた自然」でした。その造園の基本が、縮景の手法にあったからです。回遊式庭園の景観構成は、「江戸に参勤交代する大名が、江戸と領国との往復に見る街道風景をその回遊庭園の園路に縮小し再現した造園の構想によるもので、東京の戸山荘や熊本の水前寺庭園などがその好例」であると、岡崎文彬《おかざきあやあきら》さんがのべています。いくらその庭が大きくても、それは実尺を数万分の一に縮めた地図と同じものなのです。江戸時代以降さかんに用いられた築山自体にしてからが人工的に山を縮めたものです。その築山も具体的な山、たとえば水前寺成趣園《じょうじゅえん》の場合は富士山を擬《ぎ》したものだといいます。

したがって回遊式庭園を鑑賞する方式にしても、「住吉の松」を眺めるときには、たんに

「その松の枝ぶりの面白さを賞するばかりでなく、それを通じて歌にもうたわれ絵にも描かれたあの名所の住吉の浦をイメージとして頭の中に思い描け」（伊藤ていじ他『日本の庭』）といわれたものでした。

借景は直接眼に見える自然を庭に取り込んだものですけれども、縮景はもっと遠い自然を「寄せ綱」で引っ張って来たものです。富士山であれ、木曾谷であれ、竜田川や和歌浦であれ、特定の名勝地の風景が絵巻のように描かれます。もっとも遠いものでは、はるばる黄海を渡って来た中国の西湖の長堤や廬山などもあります。小石川の後楽園にあるのが、それです。

元来、大和絵の画家たちが作庭家であったのを考えてみれば、縮景の庭は一定の囲《かこ》いの枠内に描かれた写生画です。ですから、あの桂離宮の回遊式庭園は、絵巻となった『源氏物語』と同じく、木と石の絵具で描かれた風景の物語なのです。七百メートルのその苑路を歩むということは何百里の道を行くのと同じものです。松琴亭より眺めやる庭は大海の景色であり、賞花亭から見下ろす庭は深山幽谷の山であり、笑意軒の南側にある肘掛窓から見る風景は田圃の野原です。つまり、海と山と野のあい異なる三つの空間を一万坪のひとつの空間で縮小表現したのが、桂離宮の庭です。

縮景の庭の黒松は、松そのものであると同時に、それ以上の大きくて複雑な自然を縮めたイメージでもあるのです。そのため庭の松は、自然の松とは違います。そのねじれて垂れている枝の松は広びろとした海の波や潮風、荒あらしい磯べの白砂など、その浦全体をおおっている数千本の松林を縮めたものでもあります。自然そのものがすでに記号となった松なのです。それは松になった海であり、黒い松葉や枝に凝結した風であり、一本の幹に結晶した松林なのです。

石組《いしぐみ》のレトリック

この縮景の縮み方をつきつめていけば、やはり日本の庭は広い回遊式庭園よりも狭い庭において、よりその特色が極められているということがわかります。借景の庭も回遊式庭園も、もともとは大陸から来たものでしょう。『日本書紀』には、推古《すいこ》天皇のとき百済の工匠によって須弥山《しゅみせん》の形が築かれた庭の話も出ています。

大陸風の庭が日本的な庭に変えられてゆくのは、きわめて発展した縮み様式を帯びるときです。平安朝の庭で大規模な泉を中心として造られたものよりも、別に建物の間の狭い空間を利用した前栽《せんざい》と呼ばれるあの坪庭形式を思い浮かべればいいでしょう。

自然を縮めようとするとき、もっとも重要なものとなるのは、木でも水でもありません。木や水に、ある形と運動と空間を与える構造は石です。石組があってはじめてそれが可能なのです。木はのびるし、水は溢《あふ》れたり乾いたりします。それは人体の肉と皮膚のようなものですが、石はその骨です。石の骨格によって、自然は縮みの空間として庭に取り入れられる道が開かれるのです。

日本の庭文化のテキストといえる平安時代の古くは『前栽秘抄《せんざいひしょう》』と呼ばれていた、藤原頼通の子、橘 俊綱《たちばなのとしつな》がその作者と推定されているあの『作庭記《さくていき》』でも、庭作りの中心をなすのは「石の立て方」なのです。

庭は石のことばで描写された自然の詩であるのです。石をどう立てるかの石組と配置のレトリックで、自然は簡素化され、ひとつの発句のように置かれるのです。

江戸時代の縮景の美学はすでに「国々の名所をおもひめくらして、おもしろき所々を、わがものになして、大姿をそのところになすらへて、やはらけたつへき也」ということばにまざまざとあらわれています。石を立てるということは、名勝地の自然景観を写実することであり、その大姿を縮小してわがものにすることであります。そうですから、『作庭記』のおもな筋は、「石を立つるに様々あるへし、大海の様、大河の様、山河の様、沼地の様、葦手の様」と問題が提起され、その様姿を作る石組の型についてくわしくのべられていくのです。

石を立てるということはすなわち、広大な自然、海と山河のすべてを縮める仕方なのです。したがって、木とか水はこの縮みの構造において副次的なものでしかなく、日本の庭の特色は必然的に石に帰結するほかないのです。

庭木を移しかえる途中、枝を傷めたとの理由で若衆五人を捕えて殺したという足利義政の話よりも、石一個に米一升ずつ与えて庭を作ったという仙洞御所《せんとうごしょ》の逸話のほうが、はるかに日本的なものだと思います。

石でいかに大海を作る（縮める）ことが可能なのかを、あの平安時代の語り口で聞いてみましょう。『作庭記』の作者は「大海様は先《まづ》荒磯の有様を立つべきなり」ということばではじめています。水平線に拡がっている海をあらわすために、造庭師はまず、あの啄木の歌のようにそれを小島の磯に縮めなければなりません。波が打ち寄せる荒磯のイメージを作ることができれば、それを見る人の心に大海を宿すのはそうむずかしくはありません。Aという原因はBという結果をもたらします。この自然の必然を逆手にとって、Bという結果でAという原因をあらわす提喩法を使ったのが、日本の庭のレトリックです。

ながの歳月を経て浸蝕された荒磯の形は、同時に波の運動とその拡がりをあらわす記号でもあるのです。この記号は固定した形を持った石でしか作られません。そこから荒磯の模様にしたがって、石の立て方の独特な型、つまりひとつの石を離して引っ張らせた「さきいでたる石」とか、石の根張りを強く見せるため「とこねになして」とかなど、波がきびしく打ち洗いだせる姿を再現する石組の型が決定されてゆくのです。それに洲崎や白浜をあらわす小石をところどころに敷くのです。そして荒磯という舞台が石組で作られると、そこにはじめて舞の黒松を植えることができるのです。だから、その松は潮風の海をあらわすことが可能なのです。

水とか木がなくても、荒磯を思わせる石組だけでも、そこに波の動きを見、潮風の音を聞くことができます。石が庭の動詞であり名詞とすれば、木や水はそこにつけ加えられるたんなる形容詞や副詞なのです。それが庭の文法です。

大河も同様です。水の流れに動きを与えるのは水そのものではない。竜蛇の行ける道のごとく流れ行く大河は、それをせきとめたり、導いたりする石や他の障害物があるからです。だから、石組の技法でそれがあらわせれば、わずかなせせらぎの水でも、いや、その水までもとって、石の組み立てと連続的な配列だけでも、自由に水の力強い流れやゆるやかな勢いをあらわせるというのが、あの『作庭記』の精神なのです。両岸に石が多ければ、川幅は狭くなり、水の流れは強く、逆に石が少ない場合には、それは広くなって水の勢いは弱くなる。そういうところには必ず砂が堆積しますから、そこに砂で白洲を作る……こういう仕方でいけば、沼も谷も池も、自然空間のすべてを縮めて狭い坪庭に持ち運ぶことが可能になるのです。

これこそ「裏を表として飾る」という姉さま人形型の縮み方なのです。そしてまた、こういう石の庭作りの文法をきり詰めた場合に、庭木を中心として考えた庭の概念とはまったく正反対な庭、つまり石と砂だけで作られた日本独特な「枯山水《かれさんすい》」の石庭ができあがるのだと思います。

ですから、日本の庭は内に向かってだんだん縮められてゆく、あの入れ子型や扇子型の引き寄せのレトリックによって、さまざまな庭文化を生み出したのです。

3　枯山水——美しき虜《とりこ》

石と砂の沈黙

このように石が主となる自然の写し方を究極までにつきつめていけば、さらに大きい自然をより小さい空間に引き入れることのできるもっとも日本的な枯山水の庭文化が生まれるようになるのです。ここで自然の縮小は、たんに具象的なものに約分化してゆく方法に依存するのではなく、「削る」「省く」「切り捨てる」「剝ぐ」「凝《こご》（結晶）らせる」の多様な縮み方によって原形質に近い自然の姿をあらわすものです。削りに削ってゆく。ムダなもの、装飾的なものを捨て、タマネギの皮を剝くように自然をおおっているありとある外皮を剝ぎ取り、さらに剝ぎ取るその縮みの美学は、拡がりを持った自然の正反対の方向に迫ってゆくのです。それは結局、時間の影響によって揺れ動く存在の影としての自然物の数々を除去し去るという意味でもあります。

そこでまず最初に、時間に溺れている弱い草が捨てられる。季節の触手によって揺れる花と木が切り取られる。成長してゆく生物ばかりでなく、無機物であっても、拡がりを持って時間の流れをあらわす水の軟弱性までも排除される。しまいには時間によって浸蝕される土までも、あの高くて低い谷あいの断層までも平らにされて平べったい水平の平面に帰っていく。

こういった自然の結晶過程のなかで最後に残るのは、固いいくつかの石と白い砂なのです。まるで叙述の世界までも名詞で縮められた俳句の終句のように、自然の運動という運動がすべて、石と砂の事物の内に包まれてしまったのです。

人間がもう立ち入ることができない空間です。拡がりはいっさい、許されません。獣の足も、鳥の翼も、この自然の内では何も残すことができません。ここでは音すらも消されます。「閑《しづか》さや岩にしみ入《いる》蟬の声」と歌った俳人と同じく、われわれが見ることができるのは、どんな音もすぐしみ込まれてゆく石と砂のあの沈黙なのです。どうかして木がこのそばに入って来るとしても、それはもはや木の拡がりを持った生長の枝々が小さく刈り込まれた灌木になるのです。この濃密な空間のなかに入って来ると、木は一種の化石のごとくこわばってしまうからです。一粒の砂に凝った水のように……。

三万里程を尺寸に縮む

すこし前まであった自然の生命は、そのそばをかすめ過ぎていった時間は、みなどこに行ったのか。固く閉じられた厚い石の瞼《まぶた》のなかに、あるいは石と石をつなぐあの張り詰めたすき間でぐるぐる回っているのだろうか。木がなくても鬱蒼たる山や、水がなくても激しく落ちる滝、そして白砂を掃いて過ぎた箒目の細い曲線のなかに凍《こご》えてしまった海の波——自然の無限な世界がこう圧縮され、凝結されて、これ以上成長も、消滅もしない姿に空間化する瞬間、われわれの眼の前にはじめてあの枯山水の石庭が開かれるのです。

大徳寺大仙院の石庭は三十坪にしかならないといいます。しかし、さまざまな石が刻み込んである自然の姿は、修学院や桂離宮の庭より、もっと大きくて広い無限の自然なのです。滝もあり、大河もあり、その水が集まって海に向かってゆく広びろとした宇宙の空間が、いろいろな形に組み合わせられた石組によって縮まっているのです。

美濃国の鵜沼で庭を作っていた鉄船宗熙《てっせんそうき》がこういっているのは、ちっとも誇張ではありません。

　五嶽は蟻封に聳《そび》え、重溟は蛙坎《あかん》に望む是れ豈《あに》用ひる所の力小にして、獲る所の功大なる者にあらずや。境に対して遠近の方なし、三万里程を尺寸に縮む。(『仮山水譜《かせんずいのふ》』)

大きい山々が蟻塚《ありづか》のような小さいものに縮まり、涯《はて》のない海が蛙の穴に凝縮されたのが、石庭の構造なのです。志賀直哉が竜安寺の石庭に対して見たものも、大自然の凝縮文法でした。

庭に一樹一草も使はぬといふ事は如何にも奇抜で思ひつきのやうであるが、吾々はそれから微塵も奇抜とか思ひつきとかいふ感じを受けない。……僅《わづ》か五十余坪の地面に此大自然を煮つめる為《た》めにはこれは実《じつ》に、相阿弥《さうあみ》にとつて唯一の方法だつたに違ひない。（「竜安寺の庭」）

庭に取り入れられた枯山水の自然は、もはやあの外の自然ではありません。切り捨てられ、極端に簡素化されて、縁側まで持ってこられた石庭は、自然とは異なった別の囲いのなかの独自な自然になってしまったのです。程度の差はありますが、それが借景の方法であれ、縮景の造園術であれ、大名屋敷にある巨大な庭園であれ、禅寺の方丈の庭であれ、手もとに引き寄せられ、縮小された自然は、枯山水と同様に本物の自然ではありません。アレグローノン・モルトで演奏されるビバルディの嵐が本物の嵐の音でないように……。

にわとりになった自然

「にわ（わ）」ということばを考えてみましょう。その語源はまちまちですが、それらに共通している意味は、そのままの自然空間とは異なり、人間の生活が中心になって何かを行う別の空間ということです。ニワは「見てニッコリする場」が縮まってできたことばだという語源説がありますけど、科学的にはあまり信じがたい説だとしても、感じとしては、いかにももっともらしい気がします。庭とは見てニッコリ笑うことができる空間なのです。それと区別された外の場所とは、不安でとてもニッコリなどできない漠然とした空間なのでしょう。

「にわ」という概念に含められている意味を正確に捉えるためには、何よりも「にわとり」という面白いことばを考えてもらいたいのです。むずかしい言語学者に登場願わなくとも、「にわとり」は、にわ（庭）の鳥、すなわち人間と同じ空間で生きてゆく家禽のことです。とすると、庭の鳥と対応される鳥とは、庭の外、人間が直接支配していない自然の場で自由に飛んでいる鳥です。その翼が人間にではなく、空に向かって開かれている野生のままの鳥と、一定の囲いに閉じ込められて自分の種族の繁殖のためでなく、人間の食卓のためにタマゴを産んでいる鳥との関係。外の自然と庭の自然も、それと同じものなのです。ニワトリが人のための鳥、つまり「人為の鳥」のように、庭に取り入れた自然も「人為的な自然」になるのです。

鳥と同じように、狼が庭に入れば犬となり、猪が庭に閉じ込められれば豚になる。庭に取り入れるということは、手なずけるということであり、支配するということであり、変わったものにするということです。庭木は木が庭に入って来たのです。もはやそれは自然の木ではありません。庭木とはそれ自身の美しさを失わぬように、しかも行儀作法を身につけるように家庭教育を受けた木であり、それは他の樹木とは違ったものだと、ある庭研究者がいっています。自然において庭とはもっとも恐ろしい落し穴ですけれども、人間によっては、とてもニッコリせずにはいられない楽しい自然の場なのです。

ですから、日本の庭文化が自然の見方に対して根本的な差異を感じさせるのは当然なことなのです。

ゴミをゆるさない日本人の自然観

中国人や韓国人は自然をその文字どおり「おのずからなる」あるがままの自然として把握しようとします（とくに老荘哲学の自然がそうですね）。ところが日本人は比較的に自然を自然そのままにおいておこうとしないのです。荒あらしく無秩序で漠々たる自然は、無気味なものなのです。そこでそれを庭のなかに取り入れようとする。そして自分の支配下におく。つまり人のための自然——人為的な自然となるのです。

西欧人は日本人のように自然を人間のものとして取り入れようとはしない。中国人や韓国人のように自然のほうに出かけていきます。しかし、自然を自分の目的をかなえるものとして支配しようとする点では、日本人と同じです。東洋の庭に影響されて作られた英国の自然風景式の庭は別として、ヴェルサイユ宮殿に見られる幾何学的な庭園は、自然の非合理的な秩序を人間の合理的な秩序に変えたものです。西欧の合理主義者は夜空の星を見ても、バラバラに散らばっている不均衡の配置に癇癪《かんしゃく》を起こす人たちですから……。

日本の自然支配は、それを別のものに作り直すことではなく、そのままの自然を縮めようとしたものです。石庭の石はノミで截《た》たれて加工された石ではなく、たとえ刈り込まれたものでも灌木は幾何学的な線で裁断されたヴェルサイユの庭木とは違います。ですから、西欧の自然は人工的なものになり、日本のそれは人為的なものになってしまうのです。

日本人は滝から枯滝を作りました。ヨーロッパ人は滝から逆さに上がる噴水を作り、さらにその噴水の水で自然にない人工的な木を作るのです。そう、あの噴水は水で作った木なのです。噴き上がる水は木の幹となり、流れ落ちる水は枝となって、そしてその水しぶきは葉っぱなのです。こういった発想から、ついに滝は水力発電所になるのです。

しかし、目的と方式の違いこそありますが、日本人が自然を支配して自分のものにしようとした点では、ヨーロッパ人とあまり異なるところはありません。この自然支配の夢が強かったために、日本は自然を利用する西洋の技術文明と接触しても、別にドギマギしなかったし、また素早くその文化を受け入れることができたのです。レヴィ＝ストロースは、日本の自然が、日本人のいっている自然というのが、必ずしも手を加えられていないままの本当の自然ではないということを見事に指摘しています（『構造・神話・労働』）。韓国人の眼からすれば、日本人は本物の自然をわかっていないという気がすぐ起こるのです。きれいに洗われ、きちんと整理された自然風景には、自然よりも、それを手入れした人間の手が見えてしようがないのです。

日本人はもっとも清潔な民族として知られています。湿気がフランスの二倍といわれる国ですから、風呂好きはさておいても、武士が刀をかたときも離さなかったように、日本人はまたほうきをかたときも離さなかったのです。掃き、払い、洗い、磨く日本の生活はゴミとの戦いだったのです。

日本人はムダなものと共生することができない体質なので、必要でないもの、よけいなものには我慢できなくなり、それらを見るとすぐに払いのけたり、切り捨てるのです。そしてゴミをゆるさない自然は真空的なものになってしまうのです。

しかし、本当の自然というのは、すこしずつはみなムダなものであり、汚れているのです。だから、韓国人はゴミに対してさほど神経質な反応は見せません。むしろ若い嫁がホコリをあまり払ったり、汚れを落として家を磨きすぎると、年老いた姑はそれを不自然なものと考え、こんなふうにさとすのです。「あんた、そんなにすると福がつかないようになるよ。あまりきれい好きなのも、子供が授からないんだよ。この世のものにはゴミと汚れがないというものはないんだから、そんなにコマゴマとせずに、すこしはおおまかに暮らすようにしないといけないよ」。自然を自然として見ること、そして自然とともに生きることは、不必要なゴミまでも受け入れるという考えのなかにおいて、はじめて実現されるのです。

日本の庭とはつまり、ゴミのない自然であり、そこに韓国人とは違った日本人の自然観が刻み込まれているのです。韓国に庭の文化がなかったということはとりも直さず植木の刈込みがなかったということです。それとまた、前にも話したように「詰める」ということばがない韓国には木を密植させる植え方もなかったのです。だから六十種類の木を混植密生させ、カマで刈りそろえた修学院の上御茶屋堰堤の大刈込みの美は、ヴェルサイユのそれのように人工的な美にほかならないのです。

4　盆栽——精巧な室内楽

ベーコンの植木と家光の木

西欧ではフランシス・ベーコンが植民政策を植木に喩えて、「海を越えて広い新大陸の広闊な地平線に木を植えよう」と、声を大にして呼びかけた"Plantation"（植木＝植民）を書いているとき、ポルトガル人ら白人の来航はもとより、国内人の渡航まで堅く禁じていた三代将軍徳川家光は、小さな盆の上に木を植えていました。そして城中吹上の花畑に棚をもうけて数々の盆栽を並べ、そのこぢんまりとして精緻な木の枝を玩賞して微笑を浮かべていたのです。そのうちのひとつがほかでもない、いまも皇居に残っているという、樹高百十センチの名木、将軍が三人扶持とか五人扶持とかを与えて特別管理させたといわれる模様木《もようぎ》の五葉松です。家光が盆栽をいかに好んだかは、大久保彦左衛門が家光の愛してやまなかった盆樹のひとつを地面に叩き割って諫《いさ》めたという逸話からもじゅうぶんおしはかれます。

もちろん盆栽もまた日本固有のものではありません。江戸時代に盆樹を育てる盆栽師を駱《らく》駝《だ》師とも呼んだ例からしてもわかります。駱駝とは、背の曲がった人をさすことばですから。これは中唐の文人、柳宗元《りゅうそうげん》の文中に樹木培養の術に長けた郭という男が背の曲がった人だったとあることから来ているのです。そして朝鮮時代の仁斎・姜希顔《カンヒアン》は、応仁・文明の大乱に当たるそのときすでに、老松や老梅を盆栽にする技法をつぶさにのべた『菁川養花小録』を残しています。

「盆栽よ、お前もか！」という必要はすこしもありません。箱庭好みの趣味は、けっして未知の大陸に木を植えようとしたヨーロッパ人のものでもないし、万里の長城を築いた中国人や、おもに実物大そのままの蘭盆を好んだ韓国人のものでもありません。西欧はいうまでもなく、中国にも韓国にも、日本と違って、盆栽の整姿にあたる専門的な職人がいなかったという、ただその事実ひとつだけ見ても、それが日本でほど愛されず、また広まらなかったということが推測できるのです。韓国には、日本のように「盆栽町」というのもありませんし、数百万の会員数を誇る盆栽協会というものもなく、いくら眼をこらしても輸出種目にその名は見当たりません。

盆栽・盆石はやはり石庭と坪庭を作った同じ国民のものです。箱のなかに箱を入れ、その箱のなかにさらに小さな箱を詰め込む入れ子文化の産物です。ですから、石庭がさらに小さくなって盆石となり、坪庭の刈り込まれた灌木がより小さくなって盆栽となるとき、すでに自然はそっと庭から室内の床の間に移されてゆくようになるのです。庭の自然は部屋の棚に収められて精巧な室内楽に変わるのです。回遊式庭園で経験しためぐる自然と石庭の縁側で眺められた山水は、いまや身体でじかに触れる自然へと、いっそう身近に引き入れられたのです。

見る自然から触れる自然へ

自然を削って簡素化することにより、広い宇宙を枯山水にして縁側にまで持って来た庭――それをさらに縮めて部屋の棚の上に持って来たのが箱庭であり、盆石であり、盆栽です。自然を自分のそばに引き入れるということはとりもなおさず、「見る自然」を「肌で触れる自然」につくろうとすることです。秦恒平さんは、「坪庭を眺める庭とは思わない。そうではないか。我々は女体が秘めたあの壺のような神秘なものを眼で見るものとは思っていない。それは思わず眼を閉じながら肌に熱く感じるものだ」(「翳の庭」)といっています。

肌で触れる自然、自分にもっと近寄せられた自然は、そこからまた掌にのせられる、すぐれて日本的な豆盆栽文化にまでなったのです。縁側にある自然で満足できなかった日本人は、枕元までキリキリと自然を引っ張ってきます。

それが庭の美学をそのままさらに縮小させたものにすぎないということは、盆石の砂石がただの石や砂ではなく、山や海をあらわしているという点からもわかります。ですから室町時代には盆石を盆山と呼びました。盆石の形につけられた名も遠山、島形、土坡などで、庭の縮景のように石の配置、砂のふるい方で自然の景観を盆の内に模写しようとしたものです。

盆石・盆栽が部屋のなかに入った庭だということは、虎関師錬《こかんしれん》の「盆石の賦《ふ》」によくあらわれています。彼は年老いて身体が衰え、庭の手入れができないようになるや、「拳石《けんせき》を墻《しょう》角《かく》に収めて基の坌塵《ふんじん》を払ひ」、それを「外瓷《がいじ》青くして底沙《さ》白」い盆に配置し、これに水を注いで座右におき、庭園の鑑賞にかえたというのです。

樹の仕立てと風景描写

だから、盆栽はただの小天地、ガリバー小人国の木ではないのです。広闊な空間と数百年の時間が凝結したもので、荒磯が海全体を示す記号であるように、手の指ほどの盆栽のあの木々も、それが育った風土のすべてを示してくれている象徴の言語なのです。たとえばその樹形のなかに「ほうき立ち」というのがあります。幹の中間から箒を逆さにした扇形の拡がりを持った樹形ですが、これはケヤキに多く、武蔵野の雑木林の景をほうふつとさせるものです。また模様木の黒松をご覧なさい。風雪に耐えて幹がさまざまな方向に屈曲しているあの樹形に、われわれはひとつの縮められた木を眺めるのではなく、そういった姿を彫刻してのけた海や潮風を脳裡に思い浮かべることができるのです。それとは反対に、枝の垂れ下がった懸崖《けんがい》には、けわしい断崖の山あいを見るようになります。

ですから、盆栽の樹種や樹形は、それが育った環境、つまり海岸だとか、深山幽谷だとか、けわしい崖っぷちなどと深いかかわりがあるので、その姿を眼にしただけである風景が浮かんでくるというわけです。枝が立ち上がった幹となった筏吹《いかだぶ》きの樹形には風雪のため幹が倒れた山の嶺の感じが、ひとつの根から数本の幹が立った形には、平坦な盆地の小さな林の感じがしてきます。

その風景描写によって、数十本の樹を鉢のなかに植える「寄せ植え」では森の景をあらわし、樹の根を石に抱かせたり、あるいは樹を石に植え、水盤に入れる「石付」では、山の滝、海の島をあらわすのです。

橘俊綱の『作庭記』と同じではありませんか。そこでは「石を立つる」形によっていろいろな風景を凝縮させるレトリックを見ましたが、盆栽では樹を「仕立てる」(樹形を作ることをこういいます) ことによって、それと同じイメージを作り出しているのです。

描写されるのは空間だけではありません。杉とか、高い山の断崖に縮こまって垂れかかっている真柏とか、そういう樹種の小さな枝をジン (木が枯れて白骨化したもの) にすることで、数百年の時間を描き出しているのです。荒れた幹肌をつくり、木質部まで削りとってウロを生じる盆栽の美学がみなそうです。

橘俊綱は石を立つるもっとも重要な技法として「石を強く立つべし」といっていますが、

盆栽では「幹の立上り」「枝配り」とともにその美の三要素といわれる「根張り」を重視します。石が強く立っている美しさと、根が土のなかに強く張っているそれとは、滝のような重力の美なのです。重力に逆らい、空に向かって噴き上げる噴水の美学を作った西洋とは正反対です。

手の上にのせられた風と土

しかし、ここでわれわれは、自然が縮小されればされるほど、その自然に対する人間の支配力、人為性の介入がだんだん大きくなるということを知るようになります。盆栽はだれがなんといおうと、自然を纏足《てんそく》させた虐待です。いくら美しくとも、それは奴隷の女に纏足させ、舞姫として美しい舞を舞わせるようなものです。盆栽を「仕立てる」には、かならず道具が必要です。芽摘み、枝抜き、葉刈りなどの剪定《せんてい》バサミと、自然を強調するために（なんとアイロニカルな親切でしょう）、自然をもっと自然らしく見せるために針金がなければなりません。自然の欲求である生長を抑え、自由な形を一定の型に固定するためには人間の力が介入しなければなりません。

このようなことを、同じ自然だとしても、動物に行うなら、その残忍さに憤《いきどお》りを感ずる人が多いでしょう。針金でしばられ、ハサミで切られた血のにじむ傷を見るでしょうから。

縮みの美学では、生長の拡がりは敵なのです。ですから、すべての木が盆栽に向くというわけではありません。生長の早い木はその資格を失うことになります。幹に比べ葉の大きいものも、また枝がよく伸びるのも、みな資格はありません。盆栽の優等生たちは自然の落第生で、矮小化しやすいこと、葉がなるべく退化し小葉で細かいこと――ごく小さいリンゴを姫リンゴというように、それを姫性《ひめしょう》と呼ぶようです――が歓待されるのです。

松でもって松を描き、杉でもって杉を彫刻する。この不思議な盆栽文化は、植物に限る話ではありませんが、これは後で触れることにしましょう。それよりもここで記憶しておいていただきたいのは、盆石・盆栽においては、ただ庭が縮められたのではなく、自然が可動的になったという、重要な事実です。

縮められたものと、たんに小さいもの（ミクロの世界）とは全然違う、ということは前にもいいました。縮められたものは、力動的であり可変的なものなのです。縮小しようとすれば、まずそれは大きく、拡がりを持ったものでなければなりません。そうですから、盆栽といっても、なお縮むことができて、クレーンで運ぶ大きな盆栽からはじまって皇居の盆栽など大型盆栽（樹高九十センチ以上）↓中型盆栽（樹高五十センチ前後）↓片手盆栽↓小品盆栽（樹高二十五センチ前後）↓豆盆栽と縮小してゆきます。それも、豆盆栽が大きくなれば小品盆栽になったり、小品盆栽が生長すれば中型、大型のそれになるのではなく、最初からそれは縮小の方法によって別個のものとしてあるのです。

豆盆栽になると、掌上盆栽ともいわれるように、もはや自然は文字どおり人間の手中に入ってしまいます。大きいものでも三寸です。「一寸の虫にも五分の魂」ではありませんが、巨樹が虫のように縮まりました。それでも花が咲き、実がなるのをみると、虫でも草でもありません。それよりもっと小さくしたものでは、虫メガネなしでは手入れできない五分ほどのものもあるといいます。

5　いけ花——宇宙の花びら

一輪の朝顔

日本人と花、そして華道についてのべようとするとき、よく引かれる利休にちなんだエピソードがひとつあります。私もその話を再吟味するところから、いけ花美学の片隅をのぞいてみようと思います。

ある日、秀吉は庭に咲き乱れる朝顔に心が魅かれるあまり、利休に茶会を命じます。ところが、いざ時が来て、その場に行ってみると、花ざかりの朝顔はみな摘み取られて一輪も見出せませんでした。これに驚いた秀吉が腹を立てて茶室に入っていくと、床の間にただ一輪の朝顔が清らかに生けられていたというのです。

山野に咲いている花をそのままにしておいたのでは庭の文化が生まれないように、庭の朝顔をその庭においたまま眺めるときには、いけ花の文化は生まれてきません。他国に入り、その土地の神をまつるために花を立てる宗教的な意味から生まれた「花立」も、仏教の供花も、たてはな、りっか（立花）、なげいればな（抛入花）、いけばなとその名称とともに変わろうとも、また池坊《いけのぼう》、小原《おはら》、草月《そうげつ》をはじめ三千を越えるといわれる数々の流派によって複雑な理論づけがされている華道であろうとも、そこにただひとつ共通する法則は、「自然の花を縮めて部屋のうちに移す」ということです。

ですから、いけ花の美学はまず切ることから始まるのです。「根のあるままの草木ではいけ花にはならない。まず切ることからはじめる。木を切る。草を切る。枝を切る。葉を切る。花を切る」と、早川尚洞《はやかわしょうどう》は『尚洞華心抄』でいけ花以上にその定義を簡略に見事に切り取って見せてくれています。美しい桜の花を見て、そのさかりの日数《ひかず》をのばせるなら、自分の生命をちぢめ、花のいのちにかえてもらいたいと、神に祈ったという桜町中納言《さくらまちのちゅうなごん》の願いはかなえられませんでしたが、去年のきょう見物した吉野の花をまた見たいといった秀吉の夢は、満開の桜の大枝を切り取って、六尺の大鉢に吉野山を凝縮した曾呂利新左衛門《そろりしんざえもん》の「いけ花」によって充たされたのです。

花が散ることには黙々と順応しても、それが咲いている宇宙の美しさを縮小して、瞬間なりとも自分のそばにおこうとする欲望に対しては、庭作りや盆栽の仕立てと同じように、日本特有の執念を見せてくれたのです。

花の美しさを見るな、その組み方を見よ

一輪の花に天国を見るウィリアム・ブレイクの詩的想像は、日本にくると床の間で現実の花と化してあらわれるのです。利休の逸話にもあらわれていますが、秀吉はいろいろな面で「縮みの文化」より「拡がりの文化」を好んだ人です。しかし、大鉢に生けた桜の花が、自分が醍醐《だいご》で六百本を植樹した実際の桜の木より、もっと大きくてたくさんの花をあらわすという事実をけっして知らなくはなかったでしょう。橘俊綱が石を立てるとき、「大海の様、大河の様、山河の様、沼地の様、葦手の様」といったように室町時代の「華道」の秘伝書である『仙伝抄《せんでんしょう》』では花を立てるとき、「沢辺、河、入江などの風情も立べし。是れ水辺のものを立て、野は野のものを立て、山は山のものを立つる、それぞれのごとくなるべし」といっています。

石でもって縮めようとした自然が庭であれば、それを花でもって再現しようとしたのが華道なのです。いや、違います。いけ花の匠《たくみ》たちは、庭よりもっと理想的に宇宙を縮めたものが華道であるということをみずから宣言しています。「庭前に山を築き、垣の内に泉を引くも、人力をわづらはさずしてなることなし。たゞ小水尺樹をもつて江山数程の勝概をあらはし、暫時頃刻の間に千変万化の佳興をもよほす」、それが仙家の妙術（現代語になおせば、いけ花の術）なのだと、『池坊専応口伝《いけのぼうせんおうくでん》』には声高らかに主張されているのです。

「石を見るな、石組を見よ」――これが日本の庭の見方に対する最初の忠告であるように、

「花の美しさを見るな、花の組み方を見よ」といっても、それは同じ意味になるのです。これがまさに、花を集めて花束を作る西欧式や、中国・韓国にもあった瓶花と区別される点です。

たんに花を部屋のうちに切って入れ、それを見つめることで大自然の宇宙が連想できるのではありません。西洋人はただ花それだけを切ってきたにすぎません。だから、それがある広い空間や豊饒な自然をあらわすためには、花はいっぱいに寄せ集められ、すき間のない量的な方法に依存します。それが花束なのです。東洋の中国人や韓国人は、寒梅図の絵によく見られるように、けっして量的な西洋の花とは違い、一枝の花に無限の宇宙の秩序を見ます。しかし、水墨でなく、直接咲いている花をもってまるで画を描くように、人為的に作り直すのを好みません。

もっぱら日本人だけが花とともにある広い自然空間を切り取って縮小し、狭い空間のなかに移しておこうとするのです。

神が作り出せなかった空間

その縮みの世界を作るために、日本人はまず世界のどの民族も想像しえなかった自然の解体作業に着手しなければならないのです。もともとひとかたまりの花と葉と枝を自然から分離するということ。それらはいったん別々に切り取られることを意味するものですから、いけ花の美のためには、工場でネジを回すスパナが必要なように、ハサミと針がいるようになります。

あの美しいいけ花の美を、一度だけ私に冒瀆《ぼうとく》する自由を与えてくれるなら、現代の産業文明を生んだあの分業組立工場の発想は、フォードの工場で生まれたものではなく、自然の草木を各部分にバラバラにしてそれを再び組み立てる、ほかでもないいけ花を生けるハサミと針から生まれたものだといいたいのです。

そのようにして花と葉と枝で、これまで神が作り出せなかった空間を作り出すことができるのです。一瓶の花が野と山をあらわすために、立花ではその枝が遠近の法則を持つようになります。「うしろに山を見、前に野を見べし、そうじて遠近と立つる花はうしろに山の心を立て、前に野を立て、うしろの山をへつらはずに立てべし」(『仙伝抄』)。

この枝の配置は「立華」でよりいっそう広い宇宙空間を縮める方法として、陰、陽、嶺、岳、滝、市、尾と呼ばれました。つまり空間を占める枝の形と方向によって、それは天に向かってそびえ立つ嶺にもなり、山にもなれば、数千尺の滝にもなる。垂直線に立てられた枝とは違って、水平的運動に伸びている枝の「流し」は市尾となり、地平線に向かう平野であり、河であるのです。専好《せんこう》の『立花口伝書』によれば、七種の枝葉で世界の山野水辺をあらわし、その「身」によってまた中山、左右の連山、遠山、近山、麓野を表現するのです。

空間の「遠近」をあらわすタテバナはまた、時間の「古今」をも同時にあらわさねばならない。古今は花によってあらわされる季節なのです。枝は空間性を、季節によって咲くその花は時間性を、たくみにわれわれに示すことができるからです。そうです。花が散るのを人間の力ではすこしも延ばすことはできませんが、つまり時間を拡げることはできませんが、時間そのものを花によって空間のように凝縮はできると思ったのです。

それがあの有名な『仙伝抄』に見える蓮花の立て方によってあらわされています。蓮花を「立て候ふときは三世を立てべし」と……。三世――葉がやぶれ花が散りはてる蓮を立てて過去の時間を、現に花ざかりに開きたるものを立てて現在を、そしていまだ開かざるつぼみと巻葉を立てて未来を、すなわち過去・現在・未来の時間を花とその葉の形で一瓶に凝縮させるのです。

枝の空間性と花の時間性

この枝の空間性と花の時間性を合わせれば、宇宙そのものになるのです。仏教において理想世界である須弥山《しゅみせん》を庭であらわしたように、池坊専好は宇宙の理想的な形態を花の全体の姿であらわし、「円正形」としなければならないと考えたのです。球体の構成で形づくられる花の世界こそ、宇宙が縮められた究極の姿が秘められている豆世界なのです。自然に対する縮みの文化は、いけ花によってもっと小さく、もっと完全に、もっと美しく単純化され、生命化されたのです。そういうわけですから、その縮み方は当然厳格かつ極端で、現代の

『蒼風花伝書《そうふうかでんしょ》』の叫びのように「切って切って切って切ってつくる」のです。『源氏物語』を書いた紫式部が生けた花は、その小説のように五尺ほどの桜の大枝をさしたものでした。もちろん彼女に限っての話ではありません。彼女の文学史的ライバルでもある清少納言が生けた花も、『枕草子』に書かれているように「おもしろくさきたる桜をながく折りて、おほきなる瓶《かめ》にさしたるこそをかしけれ」といったものです。その時代にはみな、大花を挿しましたが、花の立て方がだんだん凝縮され、省かれるだけ省かれていって、それは日本的なものとして完成されてゆくのです。

いけ花の歴史は、縮みの歴史、ハサミの歴史なのです。「立花」では、「大花瓶、株立てなんどは五、六尺、一寸も立つる事あり」（『立花口伝大事』）といわれたもので、池坊専好の初代には四間幅の床の間の広い空間に、六尺、三尺の大花器に生けた大花でその才能を発揮したのです。「砂のもの」と呼ばれたこの大花は、盆栽のようにだんだん縮まって、ついにはいけ花の時代を迎えるのです。西洋の花束がつけ加えによって大きな世界をあらわすのとは反対に、花と枝と葉をぎりぎりまで切り捨て、すき間を作ることによって大きな宇宙を捉えることができたのです。

池坊一家の椿の一輪《いちりんい》生けの歴史を考えてみましょう。池坊専定《せんじょう》の『挿花百規《いけばなひやっき》』（一八二〇年）にあらわれた椿の一輪生けは葉が六枚半残されただけです。厳しく削って削って、ついに葉は簡潔と純粋と本質的な形を求められて、その極の世界に至った椿の美でした。しかし、この生け方をさらに一枚一枚切り落とし、いっそう凝縮し、いっそう省略して、それを究極に追いつめていったのが、専定のあとをついだ専明《せんめい》でした。六枚半の椿の一輪生けは、とうとう三枚半に縮められてしまったのです。

庭の朝顔は残らず摘み捨てられ、たった一輪の花が残されて茶室に入りました。あの一輪は数百輪におよぶ密度を持ってこそ、花の大虐殺のむごたらしい残忍性を免れることができたのです。

6　床の間の神と市中隠

日本の舞と神のはしご

日本の舞にはどうしてか、くるくる旋回運動をするものがないといわれます。それが基本となっているヨーロッパのバレエはいうまでもなく、同じ東アジアの中国や韓国にまでもあるのに、日本の舞にだけは、天に向かって飛び上がろうとする、あの旋回の律動を見出せないというのです。舞ばかりでなく、建築を見ても日本の塔は「横に行く線がひじょうに大事だ。上にのぼるということは、それほど大きな意味を持たない」というのです。

こういった現象はいったい何を意味するのでしょうか。これまでわれわれが見てきたように、日本人は自然ばかりでなく、神との関係においても、人間が神に向かっていくのではなく、神を人間のほうに引き寄せようとした傾向が強いからです。ですから、自分が天に向かって上がっていこうとするそのイメージではなく、神が自分のほうに下りて来る天降りのイメージ……神が下りてくるように天に向かってかけておくハシゴである依代《よりしろ》、能の鏡板に描かれたようなあの松が出てくるわけです。そこで舞では神懸《がか》りとして必然的に「畳一畳くらい狭いところ、依代のスピリットが働いているその範囲内で舞わなければいけない」というのです。ジャンプはおろか、日本の舞いの基本は腰がすわっていなければならないとしているのです。

韓国では舞をチュム（춤）といいます。確かなものではありませんけど、そのことばの語源はチソスム（聳えあがる）から来たものだといわれます。もちろんいろんな種類の舞がありますが、その基本型は鶴舞のように鳥が飛んでゆく姿、まさに飛びたとうとする律動です。舞を舞う基本動作を分析してみると、世界に向かって自分を開いてみせる動作、超越的な世界に向かって行進していく象徴性がこめられています。ほとんどの舞は根本的に波のように拡がっていき、鳥が飛び、雲が流れるように流転してゆくものです。とくに宗教的な韓国の巫女の舞はジャンプする動作がさかんにくり返されるのです。

ところが、日本は舞までも縮みの志向をあらわしていて、手の動きだけみても、たえず何かを呼んでいる動作のくり返しが多く、その足の動きも狭いきものの裾《すそ》のうちに凝縮されています。韓国で舞は鳥類を連想させますが、ジャンプの動作がない日本の舞は、地面をスルスルと滑るようにはってい く ハチュウ類を思い起こさせます。踊り子を描いたドガの絵で眼をひくのは、パラシュートのように三百六十度に拡がったチュチュの拡がりであり、重力を蹴って真っすぐ立っているトウシューズの軽快な跳躍なのです。

ジョルジュ・プーレという批評家は「拡がり」と「縮み」の二つの意識の衝突で『ボヴァリー夫人』を分析していますが、マダム・ボヴァリーがたえず胸に抱いている拡散への夢を示している場面は、この小説の決定的なターニングポイントとなるヴォビエサール荘で子爵とワルツを踊るあの有名な場面です。すべてが彼女の中心からぐるぐる旋回運動をするあの踊りのイメージは、マダム・ボヴァリーにおいては上流社会とパリの社交界に出ていきたいという夢に連結されます。つまりこのときの踊りは、よどんでいる池のなかに石を投げたように、自分がシャルル・ボヴァリーと住んでいる退屈なトストの狭い村をあとにして、一度も行ってみたことのない広い世界、パリ、パリに絶えまなく拡がってゆく波紋、それです。

神棚に招かれた神々

神を招き呼びよせる依代《よりしろ》の松と舞の関係は、日本だけにあるのではありません。天と地を連結するその木は神話学では宇宙木という名で呼ばれ、どんな原始宗教でも見つけることができます。問題はその神を自分の家のなかにまでじょじょに引き入れる収縮現象に、日本的な特性が顕著にあらわれているということです。

神道の場合を見てみましょう。山を御神体としてまつっているとき、神に会うために人々は山の奥に行かなければなりません。ここまでは、世界のどの宗教も別に変わりはありません。しかし、御神体である山をまつる奥宮をいますこし人間の住んでいる村と近いところに引っ張って来たのが中の宮となり、それをもっと身近なところに引き寄せたのが村の里宮です。

ただその地方の氏神《うじがみ》だけでなく、古い神社には遠くはなれた他の地方の神が、そこまで出張して来て泊まるホテル施設まで備えています。神社のそばにずらっと並ぶ、摂社や末社といわれるミニ神社が、それです。

でも、ここで終わるのではありません。村の神社がさらに縮まって持ち運びのできる神社となったのがあの「御神輿」にほかなりません。祭りの日になると、神社は御神輿によって定められた中継所（御旅所）にまで移されるようになります。神は郵便物のように町々に配達されるのです。

これでおしまいだと考えてはいけません。これまで、もう終わりかと思った瞬間、また縮まってもっと身近なものになる例の収縮作用を再三見てきたように、御神輿はさらに縮まって、人間の住んでいる家のなかに入ってくるようになります。神が床の間に、棚の上に、盆栽の黒松のように、あるいは一輪ざしのいけ花のように縮小されて身近に引き寄せられたのが、あの神棚です。伊勢神宮のお札をまつってある神棚に、氏神や、また自分に特別にご利益のあったたくさんの神々が、盆栽の姫リンゴのようにこの小さい棚のなかでいっしょに住むのです。いやいや、まだ縮まります。そしてもっと近くなります。それが身肌につけるお守りなのです。

仏壇とテレビ

仏教も例外ではありません。寺に行ってごらんなさい。「入れ子文化」は寺のなかにいまひとつの小さい寺を作って、そのなかに仏様をまつります。それが本堂の厨子《ずし》です。箱のなかにさらに他の箱が入っていくように、寺の建物のなかにミニチュアに縮小された家を作って、そのなかに本尊を納める玉虫厨子などは、室内に入っては床の間になり、仏壇になるのです。神社が縮まって神棚になったように、寺が縮まって仏画の掛軸と三具足《みつぐそく》（香炉・花びん・燭台）を奉る床の間となったのです。

寺と神社を映画館とすれば、神棚と床の間に飾った三具足、あるいは仏壇は、テレビに喩えることができます。そうすると、世界の人々が家を出て映画館で神の映画を見ているとき、日本人だけが外では映画館で、家では小さなテレビでしょっちゅうそれを見つめていたのです。なんと現代化された宗教の方法でしょうか。

冗談なんかじゃありません。そういった点で、広い世界の出来事や景色や話題の情報を縮めて、自分の部屋のなかに引き入れるテレビ文化こそ、もっとも日本人の志向にふさわしいものなのです。狭い2DKに住んでいる今日の日本人にとって、テレビのおかれているところが、「床の間」なのです。

情報に敏感であることが日本人の特性のひとつとしてときたま指摘されていますが、日本には早くも鎌倉時代から、こっそり忍び入って情報を探してくる「忍者」という独特な専門集団があったのをみても、それはわかるはずです。情報は広い外の世界で起きているさまざまな出来事のうち、必要なものだけを簡略に縮めて、自分の心の奥底に引き寄せることです。しかも、外のことは内に入れ、内のことは外に出さないのが、情報の属性です。だから日本人の縮み志向は、その情報に対する鋭敏さに如実にあらわれているのです。外界の自然を、天にいます神を床の間に引っ張ってきたあの縮み志向が、現代においてテレビ文化と結びつけられたからといって、すこしも不自然なことではありません。

日本人が世界のどの国民よりテレビ志向的だというのは、そのチャンネルの数が多いということ、その番組が朝に夕に新聞の一ページを埋めていること、また「お早うございます」の伝統かもしれませんが、電車が動きはじめる朝五時半ごろから早くも放送が開始されるということだけの話ではありません。

テレビ・新聞・電話・自動車・冷蔵庫など五品目のうち、ひとつだけ持てるとすれば何を選ぶかの必須品選好度の調査で、米国人はわずか三パーセントにしかならないのに、日本人はなんと三一パーセントがテレビを選択しているというのです。テレビの視聴時間にしても、ニールセン調査によれば（一九八〇年）、東京では一家族当たり日に八時間十二分であるのに、米国では六時間四十四分となっています。ユネスコの報告書がいっているように、日本は世界第一のテレビ王国なのです。それも、ポルノに近い深夜番組では他人の密室を「のぞき」、「シルクロード」では古い歴史と広い大陸の地平線を引き寄せ、掌にのせて見るのです。誇張ではありません。たしかナショナルの白黒テレビに手に持てる文庫本ぐらいのがあるでしょう。

飲まれる自然

石庭で姿を消した花はいけ花となり、木は盆栽となって室内に入って来たということは、すでに話したとおりです。では、砂に変わって捨てられた河や泉の水はいったいどこに行ったのか。その問いに対する解答が茶室文化です。そうです。あの水は茶となって、床の間のいけ花とともに四畳半の空間にあらわれたのです。それは眺める自然、触れる自然から、いまや飲まれる自然に変わったのです。

大宇宙が、あの広闊な自然が、丸い茶碗のなかに圧縮され、それがさらに一滴一滴の水となって人体内に入るようになります。眺め・眺められ、触れ・触れられる関係はもはや消えてしまい、自然と人間は茶によって完全に一体と化し、自然における「縮み文化」は四楽章の演奏を終えることになるのです。石を自然の骨とするなら、水はその血液です。宇宙の血は人体のそれとひとつになることによって、ひと塊の生命になるのです。エリアーデのことばを引用するまでもなく、茶を飲むということは自然を、宇宙の力を取り入れることです。みずからの生命を浄化し、リフレッシュすることです。それは果てのない精神の洗礼を行う儀式です。禅宗ではそれを一味同心《いちみどうしん》といいます。仏に供えた茶と同じ茶を飲むことによって、自己と仏がひとつの心となり、ひとつの存在になるのです。

高い山から流れ落ちる谷間の水と、深い地中から湧き上がる泉の水は、朝鮮朝後期の艸衣禅僧が『茶神伝』でのべているように、茶となってその身を顕わすのです。つまり「茶は水の神であり、水は茶の体」なのです。

密度のない薄い水が、あの緑茶の濃度のある色を帯びて香り立つ水に変わったのは、野花がいけ花となり、山中の木々が盆栽の木になったのと同じです。茶は、人間によって凝縮された「文化の水」にほかならないのです。嵯峨《さが》天皇が、茶を飲むことを「山精茶杯を供う」と歌ったのを考えれば、茶はたんなる飲物ではなく、山の精霊と見られたことがよくわかります。

「市中の山居」

俗世のなかに、自分の生活のなかに自然を引き寄せようとした縮みの文化は、ついに茶室という空間をつくりました。数十里も歩かなければ入っていけない山里が、そして隠者の庵が、中潜《なかくぐ》りの門をくぐり抜けさえすればたちどころに現出するのです。母屋《おもや》から茶室までの露地と飛石は、俗世とは別個の空間を訪ねていく「奥の細道」なのです。「露地の作りやういかが」と尋ねられたとき、「樫の葉のもみぢぬからに散りつもる奥山寺の道のさびしさ——此の古歌一首にて御心得候へ」と利休は答えたといわれます。そう、茶室はもの寂しい山奥の谷間に隠遁した者たちの草庵を、巷《ちまた》の真ん中に取り入れたものです。茶室は、田舎の一軒家か山中の隠遁者の草庵であるようなものだということを、ロドリゲスは見逃しはしませんでした。

ですから、堺の町人たちは茶室を「市中の山居」「市中隠」と呼んだのです。街のど真ん中で隠遁者の閑居を味わったこの茶室文化こそ、日本人のもっとも賢い便宜主義、そして現実主義の勝利を意味するものです。中国人や韓国人にとっての“to be or not to be”は、世俗の市中に住むか、自然の山里に帰るかの果てしのない懐疑であり、問いかけでした。自然とともに閑遊、自足して生きてゆく生は理想であり、市中の俗塵にまみれて生きてゆく栄辱の生は、現実です。韓国の「時調《シジョ》」では、それが鳥によって象徴されます。自然のなかで生きてゆく隠遁者の生を代表するのが白鷗《しろかもめ》であり、巷間の生活をあらわすのが鳶《とび》と雀です。

あい対立するこの矛盾の二つの世界で、どちらかを選択しなければならないというのは、ひどく苦しく、不可能なことでもあります。ここで理念という問題が生ずるようになり、その選択のための思想の展開が必要になります。

日本の旗にはイデオロギーがない

しかし、日本人はこのような理念、そして現世を超越した理想の原理を探索する抽象の世界とは縁遠いのです。茶室のなかで市中の山居を楽しむ人々には、そもそもそういったものが、やくたいもない苦しみとしか映らないのです。官職を投げうって「帰去来の辞」を詠《うた》った陶淵明が、愚かにしか見えないのです。

ですから、日本には保胤《やすたね》から長明、兼好《けんこう》に連なる立派な隠者文学がありましたが、彼らは中国と韓国の隠者と違い、最後まで日本文化のアウトサイダーとして残るのです。兼好は『徒然草』で、中国の隠者文化を実現した人の名を挙げながら、日本であれば「語りも伝ふべからず」と書いています。日本文化における隠者の理念的精神伝統のおぼつかなさをよくあらわしていることばなのです。

実際、日本の隠者それ自体が、中国、韓国のそれと違って、世捨人といいながらも当時の権力者と仲がいいのです。登蓮《とうれん》は清盛に可愛がられていたし、兼好も新しい統治者らとうまくやっているのです。二者択一ではなく、日本人は二者を共有する方法を考え出した賢い人たちだからです。

隠者が山里にいながら市中の権力を味わったごとく、世俗の人は市中の生活を営みながら、同時に山里の情趣を味わい、華やかな富と権勢のなかでも、貧者のしおたれた風体までも味わう。富が貧をまで仮装するのです。ときには世俗の人と同じく妻帯しながらも、出家した僧と異ならない法悦を感じるのです。韓国では日本の植民地時代以前には妻帯した僧など見かけられませんでした。

「アメリカの国旗には意味と主張があるんですね。旗がすでに合衆国という国の本質を物語っている。フランスの旗を見ると、自由、平等、博愛と書いてある。ロシアの旗は、人民の血と書いてある。日本の旗を見ると、なにも書いてない。お日さまなんてものは、国家形成以前の民族といえども尊敬する価値であって、こんなものを紙に書いてぶら下げている国家は、なにも主張していないということです」と、批評家の山崎正和さんはいっています。それればかりでなく、日本の旗はまんまるい円ですから上下も左右もないんです。どんなに揚げてもいいんです。しかしフランスの三色旗が上下が転倒したり、韓国の太極旗が左右が反対になれば大きな騒ぎになりましょう。日本人にはたしかに無原理主義の一面があるのです。中村元さんの指摘でも、同じ仏教でも中国の天台宗が「理」を重んじたのに対し、日本のそれは「事」を強調したといいます。理を重んじない世界、イデオロギーがない世界では「形式主義」と「状況主義」が価値の尺度になるしかありません。だから、日本人は理念的な世界では無原則のように見えるけれども、外にあらわれた形式にはうるさいほど原則を重視するのです。それが日本人好みの「式たり」なんです。

都市を捨てて本当に山居生活をするよりも市中の茶室で演出された山居のそれのほうが、

ずっと閑居の楽しみを与える便宜的な生活になるのです。実生活よりもそれを演出した演劇のほうが、ずっと面白く、悲しく、感動的であるようにです。模様木の盆栽が本当の木よりずっと自然らしく見え、石で組み合わせた庭の磯が本当の海よりもっと美しいようにです。

ですから、理念は感性に、イメージに、形式にとってかえられるのです。日本が開港を前にしてすぐ変身をし、西欧の物質・技術文明をいち早く受容して、自分のものをつくることができたのは、中国人や韓国人のように自然に対する強い「理念」を持っていなかったからです。市中隠という便宜主義は、「帰去来の辞」を詠わなくても、菊の花を愛しつつも同時に市中の俗塵を発展させてゆくという両棲類の文化をつくったのであり、ほかならないそのような文化を可能にしたのが、巷間に自然を引き寄せ、取り入れる術である「縮みの文化」であったのです。

「市中隠」の考え方、その便利な無原理主義、イメージが実体の意味よりもっと強烈な力を持っている日本文化は、これと類似した逆説的な――修辞学ではそれをオクシモロンといいますが――矛盾構造をつくりだします。

巷間に隠遁するように、西洋文明の真ん中で東洋を、戦争のなかで平和を、物質のなかで精神を味わうことのできる才能……いわば新幹線のなかで幕内弁当を食べる、あの楽しい文化をです。

第四章　人と社会にあらわれた「縮み」の文化

1　四畳半の空間論

マッチ箱からウサギ小屋まで

山河も草木も、また神様も仏様も、みんな小さく縮められて、鉢に棚に取り入れられたあの奇蹟の空間、日本人が生活を行っているあの住まいの空間はいったいどんなものであったのか。畳、床の間、茶室……こう印象的に思い浮かぶいくつかの特徴を考えるだけでも、それがヨーロッパはもとより、中国や韓国のそれとはひじょうに違った空間だということに気づきます。

香水の瓶がどうして水を入れた水瓶のように大きくなりえましょうか。そういったものが与えている日本の家の印象は、いまの後楽園に見るように十万坪を上下する江戸大名屋敷の豪邸にもかかわらず、これまた濃密な小さい空間だという点でしょう。ヨーロッパ人が日本人の住んでいる家につけた文学的な別名を選び出してみれば、そのイメージがどんなものであるかはただちにわかるでしょう。日本で教鞭をとっていた英国の作家、ウィリアム・プルーマーは日本の家を「紙で作った家」と呼び、ロンドン・タイムズ紙（一九〇四年二月十日の社説）では「マッチ箱の家」といいました。それからほぼ一世紀近くたった最近では、エコノミック・アニマルということばくらいに有名になった「ウサギ小屋」というのが登場しました。それは「紙で作った家」よりは堅固に見え、「マッチ箱の家」よりはずっと広いものなのに、日本人に与えた衝撃は比較にならないほど大きかったし、また否定的なものでもありました。

そのことばが徳川幕府の時代に書かれたあるヨーロッパ人の日本印象記でなく、そして詩でも小説でもない、ＥＣの秘密レポート（一九七九年度）の一節に書かれたものであってみれば、「マッチ箱」などとは事情が違うということに理解がいきます。ことにそれが「ワーカホリック」（働き中毒）ということばと「肩をならべて」いますから、明らかにウサギ小屋は童話の世界でなく現実的な問題として侮辱感を呼び起こすのです。ウサギ小屋よりもさらに凝縮された表現としては、「この国民は、トランジスター化されたアリ塚で株式会社日本のためにせっせと働く」（フランク・ギブニー）というのもあります。

しかし、われわれが真に深く考えなければならない問題は、ウサギ小屋とかアリ塚といった人よりも、そのことばを受け入れた日本人の態度にありそうです。「日本製の商品が欧州市場を席捲しているその原因は、彼らが社会福祉のようなものをかえりみず、働き蜂やアリのように盲目的に仕事ばかりしているから」だという彼らの主張に対して、日本人がみせた反応はだいたい三つに分けてみることができます。そのうち二つは、「けしからん発言だが、われわれも反省しなければならない。住宅も改良し、生活環境も潤いがあるようにする福祉問題に力を注がなければならない」というのと、「それは日本の経済成長を妬んだ負け惜しみの表現にすぎない。われわれはもっと働くべきだ」というものです。

もうひとつは、日本の持家取得費は普通、サラリーマンの年収の約六倍、大都市では七倍強になっているので、欧米のそれの二、三倍に比べ、はるかに高いですし、また土地代の国際比は五倍にもなっていて、高い地価に狭い住宅といった現実の状況分析です。しかし、「ウサギ小屋」のような狭い家に住むということに対して、西欧人が眼にし考えるのと、実際にそのなかで住んでいる日本人が経験し考えることとの間には、ある違いがあるということに言及しようとする人は、別にいないようです。

鴨長明の住宅観

もし日本人がいますこし自分の姿を自分の眼で眺めることができるなら、ウサギ小屋論者にこう反論できたはずです。

「日本人はどうしようもなくてではなく、みずから狭い生活空間を楽しもうとする伝統があったということを、あなた方は知っていなければならない。日本人が理想的な住宅条件としてあげている『近・広・安』には、家の広さが重要なひとつのポイントになっている。けれども、日本人の伝統的な住宅観や住宅空間に対する感覚は、西欧人のそれとはたしかに違う。あなた方は中世日本の庶民の住まい（伊勢地方）が、小さなものは一・五坪、大きくても三十五坪であり、平均的には五坪程度であったことを知っているのか。四畳半の茶室を作り、広い母屋をさしおいて、わざわざその狭い空間に多くの人が這《は》い入って、世界のどの民族も味わえなかった楽しみを分かちあった事実を知らないのか。日本語特有の『こぢんまり』という言葉や『家は狭かれ心は広かれ』といった諺《ことわざ》を知らないのか。狭いがゆえにかえって心が落ち着き、マッチ箱のような狭い空間だから、かえって一座に坐り、広い宇宙に通じうるというZENの悟りを、あなたたちは知らないのか。ラッシュアワー時でない地下鉄や、あるいはすいているときの新幹線に乗ったことがあるか。そんなとき、広い座席があっても、まるで満員のときのように片隅の席に控えめに坐って、ウサギでなく猫のように縮こまって慎ましやかにウトウト寝入っているわれら『明治の母』たちを見たことがあるのか」

そして、雨が降るのも実証をあげなければ信じないのが欧米人だから、いくつかの実例をあげるのがいいでしょう。明治時代、洋館ブームが起こったときのこと、前田侯爵は東京に建坪約三百坪で、いまのお金に直せば六、七億円にも当たる建築費を投じた、立派な洋式の邸宅を建てたが、それはもっぱら接客用に使っただけで、本人は依然としてあの「紙で作った家」＝和風の狭い旧宅に住んでいたということを話してやったらいいでしょう。

それでも説得されなければもうすこしアカデミックな中世のあのいかめしい古典、鴨長明の『方丈記』を引用するのも悪くないでしょう。「仮の宿り……あさがほの露《つゆ》に異ならず」という彼の住宅観を紹介してから、「魚と鳥とのありさまを見よ。魚は水に飽かず。魚にあらざれば、その心を知らず。鳥は林をねがふ。鳥にあらざれば、その心を知らず。閑居の気味もまたおなじ。住まずして誰かさとらむ」。ここの「閑居」とは彼が住んだ方丈を意味し、その方丈は四畳半の部屋ですから、いまの「１ＤＫ」だと注をつけるだけで、ＥＣの報告書はその説得力を失うようになるかもしれません。

畳と生活空間の単位

たんなる冗談ではありません。狭い空間といえば、すぐウサギ小屋か牢屋を考える欧米人とはたしかに違う何かを日本人は持っています。というのは、日本人の住まいの空間意識が日本特有の畳によって形づくられているからです。

「起きて半畳、寝て一畳」という諺のなかに、そのすべてが象徴されています。この世で人間ひとりが占める最小単位の生活空間を具象的にあらわしたのが、畳一枚の大きさなのです。アレキサンダー大王が臣下とたわむれにすもうをとって、地べたに転がされたとき、ウォンウォン泣いたという逸話が思い出されませんか。身も世もなく恐れ入って許しを乞うている臣下に、彼はこういったといいます。「そうじゃない。わしが広い天下を征服しても、結局、わしが最後に占める地はいま倒れているこの広さほどにしかすぎないのかと思うと、泣けてくるのだ」。

アレキサンダーがただ泣くばかりせずに、その空間意識を生活のなかに応用したならば、西欧人もおそらくいまごろは畳の上で暮らすようになったかもしれません。

畳はただ部屋に敷かれたものというよりは、それ自身が住まいの空間をつくる基本単位であることは、十六世紀の終わりごろ畳割りと称して部屋と柱間を畳に合わせてつくらせた京間を考えてみればわかります。まず畳一枚の概念があって、それから部屋の空間がつくられたので、むかし京都では家の税をかけるのに畳の数で決めたといわれます。税金逃れは古今問わずの知恵ですから、田舎間の畳より京間のそれのほうが大きくなった理由もそこからきています。

まだ部屋全体には敷かれず、そのまわりにだけ追回しに畳を敷いた平安時代には、畳の大きさが身分によって規定されていたことがわかります。『延喜式《えんぎしき》』によると、一位は六尺と四尺、二位は五尺と四尺、三位は四・六尺と四尺……の順になっていますが、これを見ても、畳が日本人の占有する生活空間の象徴であったという事実を否認することはできないでしょう。江戸時代の元文三年（一七三八年）に大名屋敷の敷地面積を石高《こくだか》に応じて規定した布令の原型は、すでに畳の上にあったのです。

広場と茶室

フランス人は「日本化」のことをタタミゼと呼びます。本場のフランス語以上に音楽的に聞こえるばかりでなく、その意味においてもすぐれて含蓄のあるフランス人らしい造語です。「タタミゼ」は日本にそのまま適用してもおかしくないことばでもあります。日本が、中国や韓国の大陸文化を受け入れ、それをしだいに日本化してゆく過程と、日本の住宅に畳が敷かれていくそれは、ほとんど一致するといっても過言ではありません。畳がはじめて登場する平安時代は、日本独自の文化が芽生えだすそのときにほかならないし、人が坐る場所にだけ使用していた畳を、小部屋では全部敷き、大部屋では中央だけを残すようにした時代を経て、とうとう部屋の大小を問わず全部敷きつめる室町時代以後になると、能、茶道、華道、庭などが日本的なものとして定着してゆくのです。とくに、板敷きの喫茶亭の椅子に坐って茶を飲んだ南北朝時代の唐風が、倭風の茶道に変わるのは、畳の上に坐るときなのです。

つらつら考えてみると、われわれが中国・韓国などの大陸文化に見られなかった日本独自の文化は、畳が敷かれているその部屋、それも方丈、茶室、待合など四畳半で代表されるあの狭い空間と不可分の関係にあるということに気づくようになります。

そうです。ギリシア文化を生んだのは、アゴラ（広場）でした。「午前」を「アゴラが満つるとき」、「午後」を「アゴラが解けるとき」と呼んだように、アテネの市民はその生活の場が、つまり広場だったのです。というわけで、芸術も修辞学も哲学も政治も、すべてこの広い広場から生まれたのです。広場にいちばん似つかわしいのは、光の芸術である彫刻です。広場にいちばん似つかわしいのは、群衆の心を動かす雄弁のためのレトリックでした。連かりに床の間のいけ花を、アゴラの列柱廊に持っていって置いたらどうなるでしょうか。連歌をアゴラに集まった市民らがやりとりするとしたら、どうなるでしょうか。

アントニオとブルータスの燦然たる雄弁術は、ローマの広場（フォロ）文化の上においてのみ、シェークスピアの芸術となります。いけ花も盆栽も、そして石庭も、広場の空間のなかではいっときも生きのびることはできないのです。それらはやはり、畳という舞台があったときにはじめて存在する美です。部屋の外にある石庭にしても、それは茶室のように四畳半の方丈の片隅から、その額縁《がくぶち》を通じて眺めるとき、庭の意味を持つようになれるのです。

狭い空間への回帰

だから、ギリシアの広場文化を生んだ欧米人は広い空間で安定を求めようとし、四畳半の茶室の畳で伝統の血脈を継いできた日本人は、狭い空間で安静を味わうことができる、といっても、すこしもおかしくは聞こえないでしょう。ルームクーラーを売るアメリカのセールスマンを泣かせたのは、閉所恐怖症を持つ消費者たちでした。クーラーはドアを密閉させせなければならないので、広場体質を持つ欧米人のなかには、暑さより、そのほうがもっと我慢できない人々が多かったためです。

しかし、日本人のなかには、広い場所に行くと、突然、気の抜けたビールのようになって判断力を喪失し、不安にかられて何をしてよいかわからない、という広場恐怖症を持つ人が大勢います。この点についてはのちにまた触れますが、日本人は伝統的に野原のような広い空間に弱いという実例をたくさん残してくれています。浄瑠璃の『国性爺《こくせんや》合戦《かっせん》』で、和藤内《わとうない》は中国に入るやいなや「千里ケ竹」の広さに迷ってしまいます。そのさまを「方角を知らぬ日本人」だと描写しているのです。海軍軍縮に関するワシントン会議の全権代表・加藤友三郎は、ヒューズ米国務長官が開会冒頭に予想もしえなかった爆弾提案をするや、自分のホテルに取ってかえし、狭いトイレに飛び込んで、一日中どう対応すべきかと頭を冷やして考えたといいます。また最近では、あるリリーフエースとして有名なプロ野球の選手は、マウンドにあがる前に催してもいないのにきまって、あの狭いトイレに入らなければ、気を落ち着けることができないといっています。このようにすみっこに入り込まなければ心の安まらない人が多いのです。自動車のトランクや冷蔵庫のような狭い場所に子供が入り込んで死ぬ、という事故が日本ほど多い国もないということです。

そういう観点からみると、「冷蔵庫のような、あるいはコイン・ランドリーのような箱が二段重ねで横倒しに並んでいる」世にも珍しいあのパーソナル・ホテル——カプセル・ホテルが日本で開発され、大盛況ぶりを見せているその理由もわかりそうです。東京都内だけで五ヵ所・約千室（一九八一年九月現在）あり、数年のうちに十倍以上の増加が見込まれているというこのカプセル・ホテルの部屋は、縦横一メートル、奥行き二メートルの寝台車のような狭い空間ですが、テレビ、ラジオのコントロール・パネル、デジタル・アラーム、フロントとの連絡受話器などが完全に備えられているということです。そしてカプセル族が出現し、そこを茶室のようなメディテーションの場に使ったり、ギターや小型アンプを持ち込んで練習スタジオにしたり、本を二、三冊かかえたサラリーマンが読書室として利用したりするという話です（『週刊プレイボーイ』一九八一年十月六日号）。

子供のせっかんのしかたをみても、広場と四畳半の生活空間意識の違いは明らかです。欧米人の伝統的なせっかんのしかたは、子供を狭い部屋に閉じ込めることです。クロゼット（納戸《なんど》）は子供らにとって小さな刑務所でもあります。大人たちは「いうことをきかないと、クロゼットに入れちまうよ」と脅します。けれども、日本人は逆に、子供を外に追い出すのです（これは韓国でも同じです）。「お前みたいな子、出ておゆき」、これは家の外の広いところにやってしまうよ、という意味です。あの童謡「叱られて」で歌われたように「夕べさみしい村はずれ／こんときつねがなきゃせぬか」と子供たちは不安になり、恐くなります。そこで外には出ずに、そっと押入れや机の下に隠れていて、いつのまにか寝入ってしまうということが多いのです（なんと西洋の子供にとって罰になることが、日本の子供には救済になるのです）。そして夜遅くなっても子供が帰ってこないと大騒ぎをして、押入れに入ってているとも知らぬ子供を探しまわった親たちの経験は、そう特殊なものではありません。

方丈の伝統

狭い空間の「縮み志向」をもっとも感覚的にあらわしたものが、日本の風呂文化です。米国人も風呂が好きですが、おもにシャワーです。日本の風呂は狭い湯船にすっぽり入って肌に迫る温かみの感覚を楽しむ、子宮に戻って羊水につかる胎児のようになる悦楽なのです。そこには湿気が多いからだという理由だけでは説明できない、日本人独特の風呂感覚があります。柳田国男の説によれば、風呂ということばの語源は、ムロ（室）すなわち部屋から転じたものですから、なおさらのことです。

日本文化を真に理解するには、この狭い空間＝四畳半の「縮み文化」を「ウサギ小屋の文化」と笑ってしまってはならないのです。西洋の油絵は一定の距離をおいて離れてみなければ、よく鑑賞できません。東洋の墨画はぐっと近づいてみなければ、あの繊細な線と墨の濃淡の味がわかりません。いけ花や豆盆栽をみるのに、何をいまさらいうことがあるでしょう。

肌身に感じながらそれらを鑑賞するのにふさわしい理想的な舞台は、なんとしても四畳半の空間でなければなりません。それはたんに茶室の標準空間だけではありません。さきにもすこし引用しましたが、鴨長明の『方丈記』の方丈は四方が一丈ということばで、その広さがまさに四畳半なのです。維摩居士《ゆいまこじ》が方一丈の部屋に住んだということで、禅寺の住職の居室も方丈と呼ばれますが、ここから生まれたのが方丈庭（石庭）です。韓国では「方丈」ということばを耳にすることができませんし、中国などでは、「食前方丈」といって、豪華な食事を並べる食卓の広さにすぎないものが、日本では、鴨長明の文学を生み、石庭や仏教文化を生み、何よりも日本文化の象徴である茶の文化を生んだ聖域なのです。そしてもっと世俗的なものとしては、待合の芸者文化を……。「四畳半」ということばは、もはや、畳四枚と半分が部屋に敷かれているという、たんなる数量を意味するものではありません。

日本のコロンブスが発見した新大陸

茶室は何よりも狭い空間、正確にいうなら、縮みの空間をつくりだすところに、その美学の根本があったということは、だれも否定しがたいでしょう。室内装飾の簡素化と、その空間を縮小しようとしたことから、〝わび〟茶の新世界があらわれたのです。

おかしなことです。コロンブスは広い海のかなたに新大陸を発見しましたが、茶文化のコロンブスであった村田珠光《むらたじゅこう》は、逆に書院座敷を四畳半に区切り、その空間を屏風で狭く囲った瞬間、新しい別の宇宙を発見したのです。

中国から闘茶《とうちゃ》が渡来した南北朝時代の二階建ての喫茶亭も、茶会が開かれた能阿弥《のうあみ》の時代の書院座敷も、ともにそれは広くて華麗で量的な中国風の茶文化から、そんなに遠く離れていたわけではありません。

そういった意味で、まさに珠光は日本人だったのです。彼は「あの広い書院では心の落ちつきがえられない」と見抜きました。そしてわざわざ広い座敷に囲いをもうけ、その「縮みの空間」に茶文化を取り入れる発想をしたのです。そこで茶室を「囲ひ」とも呼ぶのです。茶室の文化は（広くは日本文化一般も）、驚くべきことにも「囲ひ」というその名称とその象徴のなかによくあらわれているのです。

珠光は場所ばかりでなく、その壁からは画を取って簡素化します。四畳半の囲いは、義政の銀閣でついに独立した部屋となり（同仁斎）、茶室第一号の記念碑となるのです。これが武野紹鷗《たけのじょうおう》になると、鳥子紙《とりのこがみ》を張った壁は土の壁にかわり、木格子は竹格子に、床の塗縁は薄塗りもしくは白木そのままにして、よりいっそう簡素化された草庵茶室として定着し、「茶室」「四畳半」「紹鷗」は三位一体の名になります。一枚一枚切り取られてゆくいけ花とか、草・木・水が捨てられてゆく石庭の縮みの美学は、そういった自然を取り込んだ住まいにも作用して、わび草庵の茶の湯となってゆくのです。この草庵茶室を完成させた利休になると、四畳半茶室の基本よりさらに小さな茶室が好まれるようになり、天正十年代に入ると、三畳、二畳、ついには『山上宗二記《やまのうえのそうじき》』に「宗易《そうえき》（利休）ハ京ニテ一畳半ヲ始テ作ラレタリ」とあるように、一畳台目まで縮まっていったのです。それを利休は理想の茶室としたのです。

にじり口の演出

最小の茶室を作りたいと望んだばかりでなく、利休はそこに入る入口までも縮めて「にじり口」を作ったのです。淀川下りの舟の出入口を見て作ったといわれるのですから、高さも幅も二尺を越えません。武士も刀をさしたままで入っていくことはできません。にじり口は武装解除を促したばかりでなく、そこに入っていくためには身分の高い者でも身を縮め、頭をこごめてにじるように這い入らなければなりません。和敬清寂はほかでもない、この「縮みの演出」によってのみ実現するドラマなのです。ダンテの『神曲』を読むと、地獄の入口には「この門に入る者はすべての希望を捨てよ」と書かれていますが、茶室のにじり口には「この門に入る者はすべての〝大きなるもの〟を捨てよ」と書かれているのと変わりありません。

にじり口に忍び入っていく日本の武士は凱旋門をくぐって行進するあのローマの軍隊とは違ったものなのです。すべての道はローマに通ずることは、ローマの凱旋門が世界に向かって開かれているということです。にじり口がかぎりなくその内部に向かって開いているように……。凱旋門が拡がり文化のシンボルであるのと同様に、にじり口は縮み文化の証明書です。利休ににじり口をもっと大きく作るよう命じたという豊臣秀吉にしても、茶室の縮みの演出には服従せざるをえなかったのです。

日本人ではまれにみる拡がり志向の豊臣秀吉、「一生を鬱々《うつうつ》と島国でのみ生きえようか」と大陸めがけて侵略の矛先を向け、平和な朝鮮に兵火をもたらしたあの侵略者も、九州の箱崎陣所の茶室は二畳で一畳の床の間があったといわれます。『宗湛日記《そうたんにっき》』によれば、広い天下を手中に入れた彼が、その狭い一畳の床の間に錦のしとねを敷いて、「御膳御上り候」だったのです。なんと関白ともあろう者のその姿を、ECの調査員が見つけたら、ウサギ小屋に住みながらウォーホリック（戦争中毒）にかかっている、とビックリしたことでしょうが、それは狭いところで味わう楽しみを知らない人、巨大主義の歴史で育ったヨーロッパ人もしくはおそらく西欧化された日本人の考えでしょう。

そうです。広びろとした大自然との対話よりも、三、四十坪の石庭に凝縮された宇宙をじっと眺めながら悟りを開いてゆく、あの縮みの文化を知っている人々なら、たった二畳の上に六人の客が坐ってお茶を味わったという利休の野村宗覚《のむらそうかく》宛の伝書を見ても驚かないでしょう。

西欧人でも真面目な人は、茶室文化が日本の「縮み文化」の大団円だと見てとるようになります。大西洋横断飛行で世界の航空史に転換点を誌したリンドバーグ大佐が、夫人とともに、ニューヨーク～霞ケ浦一万二千キロの北方航空路を征服したとき、夫人はその日本印象記のなかに茶室での経験を美しく語っています。

極と極は通じるのでしょうか。無限の広い空を征服した「拡がり文化のチャンピオン」の妻は、無限に狭くなっていく四畳半の茶室に案内されます（これはなんと象徴的な二つの文化の出会いでしょう）。しかし、リンドバーグ夫人はその茶室のなかで、「日本人が自然の中にあらゆる小さいものを観賞し得る能力に驚異の眼を見張らずにはゐられなかつた。……最も小さなものの中に美を発見し、最もささやかな行為の中に美を作り出すこの鑑賞眼は……茶の湯の中にその最も躍如たる表現を見出してゐるやうに思はれ」（『東方への空の旅』村上啓夫訳）たというのです。

2　達磨《だるま》の瞼《まぶた》と正坐文化

精神の液体――お茶とお酒

伝説によると、茶は達磨の瞼です。修行中の達磨は、眠気に襲われて垂れかかる瞼をえぐって庭に投げ捨てたといいます。それから芽が出て木になったのが、つまり茶の木だというのです。そうです。茶には、眼をこらして世界をかぎりなく凝視する達磨の明徹《めいてつ》な視線があります。それは眠気を醒《さ》ます水です。人間の眼を、明け方の泉のように透明にする目覚めた水なのです。科学的に、カフェインが入っているる液体だといってしまえばそれまでですけれども、われわれはどうも茶の湯に、人間の意識を集中させるある緊張した透明な精神そのものを感ぜざるをえません。

その反対の極には李太白の伝説とともにある水――酒があります。そう、酒もまた水の精なのです。李太白の幻覚的な瞼、月を眺めるあの朦朧《もうろう》とした瞼を持った水は、醒ますものではなく、人間の心を眠りに誘い込みます。その陶酔の力は水平線に向かう波の運動のように、人間の意識を揺《ゆ》すぶってやまず、遠いところに運んでゆくのです。

人間によって醸《かも》し出されたこの二つの水こそ、文化に相異なる志向性を与えている人間精神の象徴的な液体なのです。

昔から茶と酒はライバル関係にある「文化の水」で、唐の時代には『茶酒論』という本が書かれたし、日本でも十六世紀にそれと同様のことが美濃国乙津寺《おっしん》の蘭叔《らんしゅく》によって著されています。世の憂いを晴らす酒の徳を称《たた》える忘憂君と、茶を好かぬ者は道を知らぬと同じく人ではないと茶の徳を主張する滌煩子《できはんし》との応酬は、とどのつまり「お酒はお酒、お茶はお茶」と仲裁に入った閑人の出現で引き分けとなりますが、茶と酒をめぐる論争はかぎりがないのです。栄西《えいさい》が日本最初の茶書『喫茶養生記《きっさようじょうき》』を書いたのは、三代将軍実朝《さねとも》が酒をやめ、より安全な飲物である茶を飲んでアルコール中毒を治すよう願ってのことだという話が伝わっています。

酒も茶も、ともに日常的な精神にある刺激と変化を引き起こす効果を与えていますけれども、その特性は両極をなすもので、一方は「眼を醒ませ」、もう一方は「酔わせ」、さらに一方は「心を集中させ」、もう一方は「心をゆるやかに」します。夢窓疎石《むそうそせき》が『夢中問答集《むちゅうもんどうしゅう》』でいったように、茶は「蒙ヲ散ジ眠ヲサマシテ道行ノ資《たすけ》」となり、酒は陶酔を呼んで詩人を幻の国に誘ってくれます。それを一言でいえば、茶のカフェインは「縮みの文化」(茶会)を、酒のアルコールは「拡がりの文化」(酒宴)を象徴するものだといえましょう。

戦国時代のキリシタン宣教師、ザビエルを驚かせたほど酒好きな日本人ですが、そして茶会では酒も茶と肩を並べて共存していましたが、やはり最後に軍配があがったのは茶のほうだったということ、それは日本の文化が拡がりより縮みの志向が強かったということの証《あかし》でもあります。

茶がない茶会

もちろん茶もまた日本の独創的な文化ではありません。他のものと同じく中国や韓国を通じて入ってきた輸入文化です。いまではすたれ、禅僧の艸衣によってかろうじてその命脈の跡を見出すことができますが、韓国の『三国遺事』を見ると、仏教の茶文化は日本よりずっと先立っていたことがわかります。それはともかく、永忠《えいちゅう》、最澄、空海……日本の茶の歴史の序章に記録された茶の先駆者たちはみな、平安時代に唐に行って帰ってきた僧侶らです。しかし、日本のユニークな「縮みの文化」として、茶を芸能的な美と同時に宗教的な儀式の境地にまで引き上げて生活化させることなどは、中国でも韓国でも想像だにできなかったことです。

茶を飲むということは目的であり、それを飲むための場所、道具、行動などはすべて、手段に属することです。中国の陸羽《りくう》や朝鮮朝の艸衣の茶論は、茶の種類やそれをわかす方法、水についてはつぶさに言及していますが、いざ飲む段の礼法や道具についてはこれといって述べていません。ところが、日本では本来の目的よりも、むしろその手段である茶室や茶を飲む礼法が、上位にあるかのような感すらあります。

一日中、葬式場に行って、哭《な》き悲しんでいた葬礼の客が、葬式が終わったとたんに「ところでこれはどなたの葬式ですか」と訊いたという韓国の小咄をほうふつとさせるものが、茶事にも起きているのです。秀吉が身分の上下に関係なくだれでも出席できる大茶会を北野神社で催したとき、「もし抹茶のないものは、むぎこがしでもよい」といったのが、それです。極端にいって、茶のない茶会もありうるという話です。

なにも変なことではありません。日本の茶道では茶がなくとも「達磨の瞼」をつくることができるからです。茶から得られる「覚醒効果」は、周囲の雰囲気や心と行動の緊張によって得られます。目覚めた水は、それとまったく同じ茶室の雰囲気と茶礼のすべてをつくりだしたものですから。そしてそれをよく観察してみると、縮みの演出方法によってなされたという、驚くべき事実を発見するようになるのです。

狭き門に入れ

日常的な生活空間から茶室に入っていくということは、囲われた別個の空間に移っていくということを意味します。それが俗世からきよらかな世界に入ることで、茶室の庭を「火宅《かたく》」を出でて白露地に座す」という経典の句からとって「露地」と称したことはよく知られています。それればかりか、茶室に入っていく前に、まるで伊勢神宮にでも参詣するように「蹲《つく》踞《ばい》」で口をすすぐのをみても、茶室の空間は俗世とは区切られた聖なる場所なのです。でも、そこには、仏像もご神体もマリアもありません。そこにあるのはただの飲物です。ですから、茶室に向かう心持とか、俗世を断ち切る行動とかは、宗教的な理念からきたものではありません。聖書の句や経典のことばなどはありませんから、やむをえずそれにかわるものが演劇的演出方式、すなわち芸能よりほかないのです。「狭き門より入れ」という聖書のことばを知る以前に、それもことばの象徴を通じてでなく、直接感覚を通じて実践したのが、外露地と内露地をわけたあの門です。利休においては猿戸《さるど》、織部《おりべ》においては中潜《なかくぐ》り、遠州《えんしゅう》においては中門《ちゅうもん》に当たるものです。

では、いかにしてこの「狭き門」に入れるのかを見てみましょう。まず茶会に招かれた客は、あらかじめ指定された時間よりも二、三十分早く着くのが礼儀なので、「狭き門」に入るには、だれもが「待つ」訓練をしなければなりません。客の人数がそろうまで、「寄付き」でその名称のごとく雀みたいに身を寄せ合って坐ります。そしてつぎに露地に下り、待合に腰かけてまた待つのです。迎えにでた亭主によってようやく「狭き門」が開かれ、沈黙のうちに一礼する儀式が終わると、客はひとりひとりこの「狭き門」をくぐっていくのです。そう、くぐるのです。だから、その名も中潜りというではありませんか。日常的な世界を離れて、聖なる茶の世界に入ってゆくのは、このように身を縮めてくぐる行為から実現されるのです。

また、ふだんの履物とは違って、竹の皮を二重に編んだ露地草履で飛石づたいに歩かなければなりません。雁行《がんこう》打ちや千鳥《ちどり》掛けに置かれた飛石は、バレリーナの美しいステップであり、沈黙の楽譜のオタマジャクシであり、同時に一条一条書かれたきびしい戒律の条項でもあります。一歩一歩飛石によって導かれる人間の歩みは、その歩幅、そのリズム、その方向があらかじめ石の置き方の演出によって定められているのです。飛石以外のところを踏みしめるのは、戒律を犯すことと同じです。ここではだれもラグビー選手のように跳びはねることはできません。大きい人も小さい人も、男も女も、同じ歩みの型のなかで画一化します。足枷《あしかせ》をされた奴隷のように、歩幅や歩く方向まで規制されていながら、茶室に行く人の表情は幸福です。茶室では、行動や言語のすべてが日常世界とは違って、一定の型に縮められるということが、飛石をひとつひとつ踏みしめながら体得されるのです。

手水鉢《ちょうずばち》があります。それを「蹲踞」と呼んでいるように、客は前石の上につくばって手水を使わなければならないのです。覚えていますか、あなたがその客なら、待合のせまい腰掛けで寄付き、中門をくぐり、飛石づたいに歩き、いまやつくばうのです。

身体、動作のすべてが縮まっていくのです。これで終わるのではありません。客は沓脱石《くつぬぎいし》の上で、もう一度つくばって板戸を開けなければなりません。しかし、いよいよ茶室に入ろうとすれば、もっと小さく身を縮めなければなりません。にじり口です。「狭き門」の真打ちです。頭を下げてしゃがんで、にじるように這っていかねばならないのです。日本にもあるでしょうか、塀の一部に穴があいていて、犬の出入りする犬穴というのが。韓国では、おもに夜に間男がこれを利用して忍び入る小咄がありますが、にじり口を入るのにもそういう行動と似たところがあります。そうそう楽なことではありません。身体、動作の縮みはこれで終わったのでしょうか。いや、そうでなく、これからなのです。

客が定められた席に正坐《せいざ》することから、本格的な茶の湯が開かれるのです。これまでの寄付き、くぐり、つくばい、にじり、這い入りは、ただただこの正坐につながる予備運動だったのです。

『日本絵日記』を書いたバーナード・リーチは、足の骨が痛くなったので許しを乞い、床柱にもたれて茶の湯の席に列したといいます。彼の茶の湯に対する理解とその描写は、正確で美しいものではありましたが、柱に背をもたせて茶の湯に列するかぎり、ディスコのステップでワルツを踊ろうとするのと同じです。正坐を知らない人には、茶道の精神もまたわかりにくいのです。

では、茶の湯のアルファである正坐とは、いったい何でしょうか。

「立つ」ことと「坐る」こと

日本人のユニークな正坐は、鼻の高いバーナード・リーチを弱らせたごとく、どの民族も模倣しがたい姿勢です。動物には形態はあっても姿勢というものはないということばがありますが、人間はひとつの精神的文化を身体の形であらわすのです。元来、欧米人は椅子生活をしてきたので、立っている姿勢はあっても、そもそも坐っている姿勢というのはないのです。東洋人も椅子を使わなかったわけではありませんけど、やはり器具なしにじかに地べたに坐る姿勢を持ったという点で、西洋文化とは区別される何かを持っているのです。

お釈迦《しやか》様をごらんなさい。結跏趺坐《けつかふざ》をし、そこに両手をのせた姿勢のなかに仏教の世界が形づくられています。米国のヒッピーたちが東洋精神を学ぼうとしたとき、まっさきに行動に移したのが地べたに坐ること、そして結跏趺坐の坐り方であったのを考えてみてください。

インド、中国、韓国、日本……仏教文化を知っている東洋のこれらの国々は、立式文化である西洋文化圏と対比される坐式文化圏を形成しています。いったい「坐る」と「立つ」ということは、何を意味するのでしょうか。パノフスキの支援をすこし借りてそれを考えてみますと、たとえば中世につくられたマントバのヴェルギリウスの像が「坐像」であったのが、ルネッサンスになりマントグナがデザインしたときは「立像」にかわったように、その対立的な二つの時代の精神が、人間の「坐った姿勢」と「立った姿勢」にあらわれているのに気づくでしょう。立っている姿勢が、戦闘的、行動的、外的であるのに比べ、坐っている姿勢は、平和的、瞑想的、内的であるのです。

しかし、日本の正坐は、たとえまったく同じく坐っている姿勢とはいえ、結跏趺坐やあぐらとは、まるっきり違ったものです。「立った姿勢」と「坐った姿勢」の違いより、もっと異質的な……。そうです。正坐は他の東洋文化に見出せない茶道から出てきたものです。これまでくだくだしく説明してきたように、四畳半が基本となっている茶室、あの縮みの空間と必然的に関連を帯びている動作なのです。

狭い茶室に、大勢の客が集まれば、のんきにあぐらをかいてはおれません。利休の時代には、床の間にまで客があがる茶会があったのを思い出せばわかるでしょう。ですから、体積を縮め、座を狭く取るためには、新しい坐り方を開発しないわけにはいきません。そこで日本人は、もともと韓国人と同じく男は両あぐらを、女は片膝を立てて坐っていたのを、近世にはいって茶道が完成するにつれ屈膝坐法《くっしつざほう》の正坐にかえていったのです。かといって、正坐が体積を縮めて狭い空間を効率的に利用しようとする、たんなる人間工学の視点からのみ理解されては困ります。人間の文化はすべて、最初は実用的な必要から生じるものですが、それが発展して維持されるのは、それよりも他の精神的な理由からなのです。正坐がたんに人間工学的な産物であったとすれば、茶室以外の広い場所でも、茶会以外の他の時間でも、その名のとおり日本人の坐り方を象徴する正式な動作になった説明がつきません。

正坐と気をつけ文化

先にも触れましたように、珠光が広い座敷に囲いをして縮みの空間を作ったのと同じ精神的効果を、日本人は身を縮めることによって得たのです。あぐらがリラックスした坐り方（拡がり）だとすれば、正坐はピリッとした縮みの姿勢なのです。精神は身とともに引き締められ、あたかも茶を飲んだときのカフェインの刺激のように、精神が冴えてくる。濃密な緑茶が生きものとしてあらわれたとすれば、あの正坐のような形をしていることでしょう。「左に側《そばだ》ち右に傾き、前に躬《くぐま》り後に仰《あおの》くことを得ざれ。耳と肩と対し鼻と臍《ほぞ》を対せしめんことを要す。舌は上の腭《あぎと》に掛けて唇歯《しんし》相著け、目は常に開きて鼻息かすかに通ずべし」という道元の『普《ふ》勧坐《かんざ》禅儀《ぜんぎ》』が、茶室の坐法でもあるのです。

要するに、正坐は不動の姿勢に属するものです。動物とは、文字どおり動く物です。草木も風が吹けば動く。雲も水もまた流れます。だから、自然に融け込んで生きている東洋人は、不動の姿勢にはあまり慣れていません。してみると、宗教儀式のほかに不動の姿勢の世俗文化をつくりあげたのは、ヨーロッパ人と日本人だといえそうです。いまもバッキンガム宮殿に行くと、「鉛の兵隊」のように化石と化した近衛兵が観光客を驚かせます。われわれはそこに不動の姿勢の名残を見ます。軍隊の基本動作は不動の姿勢です。戦前の日本軍隊で使われた「歩兵操典」にも「不動ノ姿勢ハ軍人基本ノ姿勢ナリ。故ニ常ニ軍人精神内ニ充溢シ外厳粛端正ナラザルベカラズ」と書かれ、入隊兵はまず「気をつけ！」の訓練から始まるのです。「気をつけ！」という号令は、英語でもフランス語でも同じ語源をもっている“attention”です。つまりat＋tentionで緊張せよというのです。ヨーロッパの文明は、この「気をつけ文化」だったのです。緊張を抜くと、人はワラ人形になる。だから、それ戦争だ、それ革命だ、それ末世だと、新しい刺戟の波によってその歴史と社会が動いているのです。

日本の文化も似ています。彼らが広場に立って不動の姿勢をとっていたとき、日本人は畳の上に坐って不動の姿勢をしていたのです。平均して十年に一度は戦乱をこうむるという激しい歴史の荒波に漂っていながらも、韓国人の行動パターンは、リラックス文化にその根をおいています。いささかややこしいですが、辛抱してください。韓国語でもっともよく使われることばに「풀다（プルタ）」というのがあります。日本語でいえば「解く」にあたりますが、その意味はずっと広く、さまざまな用例に使われて、何かつまったもの、困ったもの、締められたもの……いわば不動の姿勢とは正反対に、あらゆる緊張が解かれる現象を表現します。

おもしろいことに、韓国人は仕事をはじめようとするとき、「そろそろ身体を解こうか《プロボルカ》！」

というのです。韓国では何かをしようとする人に向かって「頑張れ」とか「気をつけろ」とかはあまりいいません。「心を放して」というのです。「気をつけて」ということばは、あいさつとか励ますそれではなく、相手を叱ったり非難したりする場合によく使われます。しかし、日本人は軍隊と同じく「気をつけて！」の号令から行動がはじまるのです。日本の高校野球では試合前に球児らがベンチ前で正坐をしているのが、ときたま見られます。彼らはそうしてこそ、逆に心が落ち着くのです。

韓国人の力は柳のように揺れる流動性、リラックスした心から生じ、日本人のそれは茶の湯をはじめ、能・歌舞伎あらゆる芸は正坐の基本動作、精神の緊張から突きあがるという正反対の傾向を示しているような気がします。

身は刀、身は琴

日本人はよく「身にサビがつく」といういい方をします。人間の身体（精神）を刀に喩えているのです。刀は使わなければ、磨かなければ、すぐサビつきます。サビがつかなくするには、たえず磨かなければならないように、テンションを与えなければならない。茶室も、そのサビとりのひとつの役割を果たしたのです。

しかし、韓国人（中国人もそうですが）は自分の身体を刀でなくコムンゴ（玄琴）のようなものと見ています。コムンゴは刀とは反対に、ふだんはその弦をゆるめておかなければ切れてしまいます。ただ使うときにだけ、その弦をピーンと張らせ（緊張させ）ます。韓国人の教訓は、身にサビがつかないようにするのではなく、逆に身をゆるやかにして弦が切れないようにするのです。ですから、韓国人の理想であったソンビ（文士）の坐法には、プラジㇽというものがあって、柳のようにまた振子のようにゆったりしたリズムで身体を左右に揺するのです。身を琴とみる韓国人には、正坐は大きな刑罰であるにすぎません。しかし、日本人にはむしろ精神を集中させて安静を得る方法なのです。

そのために、日本を往来した韓国の通信使たちは、茶室が戦国時代に疲れ果てた武士の唯一の休憩所となったということを、よく理解できなかったのです。彼らは気の毒にも、あのわびの美の殿堂をたんなる土窟としか考えなかったのです。狭い茶室に入って正坐し、格式をつけて茶を飲む姿は、テンションを解いてリラックスするものとは見えなかったらしいのです。遊びも仕事をするようにし、休むときも闘うようにする日本人の特異なテンション文化を、どうしてあの〝気をつけ〟の号令を知らぬ彼らが理解できましょうか。ですから、朝鮮朝の通信使らは茶室を、武士が何か謀議するときに使う秘密用の場所、もしくは敵の奇襲攻撃をさけるアジトとして描写しているのです。近くて遠い国ということばは、近ごろの日韓関係をあらわす紋切りことばだけではなさそうです。

行動の三種の神器——ハチマキ、タスキ……

今日の文明は西欧からはじめられたものであり、その底には不動姿勢のテンション文化が裏うちされています。日本が東洋文化圏に属しながらも、ただひとり例外的な国家として西洋文明と肩を並べてあまがけていったのは、正坐の不動姿勢をとることができたからこそ可能だったともいわれそうです。縮み志向が、人の姿勢に、動作にあらわれたのが、正坐文化です。そうですから茶室文化のシンタックスは、寄付き↓くぐり↓つくばい↓にじり↓這い入り↓正坐につらなるものであり、露地と茶室はその「縮み」の演出効果のため設計されたものといえます。栄西に茶を学んだ明恵《みょうえ》上人は、「睡魔」「雑念」「坐相不正」を禅定の修行を妨げる三毒といいましたが、じつに茶室の正坐文化はその三毒を追い払うドラマであったのです。

覚醒させる茶の効用と同様に、身を縮める正坐文化によって、精神のサビを取り、新しい刺戟で何かに挑戦する力を取り入れることができます。まるで日本人はカドミウムの充電式電池を身につけた精密な電子製品のように、ときどき充電されなければならないかのように見えます。だから、日本社会には〝××を励ます会〟というのが多く、特別な意味で何かをしようとするときには必ずといっていいくらいに、縮みの正坐文化を利用するのです。つまり、頭にはハチマキを巻き、肩にはタスキをかけ、下にはフンドシを締める。キュッと身体を縮小させると、逆に力が湧き上がって、精神が落ち着いてくる。武士が戦《いくさ》をするときによろいかぶとの武具を身につけることを〝縮〟といったのをみると、それはむかしからの伝統なのです。ですから、西欧の会社でディレクターといえば社員を引導する意味ですが、日本ではなんと「取締役」になるんです。社員を「取って締める」役なんですね。

ハチマキ、タスキ、フンドシは正坐文化における日本人の三種の神器であったのです。

日本人は人を評価する基準においても、その人の個性とか独創力より、このような三種の神器によって判断することが多いのです。一九八一年の大相撲秋場所で琴風《ことかぜ》と朝汐《あさしお》が大関を争ったとき、敗れた朝汐を評する言葉は「精神の集中力が足りなかった」であり、勝った琴風のそれは「一本槍」で突っ込んでいった一点集中の精神力におかれていたのです（朝日新聞）。つまり、朝汐は心にハチマキを巻かなかったために負けたのであり、琴風はマワシ以上にフンドシを締めたから勝ったということです。

これはなにも男に限ったことではありません。ロッキード裁判に大衝撃を与えたあの榎本三恵子さんの証言のおりにも、同じことがあらわれているのです。社会正義にかなっていても、かつての自分の夫を窮地に追い込むような彼女の証言については種々の意見がありましたが、そんなこととは関係なく、証言台に立った三恵子さんが背筋をピーンと伸ばして陳述しているその姿勢だけでもって、「なかなか立派な人だ」という評が多かったのです。ですから、彼女の証言をめぐる争点は社会正義と個人倫理の二律背反という問題よりも、結局は「蜂は一度刺したら死ぬ」という例の日本的ハチマキ論に帰着していったのです。

3　一期一会と寄合《よりあい》文化

二つの傘

縮みの文化を説明するのに、もっとも便利でてっとり早い標本はカサです。普通、カサが縮み志向によって二つの異なるアイディアの商品としてあらわれているということを知らない人はいないでしょう。そのひとつは折畳み式カサです。大きいカサも折畳めば、ポケットのなかにでも入るほど小さくなります。しかし、折畳み式カサには強力なライバルがいます。サイズは在来式のカサと同じだけれども、開き方が違う。いわゆるポッチを押すと、パラシュートのように自動的に開くワンタッチのカサです。でも、折畳み式もワンタッチ式も、同じく縮み文化の子供なのです。ひとつは縮み文化が空間の構造にあらわれたものであり、もうひとつは、それが時間の構造に作用したものです。カサを折畳んで小さくするのは空間的な縮みですが、ポッチを押して瞬間的に開くのは時間的な縮みなのです。一瞬性、一転性、これがいまひとつの文化をつくっているのです。

縮み文化の花である茶道にも、当然そういったものがあるはずです。「狭き門」から入って狭い空間で正坐をする、あの空間的縮みと同様に、茶会では時間の一瞬性が必須不可欠の重要な心得となっているのです。茶道のバイブルみたいによく引用される『山上宗二記』には、「常ノ茶湯ナリトモ、路地ニ入ヨリ出ルマデ、一期ニ一度ノ会ノヤウニ、亭主ヲ敬ヒ畏ルベシ……」（傍点は引用者）とあり、また幕末の大名茶人、井伊直弼《いいなおすけ》の『茶湯一会集《ちゃのゆいちえしゅう》』では、「抑《そもそも》、茶湯の交会は、一期《いちご》一会《いちゑ》といひて、たとへバ、幾度おなじ主客交会するとも、今日の会《ゑ》にふたゝびかへらざる事を思へバ、実に我一世《いっせ》一度の会也。去るニより、主人は万事ニ心を配り、聊《いささか》も麁《そ》末《まつ》なきやう深切実意を尽し、客も此会に又逢ひがたき事を弁《わきま》へ、亭主の趣向、何壱《ひと》つもおろそかならぬを感心し、実意を以て交るべき也。是を一期一会といふ。必々主客とも等閑《なほざり》にハ一服をも催すまじき筈之事、即一会集の極意なり」と説かれています。だからその茶論書の題目も「一会集」とつけたというのです。

「死」の心

茶を飲むことは、どの国の文化でも遊びごとです。しかし、それを一期一会、つまり一生に一度のことと考えれば、ただの遊びとは違って、何か真面目なものになってくる。人と人との出会いにも、一挙一動の行為にも、いいかげんにはなれない。身をひき締めるあの正坐によって精神が集中されるように、時間を切断し縮めることによって到達される一期一会では、これまた精神が真剣になってくるということで、日本人は遊ぶときにも、仕事以上に熱心に、また真剣になるのです。

一期一会とは、「死」のことを考えてみればわかります。ドストエフスキーは死刑五分前の体験を『白痴』の一場面に残しています。そのくだりを読むと、だれでもシーンとなってくるのです。普通の人には何でもないもの、いつも見ることができるから、事物のうわっつらにしかそのまなざしはとまらないのですが、死を前にした人には、道ばたにころがる変哲もないチリひとつ、さびた屋根の上に照る日の光、漂う空気……そのひとつひとつがひしひしと身に迫ってくるのです。ドストエフスキーの死刑体験こそ、ロシアにおける一期一会だったのです。

そういった場合の対象がものではなく、それが人、しかも愛する人である場合には、いったいどうなるでしょうか。その人の息づかいひとつも逃さず、かすかに触れる手の先にもその心を読むことができるでしょう。それだけでしょうか。交わされることば、見上げるひとみ、行きつ戻りつする歩み、それは二度とは出会えないという絶対の時間的断絶の前で、何ひとつおろそかにできない実存そのものとしてあらわれるのです。

茶会の出会いが「一世一度の会」だというのは、まさに「死」を茶室に取り入れることなのです。二度と会うことができないあの絶対的な崖、再現不可能な一瞬の時間……そこで出会う人々は「深切実意」をもって交わらざるをえないのです。出会う人ばかりでなく、茶会が行われる季節と、茶事七式といわれるあかつきから夜の茶会（夜咄《よばなし》）まで、それが催される時間との関係も同じです。

シーンとした露地のあの静寂、「み渡せば花ももみぢもなかりけり浦の苫屋の秋の夕ぐれ」（藤原定家）のひんやりとした心、「一年のうちにも十月こそ侘《わび》なれ」といった紹鷗のことば……そこにはみな、冷たさ、はかない死の心があります。時間にあらわれた日本の「縮み文化」は、ほかならない一期一会に集約されるこの冷たい「死」の心であり、それは茶の心にとどまらず、花の心、芸の心にもみなあらわれているのです。

咲く花より散る花を愛する

この世で花を愛さない国民はいないでしょう。でも、花を見る視線には違いがあります。普通は花が咲くのを好みますけれども、日本人だけは「散るもの」を好んだといいます。「花は桜木、人は武士」といって、日本人があの多くの花のなかで、いち早く、そしてあとかたもなく散ってしまう桜を好んだのも、そのためだというのです。花は散るものであるがゆえに、一瞬の美であるがゆえに、一期一会の切実な心持でそれを眺めるようになるからです。かりになかなか散らない花であれば、その美しさに対する愛着も、精魂こめて見つめる緊張感も減ることでしょう。邇邇芸命《ににぎのみこと》が石長比売《いわながひめ》をしりぞけて、木花佐久夜毘売《このはなさくやひめ》を留めおいたというあの『古事記』の話は、岩の永遠の生命より花の短いそれの散っていく美をもっと好んだ日本人の心を伝えているのです。

日本の美に切々たる繊細さがこもっているのは、それが生でなく、逆に死（一期一会）の切迫した意識から生じたものだからです。

戦国の世に生きた金春禅鳳《こんぱるぜんぽう》は、「能」は兵法と近いものだといっています（『禅鳳雑談《ぜんぽうぞうたん》』）。ここでいう兵法とは、剣であり、死であるのです。「毎朝毎夕、改めては死に、常住死ぬ身になつてをらば、武道に自由を得」るという武士の世界は、ただ死を恐れるなどというだけの話ではありません。朝に夕に死を考えているからこそ、必然的にその武士の生は、精神を厳しく保って、瞬間瞬間を精一杯生きていくものとなります。寸時たりとも、適当に身をゆるめて生きることはできないのです。

能は兵法と同じものだというのは、能の舞台が戦場であるということであり、そこで一歩の動き、手ひとつの振りはとりもなおさず、武士が死の前で刀を振るうのと同じく、真剣なものだということです。すこしでも油断すれば、斬られる。ですから、渾身の力をこめ、いささかのスキもなく、絶体絶命の芸を完成させていけるのです。そこに世阿弥《ぜあみ》の『風姿花伝《ふうしかでん》』に書かれたように、「時分の花」ではなく、「まことの花」が開くのです。朝に夕に死を思う人は美しいのです。美に悲しみがあるのも、そのためです。死を裏返しした生、それが武士の生であり、芸人の生なのです。

一生懸命の生き方

金春禅鳳の「能」の奥義をそのままひとつの小咄につくったような話が『甲子夜話《かっしやわ》』に出ています。剣術家の柳生但馬守宗矩《やぎゅうたじまのかみむねのり》と能楽の観世太夫《かんぜだゆう》の出会いの話です。徳川家光が観世太夫の舞を見たおり、宗矩に、観世の所作を見よ、もし彼の心にスキがあって、ここなら斬れると思ったら、のちほど申してみよ、といいます。能が終わったあと、家光が、いかがであったかと問うと、宗矩は、「すこしも斬るべきスキはありませんでした。ただ舞のなかである一ヵ所の所作のときにすこしスキが見えました。あのときに斬れば、斬りたおせたかと存じます」と答えます。一方、観世太夫は楽屋に戻ってそばの者に、きょうの見物人のなかにひとり、自分の所作をじっと見ていた人があったが、あれは何びとであろうか、とたずねる。するとかたわらの人が、あれは名高い剣術の名人、柳生殿というのを聞いて「さればこそ、自分の所作を目を離さず見ておられたが、舞のなかのしかじかのところで少し気を抜いたとき、にっこりと笑われたのを、不審なことよと思ったが、はたして剣術の達人であられたのだな」と得心したというのです。

一期一会の思想は正坐と同じく、日本特異のテンション文化をつくりだしたのです。縮みの時間である一期一会と縮みの姿勢である正坐の文化が、ふだんの生活語にあらわれたのが「一生（所）懸命」なのです。同じ漢字文化圏でも中国と韓国にはないこのことばは、もともと「一所（領地）を命がけで守る」ということから変化し、それがどんな小さなことにでも生命をかけ、何かを熱心にするという意味になったものです。だから、トランジスタからはじまって、カメラや自動車を作ること、そして輸出すること、はなはだしくは遊ぶことにまであらわれているように、日本人がいったん何かを達成しようとするときに、ほとんど超現実的な力を発揮するのは、その一生の時間を圧縮して捧げ、一期一会の瞬間のなかで精一杯生きようとする態度からくるのです。一生懸命に生きるとは、死を考えながら生きてゆくことなのです。

「腹切り」の美学

わびの茶室をはじめ日本の「美」や、そして日常の市場やセックスにまでも、日本人のいるところには不思議な影が漂っています。それは死です。日本人は、だれもが顔をそむけたがるあのどうにもならぬ死すらも引き入れ、それを利用して恐ろしい力を持ってきたのです。縮み文化の究極にあるのは、ほかならないあの「死」であったのです。

「水中に身を投じたり、崖から飛び降りたり、首つり、毒薬、刀その他の激烈な方法によって平然と自らの生命を絶つ」とエンサイクロペディア・ブリタニカ（六版一八二三年）に書かれた死（自殺）の日本人観の歴史は、古いのです。いまも欧米人の大部分は、日本といえば、すぐに美しい富士山とともに「切腹」を思い浮かべます。死を茶飯事と考える！　たしかにそうですね。しかし、死を軽んじているからではないのです。その反対に死を恐ろしく思うからこそ、死を避けようとするからこそ、朝な夕なに死を思い、いつしか死を身近なものにしてしまうのです。西洋人はバイブルに手をおき、神かけて誓うといいます。でも、日本人は生命をかけて誓うのです。日本人がよく好む根性物語の基調に流れているのは、死ぬ気になればなんでもできる、という例の精神です。

私がちょうど米国にいた一九七〇年の秋、『憂国』を地でいった三島由紀夫さんの腹切りがありました。タクシーの運転手までが興奮する大変な反響でした。米国に三島さんのファンが多かったからではありません。サムライ時代の腹切りが、それも作家によって、精巧なテレビやカメラを作っているもっとも文明の発達した現代の日本で、依然として行われていたという驚きを話してみたくなるような事件だったからです。彼らが、腹切りは西欧市場を席捲したトランジスタ日本文化と同じ根から生じたものだということをどうして知りましょうか。彼の死を悼《いた》む記事のかわりに、“What is HARAKIRI?”という解説の載った新聞を読んで苦笑を禁じえませんでしたが、実際、私自身がアメリカ人からその解説を強要されることが多かったのです。韓国は日本と近いから、お腹の半分ぐらいは切ることができる民族ではないだろうか、と思ったようです。

そのとき私は次のようにいってやりました。

「自殺の方法のうち、本当の自殺は腹切りしかありません。服毒自殺やガス自殺や身投げは、半自殺・半事故なのです。身投げする人は水に飛び込んだ瞬間、泳ごうとするし、ガス自殺する人は息を吸おうと必死です。生きようとする自分と死のうとする自分が最後まで闘います。それは半分の自分しか代表できないのです。ところが腹切りは、自分の手で自分を切ります。そしてその刀の先から殺す自分と死んでいく自分の二つの姿を見ます。どうしてそんなふうにできるのかですって？　腹切り《ヽヽ》は一種の儀式だからですよ。死を様式化したものですね。儀式は日常の行動とは違います。おわかりでしょ？　儀式を通じてお茶を飲む日本人をご覧になったでしょう？　ご存知ないなら、声楽は知ってますね。同じ声帯でも日常の会話をする声には限界がありますね。でも、ソプラノは音楽の様式、その訓練によって普通より三オクターブも高い声を出せるじゃないですか。日本人はそういった訓練、儀式を自分の家の庭の前にある茶室で数世紀もやってきたんですからね。日々の儀式、一期一会の精神！　おわかりですね！　ええ、そうなんです。茶道とは死と通ずるものなんです」

縮み志向という視角でみれば、茶室文化は腹切り文化とあい通じるところがあるのです。冗談でも、飛躍でもありません。

寄合文化

日本で行われる茶の湯とは、たんに茶を飲むということ、タンニンとカフェインを摂《と》るということの意味ではありません。ただ飲むことなら、道ばたの自動販売機に百円玉を入れてコーラを飲みほすように、それはひとりでもできることです。茶の湯は茶会を前提にしてはじめて成立するもので、そこでは集団性、社交性という、人と人との交わり方がもっとも重要な要素となっています。茶の成分のうち、生理的にいちばん影響を与えるのがカフェインであるように、茶会の要素のうち、精神的にもっとも大事な意義を持つのは、人の「寄合」

です。まだ茶道が確立される前の鎌倉、室町期から、婆沙羅《バサラ》、闘茶の遊びでも、茶の集まりを「寄せ」と呼んでいたのです。「二条河原落首《にじょうがわらくしゅ》」には「寄合茶」、『祇園社家記録《ぎおんしやけきろく》』では「寄せ茶」と書かれています。

「寄せ」とはいったい何でしょうか。どの辞典を繰ってみても、「寄せ」とは「迫り近づくこと」「ひと所に集めること」と説かれています。これからもわかるように、「寄せ」とは、人と人との距離を縮めることであり、ひと所に詰めることなのです。「寄せ」ということばをこのように捉えてみれば、茶会というのは、そして茶室というのは、たがいに離れている人々を「迫り近づけること」であり、四方に散らばっているものを「ひと所に詰めること」なのです。

寄せ鍋、寄席《よせ》、寄せ集め、引き寄せなど、「寄せ」は他のことばと組み合わさって日本の「縮み文化」のさまざまな現象をあらわすキーワードのひとつになっています。

われわれはすでに自然を、神を、生活のなかに「引き寄せる」日本的な特性を考察したことがあります。そうです。山水（自然）を身近に寄せたのが庭文化であり、華道であったように、人を「寄せ」たのが、茶室、茶道だといえます。

肌で感ずる触れ合い文化

ことばこそ四畳半ですが、茶室の畳は一枚ずつその使用する機能によって、貴人《きにん》畳、客畳、道具畳、踏込畳と分割され、茶客に与えられた空間は、たったの畳二枚です（それも四畳半の場合で、利休の一畳台目の茶室はもっと狭いのです）。ですから、たとえ仇同士といえども、茶室では否応もなく「迫り近づ」かなければならないのです。肌と肌が触れる距離に……。そう、茶の客で順位がいちばんしまいになっている人を詰め客といいますね。「正坐の文化」と同じく、茶室の圧縮され、限られた空間でつくられたのが、あの日本的な寄合文化＝触れ合い文化なのです。町のような広い空間までも、日本に来ると「触れ合いの町」になります。

　そうしてみると、日本人ほど「肌で感ずる」とか「触れ合う」とかいう触覚言語で抽象的な人間関係まであらわそうとする民族も、そうそうはいません。日本の広告のコピーとか何かのキャッチ・フレーズにいちばん多く登場するのが、まさにこの「触れ合い」ということばです。郵便局では手紙を出すのが「心の触れ合い」だと宣伝され、駅には観光案内が「触れ合いの町」として飾られています。もちろん英語やフランス語でも、触れる（touch, toucher）ということばをよく使いますけれども、それは直接的な肌の触れ合いを意味し、抽象的には「感動」をあらわす用語なのです。韓国語には、日本語の肌にぴったりあてはまることば自体がないのです。厳格な意味で肌と肉は区別されていますが、ふだんの表現では両方ともサル（肉）というのです。それにしても、サルを触れ合うという表現は、セックス以上の人間関係をあらわすそれにはなれません。

しかし、日本語では異性関係においてのみならず、「心の底に恐ろしい所のある人でござります。ぢやによつて、めつたに肌がゆるされぬ」（『松翁道話《しょうおうどうわ》』）のように心を許すとか信用するとかを「肌を許す」といいます。また力をつくして他人の世話をするのを「ひと肌ぬぐ」というのです。

「肌が合う」などというと、どうもエロティックな気がしてならないのですが、日本では異性でなくとも気の合う人をそう呼んでいます（長崎では、講を「触れ」というそうですね。なんとシンボリカルな呼び方でしょう）。だから鈴木善幸首相とレーガン大統領のオタワ・サミットでの会談を論じた朝日新聞のタタミ記事の連載小項目が「膚《はだ》合い」になるのです。これを韓国語に直訳すれば、ホモのような変な表現になってしまいます。

イデオロギーを超える心

ですから人と人とを結ぶのは、頭ではない。心でもない。それよりもっと具体的で実感のある触覚的な肌ざわりである――ということを「日本論」を開いた本居宣長《もとおりのりなが》も認めているそうです。彼は、中国文化は道徳的な価値にもとづくものであり、日本文化は美と感情にもとづくものだと指摘していますが、それは人間関係にもそのまま適用される話なのです。人間関係ばかりでなく、抽象的な思考よりも具象的な感性のほうがずっと重視される人々の間では、イデオロギーのちがいより肌ちがいのほうが、より恐ろしいものとなります。

そこで「保守党はイデオロギーや理屈で寄り合っている政党ではない。人間的な触れ合い、党への愛情、そういうものが基盤になっている……お互いの情愛で結束してゆくのが自民党なのだから、話し合いでいこうという機運があれば結構ではないか」（「朝日ジャーナル」一九七六年九月一日号）と、自民党元幹事長の保利茂《ほりしげる》がのべた理念なき政党評は、日本人のユニークさの源泉を論じているグレゴリー・クラークさんをひどく驚かせたようです。欧米の政治家が自分の政党にイデオロギーがないということをこのように、しかも誇らしげに描写することをだれが想像できようか、と。

そうです。「触れ合い」「愛情」「情愛」「話し合い」ということばづかいは政党評というより、一時代前の恋文を思い浮かばせるものです。しかし、二億の人口に三十万以上の弁護士がいる米国に比べ、一億にたったの一万二千名の弁護士しかいない日本ですから、無理からぬ話でもあります。

日本での人間関係は、イデオロギーとか法律とかいう抽象的な論理によって決められるのではない。保利さんのように「触れ合い」「話し合い」でいくのです。でも、誤解しては困ります。「話し合い」といっても、何かを討論したり、理屈っぽい議論をするあの「弁証法」を生んだ西洋のそれではありません。日本でいう「話し合い」とは（もっとも日本人は話しずきな民族ではないという点で、やはり東洋文化圏の一員ではありますが）、ほかならないあの「寄合文化」を意味するのです。

交際費共和国！

こういった具象的な人間関係では、茶会でのように、何よりもたえず人々が身を触れ合うことのできる直接対面の集まりが重要です。だから、家庭でも会社でも公共機関でも、交際費という項目が、必然的に大きな比重を占めているのです。戦前にしても一九二六～二七年の家計調査によると、日本のサラリーマンの家庭で文化費の三・二パーセントが育児教育費であるのに比べ、なんとその三倍近い八・三パーセントが交際費となっています。肌の触れ合いのための費用が、可愛い子供を育てるそれよりもっとお金がかかったわけです。また戦後にしても、法人企業の交際費には一定金額まで税金がかかりませんが、その総額は並の国の国防費に匹敵する二兆九千百億円（一九七九年度統計）にのぼっています。このような人間関係の「潤滑油」を悪用して、交際費にかこつけた汚職がときおり問題になるのも、これまたきわめて日本的なものだというべきでしょう。

日本がこのような交際費共和国になったのは、それだけ日本人が人と人との触れ合う集まりを好んでいるという傍証です。日本人はなにかにつけ会議を開き、なにかにつけ集会を行い、ホテルでは毎日のように宴会がひきもきりません。それが「裸祭り」をはじめ一年を通して二千四百を数える祭り文化の日本なのです。忘年会は韓国でも盛んですけど、これは植民地時代に日本から来た風俗です。また、一人当たり平均五、六回という日本にはとても及びません。

手に触れ、肌で感じなければ実感できない人間関係のために、日本人は十四万二千個の郵便ポストや光通信の先端を誇りながらも、そこにさらに世界最新の技術を駆使した八〇〇MHzの自動車電話を据えつけておりながらも、セカセカと自分自身で直接走りまわらなければならないのです。東京―大阪間を日に二百三十本という驚異的な本数の新幹線が往復しているのも、その「触れ合い文化」のなせるわざであろうと推定する外国人もいるのです。

当然なことです。茶会の「寄合文化」の伝統よりはるかむかし、神々の時代からずっとあったことですから。日本の神々もそんなふうに寄合を好んでいたのです。モーセはエホバただひとりから十戒を授かりましたが、神話によれば、日本の最初の法は、天の安の河原に集まった八百万《やおよろず》の神々の話し合いからできあがったといわれます。いまも十月になると神々は肌のぬくもりが恋しくて全国各地から出雲大社に集まるので、その月は「神無月」になってしまいます。

通り魔は日本的犯罪

この肌の文化、触れ合い文化がネガティブにあらわれたのが、もっとも日本的な犯罪のひとつとみられる「通り魔」であり、「切り魔」ではないでしょうか。私がちょうど日本を訪れていた一九八一年六月、通行人に庖丁でつぎつぎと襲いかかって、主婦や幼児ら四人を殺し、二人にけがを負わせるという「通り魔」事件がありました。幼稚園に通う子供が血を流して息たえたその道には、市民たちによって仏壇がもうけられ、菊の花束が供えられている場面がテレビに映っていました。あれが文字どおりの「菊と刀」であったのでしょうか。見も知らぬ人の刀に切られ、これまた見も知らぬ人の弔いの菊の花に触れる……結局、ポジティブな触れ合いは菊の花に、ネガティブな触れ合いは通り魔の刀の形にあらわれるのです。

通り魔や、人に近づいてカミソリでスカートなどを切る「切り魔」の不思議な犯罪は前からありましたし、それ以後もあいついでいます。同じ犯罪でも、撃ち殺したり、毒殺したりするのは、触れ合いのそれとはいえません。それは間接的でしかも抽象的なもので、犯人と被害者とには距離があるのです。しかし、通り魔や切り魔は鋭利な刃物で、まるで愛し合う者がそうするようにぴったりと近づき、相手に触れる感覚を、切れ味を肌身に感ずるのです。何よりも子供が通り魔にあう事件が起こるのをみても、それがネガティブな形にあらわれた触れ合い文化の所産だと思われるのです。

五、六人のスモール・グループ

ひとりでいるのを耐えられないと思う日本人ですが、かといって大集団も日本人には苦手です。なぜなら、肌で結ばれるあの具象的な人間関係とは、小集団であってこそはじめて可能だからです。大集団は「迫り近づくこと」ができないため、抽象的な関係になってしまうからです。しかも、そういった集団は毛沢東の天安門（広場）でのように肌の感性でなく、理念を必要とします。日本の文化人類学者は「日本には大宴会がなく、私的な集まり、肌で温め合うような関係の集まり」が多いとのべています。はじめは、たとえその集まりが大きかったとしても、しだいにそれは小さなグループへと簡単化します。茶会がそういうものです。ですから、桃山時代以後、茶道が確立されたその茶会こそ、日本人の人間関係と集団性を解明するもっとも好個の手本となるといえます。はじめ茶会は秀吉の野外での大茶会のように大勢の集まりでしたが、それがしだいに小人数になっていくのです。茶人たちは四畳半という標準空間に集まることのできるいちばん理想的な人数を、五、六人と見ています。

　五、六名のスモール・グループは、茶室においてばかりでなく、農民の五人組帳、江戸時代の五人組など、伝統的な日本の小集団単位の組織がみなそれです。ベネディクトも『菊と刀』で、日本の「小さな集団」に対して注目しています。日本の近代化のいしずえとなったのは、四、五人の職工を使うピグミー・ファクトリーズという、ちび工場で、一九三〇年代には工業従事者の五三パーセントが、この五人以下の工場や家庭内で働いていたのです。ベネディクトは「今日の日本――工業、経済の基は、この小さな集団であった」と証言しています。東大の中根《なかね》千枝《ちえ》教授も「日本の社会学的個体認識は、小集団のレベルに置かれている」といい、「小集団の理想的なサイズは五～七人である」と確信をもってのべています（『タテ社会の力学』）。また、ある対談では、この小集団を輸出しようではないかと話しているのを見ますと、これもやはり誇らしい日本的特性のようです。

あとでもまた言及しますけれど、工場でも会社でも、日本人がもっとも理想的な集団と考えた単位は、茶会の寄合――あの縮みの志向から生まれ出た豆集団――の「肌のグループ」だったのです。

4　座の文化

一億総俳優

人と人との関係を肌が触れ合う距離にまで縮める「寄合文化」を、茶道の用語では一座建立といって、主客を中心として座を作ることを意味します。このときの「座」は主客が対座している物理的な場所や動作でありながら、同時にその内面の意識のなかでくりひろげられる主客一体の共感帯をも意味するものです。

いわば、それは磁石のようなものです。日常的な生活空間で会う人間の間にはなんの変哲もない鉄と同じく磁場は形成されませんけど、茶室という空間で会う茶人の世界ではたがいに引き合う神秘な磁力をあらわすようになるのです。ですから、茶室における人間関係は、日常的な行動とは異なる茶の湯の独特な規則、作法によってかえられなければなりません。

したがって、茶道は主客一体の和の世界をつくりだす人間関係の「一座」を生み出す方法であり、その精神だと定義しても別に間違いではないでしょう。

「他人、それは地獄だ」といったサルトルのことばを覚えている人々は、このようなことに対して首を横に振るかもしれません。そしてこうたずねるでしょう。「どのようにしてたがいに異なる立場にある主と客の関係が一体となり、眺め、眺められるという他者との実存的関係、その葛藤の地獄が、和の境地である一座にかわりうるのか。泡立つ緑の液体が人間を結合させる理念にかわりうるというのか。それはいったい何であり、その方法は何か」。

こういった問いかけは茶道に対するものでありながらも、同時に日本人の異様な団結心、ときおり世界をびっくりさせるあの恐るべき「和」という神秘な集団主義に対する問いかけでもあります。むかしもいまも、西洋人が不安げなまなざしで日本人を眺めたのは、磁石のようにくっついたあの団結力です。そしてその恐怖を具体的にあらわしたのが、中国人の人口と日本の団結力を根拠とした「黄禍論」であり、企業と政府と国民が一枚岩になって集中豪雨式輸出で世界市場を荒らしているという「日本株式会社論」です。

しかし、西洋人は――日本以外の東洋人も含めて――日本人の団結力についてはよく知っていましたが、その団結力の特性が何かは、よく知らなかったようです。黄禍論者は「シナ人に、生まれながらのオルガナイザーたる日本人が結びつく日を」(ヘンリー・ノーマン『極東の人と政治』)、その禍の日と見ていましたが、その憂いは逆に南京大虐殺となってあらわれたのです。

日本株式会社にしても同じです。株式会社的な団結力は、契約的な、そして利益追求によって集まる西欧的発想法からつけられた名称にすぎません。日本の集団主義やその団結力は、そういったものではありません。いますこし日本的な団結心を分析してみれば、それは株式の上場からはじまったのではなく、茶室における「一座建立」の数百年にわたる歴史にその根拠をおいていることがわかるようになります。「日本株式会社」というより「日本座」というほうが、そして日本人を「エコノミック・アニマル」と呼ぶより「ドラマティック・アニマル」と呼ぶほうが、ずっと似つかわしいような気がします。日本人の好む表現をかりるならば、一億総俳優です。

茶三昧《ちゃざんまい》の一体感

話が脇にそれました。そう、どのようにして他人は地獄だという人間の実存的条件をくつがえして、抒情詩からも、恋愛からも得がたい「自と他」の完全な一体感を形づくる「一座」を建立できるのか、の問いかけでした。いいかけついでですから、日本座という劇場と一億総俳優から、その質問に答えることにしましょう。

まず第一に、茶の湯で主客一体の一座が形づくられるには、いい意味であれ、悪い意味であれ、みなが俳優とならなければなりません。主人がするその演技を「亭主ぶり」といい、客がするそれを「客人ぶり」といいます。つまり、亭主が精魂こめて客をもてなすのが亭主ぶりで、それはものを運び、茶を点《た》てるひとつひとつの行動、お点前の具体的な仕方（能楽ではしぐさの型にあたります）によってあらわされ、客のほうはそういった好意に対して畏敬、感謝する心構えに立ち、茶を飲む具体的な作法によって、また茶器、道具類を拝見する鑑識眼や、いくつかの定められた台詞とによる客人ぶりで応えるのです。茶を点てる方式、とくに道具を運ぶ歩き方などは、能阿弥によって考案されたもので、能の仕舞の足取りを入れたものといわれています。

ですから、演劇と同様に茶の湯が進行してゆく脚本とそれを行動にあらわす演技でもって、主と客が深い一体感――これまた茶用語でいえば、茶三昧に没入、融合することなのです。しかし、この演技は舞台のそれとは違います。舞台の上の演技は虚構ですから、木刀での試合だとすれば、茶の湯は本当の茶をもてなし、それを飲むのですから、このときの「ふり」は真剣での試合のように、それこそ「真剣」にならなければなりません。

三昧の座をつくる茶の脚本は、何よりも客の見る前で彼らが飲む茶を点てる全過程を見せてやるところにあります。初期の書院茶では「喫茶する所」と「点茶する所」が分離していました。同朋衆《どうぼうしゅう》の手によって用意された茶が運ばれ、主客はそれを一緒に飲んだのです。こういう喫茶なら、韓国や中国にも、西洋にも、いくらでもあります。茶を飲む茶室が別個につくられて、茶を点てるのとそれを飲むのとが「ひとつ所」で行われたときにはじめて茶道が形成され、また日本的な特性を帯びるようになるのです。

ですから、招かれた客は亭主がいかに真心をこめて茶を点てるかを、そのプロセスを通じて体得するようになり、亭主はそれを感謝する心でうやうやしく受けて飲む客人の所作から、その反応に触れることができるのです。一方的に与え、一方的に受ける主客の関係では、味わえないものなのです。だから、座は亭主のものでも、客人のものでもありません。と同時に亭主のものでもあり、客人のものでもあるのです。座は運命共同体的なつながりの場です。亭主はたんに客人に奉仕するものではありません。

人の茶の湯になるな

「人の茶の湯」になるな、ということばがあります。亭主が客のためにしかたなく点てる茶会となってはならないという戒《いまし》めです。まるでバイオリニストに「人の音楽」になるな、という話と同じです。バイオリンを弾くのは人に蒲団《ふとん》を敷いてやるようなものではありません。人を楽しませるためにのみ演出するのではなく、自分の喜びと満足のためにすることです。それと同じく、茶の真の味はたんなる味覚ではなく、それを点ててくれた人の真心を知ったときに味わえる「心味」だということなのです。

「一飯をすゝむとても、志厚きをよしとす、多味なりとも、主たる者の志薄きときは、早瀬の鮎、水底の鯉とても、味もあるべからず、籬《まがき》の露、山路の蔦《つた》かづら、明くれこぬ人をまつの葉かせの釜の音たゆることなかれ」という『遠州《えんしゅう》の捨文《すてぶみ》』が、このことをよくあらわしています。

王様は厨房をのぞいてはいけない、という諺があります。人の眼のない厨房で料理を作る際には、どうも不潔になりがちです。それを王が直接眼にするようになれば、料理人を殺すことになります。実際、むかしの日本では、大名のご飯にゴミがひとつでもあると、料理人に切腹を命じたといいます。大名はご飯を食べていてゴミがあると、そっと畳のスキ間に押し込んだという話もありますが、それほどの厳罰を下したのは、生命をかけて精魂こめて料理を作れということなのでしょう。これは料理にかぎりません。親しい人でも、陰にまわって見えないところでは、悪口をいったりもします。それが人間なのです。ですから、そういった現実にいっそ眼をつぶってやるのが徳だと考えたのでしょう。

してみますと、食べる人の見る前で料理を作るには、下手をすれば切腹ものの大名の料理人のような真剣さを持っていなければなりません。食べる人にはそうしてこそ、その真心が味覚以上のものとして心に触れる。薪水のために修行してはじめて一碗の茶に真味のあることを知ったという利休のように、日本人には料理の味よりもそれを作った人の苦労とその過程を味わうという妙な習慣があるのです。

招《よ》ばれて食事をしたとき、韓国人も欧米人も「おいしくいただきました」とか「デリシャス」といいますが、日本人は「ご馳走さまでした」といいます。「馳走」とは文字どおり読めば四方八方に忙《せわ》しげに走りまわることですから、客のために料理をこしらえる過程を想像し、その真心に対して感謝するという意味になるのです。日本の料理やその食事の仕方を観察してみると、そういった「馳け走る」プロセスを食物によくあらわしています。

日本料理とマナイタ

日本料理はよく眼で食べる料理だといいます。ロラン・バルトもいうように「日本料理の食膳は、このうえなく精妙な一幅の絵」です。食膳は額ぶちまでついたキャンバスであり、その上におかれた茶碗や小皿に盛られた料理は、多彩色の抽象画です。とくに茶室文化とも深い関連のある懐石料理はなおさらです。

朱塗りの椀にたたえられた白味噌の雑煮《ぞうに》、四季とりどりの色彩と形をそろえた京かまぼこ、清流に躍る姿そのままといいたいくらいの鮎料理……まさに舌で眺める絵画です。

実際私は、日本料理を食べるとき、ためらうことがしばしばあります。なぜか美しい美術品を破壊するようで、野蛮人になった気がするのです。すぐに解けてしまう氷に彫刻したように、食べればすぐになくなってしまう一瞬のはかない彫刻や絵に対する若干の憤りのごときものまでも覚えるからです。しかし、日本料理をたんなる絵画的な美しさだけで究明するのは、皮相にすぎるのではないかと思います。

なぜなら、食べればすぐになくなってしまう料理であるのに、繊細に盛りつけ、精妙に彩って形づくられた食物は、ほかならぬそれを作った人の真心をひとつひとつ刻み込んだ凍《こご》えるドラマと見るべきだからです。そしてそれは作った人から食べる人に投じられる連歌の発句のようなものでもあります。このような視点でみれば、日本料理が絵画的だというのは、たんなる手段にすぎないのであり、実際はそれを通じて、作った人と食べる人の間に一座を建立しようとする仕掛けであることに気づくでしょう。

日本料理屋が、中華料理屋や韓国料理屋あるいは洋式のレストランとまったく異なるのは、マナイタが客の前にあらわれることです。程度の差こそありますが、ほとんどの国の料理は、食べる人の眼に入らない壁の向こうで作られて、その完成品たる料理が運ばれるのであって、そもそもマナイタは外に出すものではありません。しかし日本では、料理人が客の前に出て来て包丁をさばきます。それは京都の有職《ゆうそく》料理で、客の見ている前にマナイタを据え、手を触れずに包丁などだけで魚を料理し、その魚肉をマナイタの上に盛りつけたまま客に差し出す、むかしからの伝統の伝えなのです。

マナイタは料理を作るプロセスをあらわす象徴です。料理人を板前と呼ぶのをみてもわかるでしょう。ですから、たとえ直接客の見ている前で作らない場合でも、スシとか活《い》きづくりをマナイタに盛りつけて、食器のかわりに使ったりするのです。このように「マナイタ」が日本料理の中心となったのは、それが料理する人と食べる人とを結んで、座をつくりだす役割を果たしたからです。

西洋人にとって日本料理の代名詞となったスキ焼もまた、壁の向こうで作られて運ばれてくるビフテキとは正反対の構造を持っています。ザクに切られたネギ、薄くスライスされた肉、わりしたなどの半製品の食物。それらの材料だけが客の前に運ばれ、あたかも茶を点てるように、客の前ですこしずつ煮られて料理となっていくのです。

日常的な食事でも、ご飯の盛り方は韓国と違います。韓国ではあらかじめご飯が盛られて出ます。しかし、日本ではその都度、一杯一杯碗に盛って食べます。料理を作る人が主人となり、食べる人が客となる演出の方式は生きているのです。

「居候《いそうろう》、三杯目にはそっと出し」ということばがあるように、その食事の仕方は原則的に膳の前で茶碗にご飯をよそってやる人がいることを前提としたものです。ですから、料理を作る人と食べる人の間に、どうして主客一体化の融和が生じないことがありましょうか。

能舞台の美学

茶の「座」、料理の「座」と同じく、能や歌舞伎でも、演技者と観客のつくる「座」があらわれています。飲物、食物をつくる亭主側が能、歌舞伎を演ずる演技者とすれば、それを飲み、食べる客人側が、演技を見る観客です。同じ構造です。だから、他の国の演劇形式には見られないユニークなことが、能や歌舞伎の舞台でくりひろげられているのです。

普通、演技者が衣裳をなおしたり、着替えたりする際には、いったん幕を下ろして、観客の見えないところで準備するのが、舞台の常識です。料理が壁の向こうの厨房の見えないところで、こっそり作られるようにです。ところが、スキ焼、マナイタの上での包丁さばきのように、能舞台には後見座というものがあって、そこに座っている後見が演技進行の途中に、観客の眼の前で、シテの衣裳をなおしたり、着替えさせたりします。そればかりか、観客の前でシテが面をつけたり面を取り替えることもあるのです。

観客とともに座をつくりあげていくことは、能楽堂のあの独特な舞台の構造に克明にあらわれています。舞台は観客席に突出していて、正面からも側面からも鑑賞することができます。つまり、能舞台が観客席と対面しているのではなく、観客席そのものに入ってきた形式なのです。そしてその舞台正面の中央には、白州《しらす》梯子《ばしご》と呼ばれる階段があって、客席との昇り降りができます。

いまではまったく無用なヘソと同じものになりましたが、舞台と客席を連結して一座とする象徴としての存在とみれば、その意義はぐっと重くなります。むかしはこれを通じて、将軍からの褒美を下賜したりしたものですから、なおさらです。揚幕《あげまく》と舞台の間に橋懸《はしがかり》があるのも、演技者が本舞台に出入りするプロセスを観客に見せるもので、西洋の演劇舞台にはそもそも見出せません。俳優の出入りを見せることなどは、照明を消したりして舞台をなるべく真空状態のものにしようとした欧米の発想とは正反対のものです。ただたんに飲ませるのではなく、茶を点てるプロセスを見せるのと同じく、欧米では幕の裏ですることの一部を、観客のいる表ですることなのです。

花道で会う観客と演技者

食べる人の前で直接料理を作るプロセスを見せる座の構造は、文楽《ぶんらく》においていっそうきわだっています。世界各国の人形劇は、人形を操る人をできるだけ隠します。ですから、人形を操る人は、舞台の陰に隠れて、眼に見えない糸とか他の仕掛けを使って人形を動かします。しかし、文楽では、黒い布をかぶってはいても、人形を操る人が舞台に出て、そのワザを見せます。さらには「人形出づかいにて相つとめます」という口上がつくと、人形つかいは黒いヴェールをとったうえに、人形以上に派手な服装をして主人公たる人形をつかうのです。文楽の面白さは、他の人形劇とは違って、たんに人形自体の動きにあるのではありません。人形の動きとそれを操る人との関係を見せるところにあるのです。

演技者と観客の間が一方的に与え、受けるという関係ではなく、ともにある共感をつくりあげる座の仕掛けが、歌舞伎ではさらに鮮やかにあらわれています。その代表的なものが、確信をもってこれこそ日本独特だといえるあの花道です。能の橋懸と違い、花道は観客にもっと迫力をもって迫り近づく舞台の延長であり、また客席の延長でもあるのです。観客と演技者が一緒に触れ合って歩いていく道が、花道にほかなりません。料理屋の「マナイタ」が歌舞伎に入れば、花道になるのです。

俳優が揚幕から出、花道を歩いて舞台に近づき、「七三」とか「スッポン」と呼ばれるところで一度とまるのが通例となっていることからも、花道が観客との出会いの場所としてつくられたものだということがわかります。「花道の〈花〉は登場人物が客席から纏頭《はな》（贈物）を受けた名残の文字」ともいわれていますから、なおさらのことです。

歌舞伎の『娘道成寺《むすめどうじょうじ》』では、白拍子《しらびょうし》が花道に坐って懐紙《かいし》を丸めて客席に捨てる場面がありますが、ひいきの観客がそれを争って拾ったといいます。まるでスタンドに吸い込まれるホームランボールを奪い合うようなもので、花道があってこそ形成される座の好例です。また花道はひとつではなく、両花道といって二つ設けられる場合もあり、『妹背山《いもせやま》』では東西の花道にはさまれた客席が川にみたてられます。俳優（役者）は観客席の川をはさんで両岸（両方の花道）から会話をするという、観客席が舞台に巧みにとりこまれる例もあります。

花道抜きにしてはとうてい味わえない場面をさらに考えてみましょう。『忠臣蔵』の四段目で大星由良助《おおぼしゆらのすけ》が「送り三重」という三味線の曲に送られて静かに退場する、あの複雑で繊細な雰囲気を肌身に感じられるのは、舞台から観客席を通って揚幕までの十間の長さをもった花道のおかげです。それとは正反対に、『勧進帳』の弁慶が、「飛六法《とびろっぽう》」で引っ込む場ののすごい迫力を、観客が手にとらんばかりに実感することができるのも、花道があってこその話です。いまも私は『勧進帳』のあの場面の印象を忘れることができません。関所を越えた嬉しさと有難さ、先に送った義経のあとをいっときでも早く追おうとする急く心《せ》……こういった心持が弁慶の独特な歩き方で演じられますが、それはただ演技にのみとどまるものではありません。花道に沿って坐っている観客には、飛六法の引っ込みで俳優の巻き起こす風、ほこり、そして汗の匂いまでかぐことができるのです。

そうです。弁慶は観客席に飛び込みます。下座《げざ》のお囃子《はやし》と大太鼓の音は観客の叫び声でもあり、また弁慶と一緒に飛び込む足音なのです。一瞬、舞台と客席が花道によって融け合い、消えていくのを、私ははっきりと見ました。恐ろしいことです。そのなかには「自」も「他」もありません。すでに見る者も、見られる者もいません。人間はひとつの塊となります。

歌舞伎の花道のようなものが、現実の社会にあらわれたら、いったいどんなものになるでしょうか。政治に、企業に、輸出に……。いや、それはもうはじまっていて、いまではだいぶ時間もたちました。

日本人全体が一座をあげて花道を戦場に引いたものが、あの「大東亜戦争」でした。現在ではその花道を七つの海の市場に引いているのです。茶室の一座建立は、日本式団結力、日本式神風を起こす原型なのです。

連歌とゴルフ

日本では、もっとも個人的で独創的な文学までが、この寄合の座でつくられました。「座の文学」、それが連歌です。中国でも韓国でも、歌人らが一座となって韻を与えて詩をつくったり、連句、連作を行ったりしますが、それは代表的な詩形式になっていない、ほんの遊びにとどまっています。対句、次韻というのも、一座でつくられたのではなく、のちの人が詩を読んだ感想をモチーフにしてひとりでつくっていくのがふつうです。しかし、日本の連歌は正反対で、独吟が例外であって、連衆との合作になるのがその本質です。

　欧米の例では、むしろパロディで、他の詩人とか作家がつくったのをひっくり返して諷刺《ふうし》するのです。「座」ではなく、「逆座」ですね。「自分があの愚かな者のひとりでないことを証明するただ一句の、美しい一句の詩が書けるように」神に祈ったのは、フランスの詩人ボードレールでした。西洋では詩は生きている自分自身の存在の証だったのです。しかし、日本では詩までもがチームワークの集団的産物でした。

　小西甚一さんは、二十世紀の読者に対し十六世紀の連歌の座を説明するため気の毒にもゴルフを例にとっています（『宗祇《そうぎ》』）。日本の全国レジャー施設利用状況からみれば、売上高が第一位の五千八百七十億円、延べの年間利用者が五千七百万人にものぼっているゴルフ・ブームですから、無理からぬ話でもあります。ゴルフにも連歌の「座」と同じものがあるからこそ、日本人の口癖になった「こんな狭い島国」に、あれほど多くのゴルフ場がつくられたのかもしれません。

　たしかにゴルフには座に似かよったものがありますが、それはもともと拡がり志向の英国人のものです。座とは一定の「囲い」のなかで内に凝縮してゆくアイデンティティですが、ゴルフは打って移動し、拡がっていく芝生の広場上のそれです。「座」というより、それは「行進」なのです。

連歌の座はそういうものではありません。ゴルフでは一組の人々が集まって同じプレイをしながらも、あくまで自分のスコアは自分どまりです。他の人がいくらへまな打ち方でOBを出しても、自分のプレイとは究極的に関係がない。一緒に談笑し、ナイス・ショットなどといいながら、肩を並べてホール・アウトしても、最後までプレイは自分のものです。集団になっても西欧では、ゴルフのように自分ひとりで自分と自分との間に行われるプレイなのです。

オーナーがいたり、集まった連中によってプレイの雰囲気が変わったりしても、それには一定の限界があります。しかし、連歌はたんに雰囲気が変わるだけではありません。じかに連歌全体が崩れたり、ダメになるのです。小西さんは、「シングル・プレィアばかりの中にハンディ二五とか三〇とかいうのが一人だけ交った状況を考えるなら、技倆ないしキャリアの揃っている連衆が連歌の座にとってどれほど望ましいかは、容易に理解されよう」といっています。

小西さんには申しわけないのですが、じつはその逆のことに真があるのです。ゴルフはそれでも支障はきたすものの、プレイはできるということです。シングルはシングルの個人のスコアを出すのです。これが西欧の個人主義に根をおろした集団なのです。シングルとハンディ二五とが一緒にプレイができる。迷惑になっても、ゴルフにはなる。集団でありながらあくまでも個人の運動である。そこにゴルフのひとつの面白さがあるのです。そういう意味では連歌の座をスポーツに喩えるなら、ゴルフよりもかえって野球のほうが近い。野球のなかでひとりでもハンディ二五くらいの実力のプレイヤーが加わったら、それこそ眼も当てられない。チーム全体がガタガタになってゲームになりません。いくらよいピッチャーがいても、穴だらけのキャッチャーでは話にもなりません。連歌の座は、個人個人のスコアが全体のプロセスをつくり、あいからまってたがいに相乗作用をなす連衆一体によって可能なものとなるのです。

連歌の正式な座敷では、茶室と同様に、床の間に軸を掛け、花をいけます。連歌を楽しむために集まる定期的な会を「講」というのも、茶客の寄合と同じようなものです。つまり、主と客があるように、指導役である宗匠と連衆が対座します。発句は茶の点前で、それがつぎつぎと飲まれるように付句が進み、百句が完成すると、最後に何某幾句と記入する「句挙げ」で終わるのです。茶碗のかわりに懐紙がくばられ、茶を点ててそれを飲むのに規則があるように、発句から挙句《あげく》までの進行はすべて連歌の複雑多岐にわたる法則によるのです。その法則を見守るのが、連歌の座の執筆《しゅひつ》の任務です。

茶と連歌の構造が同じものであるのは、室町期に闘茶が流行ったように、その同時期の庶民らの連衆が出した句のうち優秀なものには点と称する符号をつけて点数競争をし、賭物と呼ばれる賞品まであったらしいことからもわかります。その点は闘茶も同じです。しかし、わび茶の本格的な茶道には点数競争も賞品もありません。座のアイデンティティ、一味同心の茶三昧が楽しまれたように、有識人士の本格的な連歌では一緒に歌をつくりあげるプロセスとしての饗宴とともに、座をつくることに熱中したのです。

連歌は個人の発想だけでは成り立ちません。だから、発句（ひとつのきっかけになる発想ですね）がよいものでなければ、その連歌全体がよくならない。ひとつひとつの句は個人のものであっても、その付句は他人のそれによって影響されて形づくられ、またそれが他人に影響して進行していきます。一座の呼吸と協和によって百句は一篇の詩歌になれるということです。個人のしくじりは個人にとどまらず、座全体、連歌全体に水をさすことになります。そしてそれは当然、一座の責任ともなってくるのです。

俳諧においても同じことです。『去来抄《きょらいしょう》』の次のような話が、それです。芭蕉と去来が正《まさ》秀《ひで》亭の句筵《くえん》に招かれたとき、主（正秀）は去来に発句を求めたが、なかなか句が作られない。すると、それを見かねた芭蕉がかわって発句を出したのです。主は脇句をし、それに去来が付句をしますが、これまた芭蕉には気に入らない。その場で修正をしてしまいます。その句筵ののち、芭蕉は夜もすがら去来の不手際を叱責したというのです。

「蕉門における連衆とは、このような俳諧の座の雰囲気に同化し、堪えるよう訓練を積んだ者の謂《いい》に外ならなかったのだ」と、座の文学を唱える山本健吉さんはコメントしています。

芭蕉は自分を天才的詩人、個人の芸術家としてよりは、よき連衆を求めて俳諧の座を完成していこうとしたリーダー（文学でリーダーなどとは他の国では変に聞こえるでしょうが）としての理想を考えていたのでしょう。ですから芭蕉は「此道や行人なしに秋の暮」と孤独を嘆じながら、俳諧の生涯を終えたのです。「芭蕉に取って新しい風雅を求める心は、また新しい連衆を恋うる心でもあった」（山本健吉『俳句の世界』）のです。

5　現代社会の花道

売る人と買う人の「座」

茶の座、芸能の座をつくった人間と人間との縮みの構造が、日常の社会にあらわれたのが村の「講」や「結」、「祭り」であり、現代の企業にあらわれたのが日本の会社の独特なマネジメントです。芸能でなく、日常的な社会の集団の「座」は「組《くみ》」という他のことばで呼ばれますが、折詰め弁当型のその縮みの構造は同じものです。

生産する人と消費する人、売る人と買う人、情報を流す人とそれを受ける人、現代の社会において複雑きわまりない「主客」の関係を巧みに「お手々つないで」乗り切ってゆく日本のユニークな団結力を分析してみると、これまで話してきた「座」がでてくるのです。

欧米人は日本のデパートが独特だといいます。数千、数万回くり返されるあいさつ〝いらっしゃいませ〟の制服を着た親切な店員たち、たんにものを買う場所だけではなく、展覧会をはじめとするいろいろな催しや、待ち合わせ場所にも使われる日本のデパートの雰囲気には、売る人と買う人との間に奇妙な座がつくられているといえるのです。何よりもエレベータという狭い空間の一瞬の出会いにおいても、案内嬢は表示があるのに各階ごとにそれをくり返して座づくりを計っています。

また日本のどの店でも何かを買い、金を払うと、例外なしに「千円おあずかりしました」「一万円おあずかりしました」と手に金を受けながら、必ず確認をして復唱します。そしておつりを渡しながら「××円お返しします」というのです。ぴったりの金を払ったときには「ちょうどいただきました」です。石橋を叩いて渡るこの確認主義は一見無意味に見えますが、それで売る人と買う人の一種の座をつくっていく方法なのです。そしてときおり小さな店に「誠に勝手ながら、本日は休ませていただきます」という貼り紙がついているのを見ると、微苦笑を禁じえません。自分（主）の商売を休むのに相手（客）にお願いすることなど、世界の他のどこにも見られないことです。

日本の経済成長の奇蹟を現出した雇用者と被雇用者の企業の座、生産者と消費者の流通の座、支配・被支配の政治の座については、改めて別にのべることにしましょう。

ここではただ、座は茶室や芸能、スポーツなど虚構的な分野にのみあらわれているのではなく、実生活にもあらわれているものとして、だれもが朝な夕な眼にし、直接体験する場、

「駅」のホームをのぞいてみるだけで終えることにしましょう。

外国人が見た日本の駅

空港や駅というのは、卵の形みたいに世界共通です。機能が同じですから、形態も同じになってくるのです。しかし、日本の駅のホームでは、他の国ではめったに見られないことが、毎朝くりひろげられています。ただそれがあまりに当然なことと見過ごされてきたために、それが日本的だということすら忘れさられているにすぎません。それはホームや電車内に見受けられる無数の文字と音です。広告の話ではなく、乗客に対する案内、注意、要望事項のことです。

際限がありません。まずドアには「戸袋に手がはさまれないようにして下さい」があり、「急停車することがありますから、吊り革におつかまり下さい」とあります。これで終わるのではありません。電車の発車停車のたびに、いちいちマイクで（実際、それはよく聞こえもしませんが）アナウンスがあります。たんに駅名を告げるだけでなく、朝には「お早うございます」、夕方には「お疲れさまでした」と丁寧にあいさつをするのです。そして「電車とホームの間があいていますから、足元にご注意下さい」とか、「まもなくドアが閉まります」「発車します」、はなはだしくは「網だなにお忘れ物がないようお降り下さい」というしまつです。ドアの閉まるときや発車のときは、きちんとベルや電子音の最新式のブザーが鳴ります。それでも足りずに人の声で二重に叫ぶわけです。

ホームを見てみましょう。乗車口の表示や「あぶない……かけ込み乗車はやめましょう。階段付近は混雑しますからホームの中程にお進み下さい。駅長」とかがあり、「ここからホームが狭くなりますから注意して下さい」というのまであります。文字を読むよりは、見るほうがずっと早いのにです。盲目でないかぎり子供でもホームが狭くなっているのはわかるでしょう。

実際、「天井が低いのでスキーをお持ちの方はご注意下さい」とか、「こんどの電車は××駅を出ました」とか、「次の××駅ではドアは左側が開きます」とかに対して、人々はほとんど無関心です。聞きも、見もしません。そういったものに耳をそばだてたり、眼をやったりするのは、われわれのような「外人」で、それも日本語のわかる外国人だけであって、はじめて日本を訪れた人には「絵にかいたモチ」にすぎません。では、それはいったいだれのために鳴らす鐘の音なのでしょうか。

そうです。ただ乗る人と乗せる人の「座」をつくらなければ「気が済まない」からなのです。パリであれロンドンであれニューヨークであれ、どこであろうと、電車はひとりで走り、乗客はひとりで乗ったり降りたりします。みんな自分が勝手を知ってやるのです。ところが、東京の駅のホームだけは幼稚園の運動場のようであり、そして乗客をさばく駅員たちは、その先生みたいにかゆいところまで手の届く親切ぶりです。つまり、東京の駅のホームには電車と乗客の間に「座」があるのです。それが必要であれ、必要でないにせよ！

ホームの押し屋

ところで、寄合＝触れ合い文化がネガティブな座になったのが、通り魔や切り魔であるように、このホームの「座」がいささか行き過ぎて他の国の人々にはどうも不思議でしかたないものが登場します。あの有名な「ホームの押し屋」が、それです。日本をよく知る知日派の欧米人も、この押し屋についてだけはとうてい合点がいかないようです。日本のクモの巣のような鉄道網は世界の人々を驚かせますが、その先進技術やすぐれた設計からなる駅のホームのラッシュアワー時には、駅員やアルバイトたちが客を押し込んだり、剝ぎ取ったりする珍風景がくりひろげられているのです。ありうるでしょうね、自然発生的には。しかし、問題は乗客を車内に押し込む人々は、その仕事のために専門的に雇われているという点です。ソウルの交通難は東京以上ですが、そしてときには急造の「押し屋」が乗客を押したりもしますけれども、それは公然と制度化されたものではありません。

なるほど、あれがオイルショックだなと感嘆した西欧人もいます。必死の省エネと考えたのです。しかし、押し屋第一号はオイルショックとは全然関係がない「カルチャーショック」です。なんとホームの押し屋第一号は、「昭和30年9月29日、国鉄では十河《そごう》総裁が記者会見をして、東京の国電が朝夕に行っていた見切り発車をやめ、都内54駅にアルバイト学生三百人を配置し、乗客の整理にあたらせる計画を述べ」たことからはじまったのです。「こうしてこの年10月24日、まず東京の新宿駅ホームにアルバイト学生の登場、いわゆる押し屋第一号」が誕生したのです（相沢正夫著『ニッポン第1号記録100年史』）。

見切り発車とは、電車のドアが閉まると同時にドアの外側上部にある赤ランプが全部消えなくても発車させてしまうことですから、冷静で事務的な西欧式の発車方式なのです。座を重んじる日本人は、こんなことはできないと思い、乗客を車内に詰め込む作業にとりかかったのです。

寄合文化は狭い茶室に客を詰め込むのが楽しいことになっています。それがまた座をつくることの原型です。その触れ合いはいいことだ、だから車内に人を「詰め込む」ことは、西欧人みたいに、そうびっくりすることではありません。鉄道規則には「強いて定員を超過してはいけない」というのがありますが、座の法則がそれより強かったのです。笑わないでください。しばしば押し屋は、乗客をどうしても車内に詰め込めない場合は、「剝ぎ取り屋」にもかわるのですから。

「この押し屋アルバイト学生のなかに、ホームで毎日会うＯＬを押したりはいだりしているうちに、めでたく結婚生活に見切り発車した人がいる」（『新宿駅80年のあゆみ』）という話がありますが、これも寄合文化、座の文化から生まれたものといっていいでしょう。

6 「物」と取合《とりあわ》せ文化

数寄《すき》——物への愛

銀座に数寄屋橋《すきやばし》公園というのがあります。日本人にはいまでもその「数寄」が茶の湯を意味するものだということはよく知られていますが、同じ漢字圏の韓国人や中国人には、じつになじみのないことばにみえます。韓国や中国の辞典には、数寄ということばはありません。まさにその点が、日本の茶の湯が日本独特のものになったことを意味しているのです。「数寄」って何？　韓国人にこういうクイズを出したら、いろいろな解答が出てくるでしょうが、漢字そのままでは数が寄ることですから、物を収集するとか、あるいはセットになった物を連想するかもしれません。いかにも数寄とは、「好き」という日本語を漢字の音であてたあて字です。その意味とは関係がないようにみえますが、日本の茶の湯は人の寄合ばかりでなく、茶道具の数を寄せ集める（茶用語ではそれを取合せといいます）文化もつくったのです。ですから、茶の湯には日本人の人と人との関係とともに、人と物（道具）との関係も読み取ることができるのです。

数寄ということばは狭義には「物」のスキをあらわすもので、茶の湯のなかでも茶を飲むことより茶道具を意味するものとして多く使われたようです。たとえば、書院茶が確立したころに書かれた歌人、清巌正徹《せいがんしょうてつ》の『正徹物語』をみると、「先《ま》づ茶の数寄と云ふ者は、茶の具足をきれいにして、建盞《けんさん》・天目《てんもく》・茶釜・水差《みずさし》などの色々の茶の具足を、心の及ぶ程たしなみ持ちたる人は、『茶数寄』也」とあり、歌の数寄としては硯、文台、短冊《たんざく》、懐紙をあげています。

これをゴルフに喩えていえば、「ゴルフの数寄という者は、ゴルフのセットをきれいにして、ケネススミスのクラブ、ウィルソンのパター、フットジョイのゴルフ靴、パリスのシャツ、色々のゴルフ・セットを心の及ぶ程たしなみ持ちたる人は『ゴルフ数寄』也」ということになりましょう。『紅毛日本談義』を書いたジョージ・ランバートさんの意見では、どうもジャパニーズ・スタイル・ゴルフというのがあのゴルフ数寄らしいのです。「ほんとうに自分のゴルフ水準に似つかわしくない豪華なゴルフ道具を持っている人は〝気どり屋〟と見られるし、“rich dubbers”（富める鈍物）と呼ばれる危険性がある。ゴルフ用具の品質はそんなに重要でもないし、ゴルフ用の服がなくてもうまくやれる」。しかし、日本のゴルフではそうはいかないというのです。米国では楽しみでやる人のなかに、特別に道具を持っていないことを自慢する人もいるという話です。変な話をして本題からややはずれましたが、ランバートさんのようにみれば、茶数寄の伝統は現代でも生きているのです。

結局、茶を飲むことより、それを飲む道具が茶の湯の代名詞になったということは、村井康彦さんのいうように「茶の湯が『物』を離れて存在しえなかったことにある」ということであり、さらに数寄とは広くは物に心を寄せ、それをひとつの具足にまとめて触れる日本人の志向をあらわしたことばだ、と解くことができるでしょう。茶が日本に入ってきて他のどの国にも見られない独特な茶道をつくりだしたのは、このような物（道具）に対する好奇心と愛着心、そしてそれを揃えるという収集癖のためであったといっても過言ではないでしょう。

「数寄ト云ハ数ヲ寄スルナレバ、茶ノ湯ニハ物数ヲ集ムル也」と直截に定義した十六世紀の茶書『分類草人木』では、あらゆる芸のなかで茶の湯ほど道具を数多く集めるものもないといっています。

茶の歴史も、精神も、茶の道具できめられるのです。グッチのバッグ、ローデンストックのメガネ、デュポンのライター、ダンヒルのパイプという銘柄好みの伝統はむかしからのもので、南北朝時代の闘茶の会では、すでに中国から渡来した唐物茶器を用いるのが原則となっていたのです。

こういうと、すぐに反駁する人がいるでしょう。「それみなさい。唐物を使ったのをみれば、中国にも茶具類が沢山あったし、それを中心に……」。いや、ちょっと待ってください。そのなかには、もともと茶器として使われたのでなく、中国の香油入れや薬味入れなどの雑器を、日本で茶室に取り入れたものが多かったのです。茶数寄は茶器ばかりではなかったのです。茶室に掛けておいた掛軸なども、茶会には必ず含まれていたということを忘れてはなりません。

物で考える

感性が理念にとってかわったと、先にいいましたね。これまでわれわれが使ってきたその用語を使えば、抽象的な茫漠とした拡がりの志向より、手でさわれ、身肌で直接触れることのできる具象的世界に対する握りめし型の縮みの志向の強い日本人に、非言語的コミュニケーション、つまり「物」で考える習慣があるのは当然のことというべきでしょう。

ですから、日本のルソーは「自然に帰れ！」という観念の文字を通じてでなく、茶を飲む「茶器」の改革を通じて新しい精神を宣布するのです。

いわずとも、ご存知でしょう。茶器は唐物でなければならないという固定観念――華美、豪奢、金ピカの趣を破って、備前《びぜん》や信楽《しがらき》などの国焼きを茶室に取り入れたあの美学の革命が、日本茶史の新世紀を切り拓いた珠光のわび茶にほかなりません。

しかし、わび茶もまた「物」を否定するものではありません。ただその「物」の趣向が違うのです。中国の薬味入れを茶器にとったように、わび茶では農家の塩入れの器とか漁師の魚籠《びく》とかが茶室に取り入れられたのです。むしろそのために、茶の精神をその物（道具）によっていっそう強調し、より広い所に拡げていったとみることができるのです。

ですから、珠光以後、紹鷗や利休によって茶の道具に新風が巻き起こされ、「藁屋に名馬つなぎたるがよし」のことばのように、名器を集める茶数寄の道具愛の流行はなおのこと高まって、土で焼いたこわれた器ひとつが一国一城に匹敵するという、日本以外の国ではとうてい想像すらできぬことがくりひろげられていったのです。

茶碗ならずんば死を

愛する名器の井戸《いど》茶碗「喜左衛門《きざえもん》」を手放したくないあまり、ついにこれを首にかけて野たれ死んだと伝えられる数寄者、塘氏《とうし》の話（自由ならずんば死を！　という独立戦争当時の米国のことばを桃山時代にもってくれば、茶碗ならずんば死を！　だったでしょうね）とか、足利義政より信長へ、さらに家康の手に入って一ヵ月もたたずに秀吉へ、そしてまた家康の手に……という唐物茶入「初花」の権力流転史……いくらエピソードを縮めるのに長《た》けた日本の文筆家にしても、茶器にまつわる逸話の数々を数行で伝えるのはよくするところではありません。

ましてや韓国人である私が、茶会の話題として楽しまれてきたさまざまな名器の歴史と茶匠との話を、どうして伝えられましょうか。そう、私は韓国人ですから、韓国と関連のある話をすることで、日本の茶文化がいかに「物」と深いかかわりを持っていたかを見てみましょう。

日本人の茶数寄は韓国人には大変な不幸をもたらしたものでした。それは豊臣秀吉が朝鮮を攻略した文禄・慶長の役を一名、陶磁器戦争と呼んでいるのをみればわかります。わび茶の美学となった「ひゑかれる」「ひへやせる」という連歌のことばが、手で直接触れることのできる「物」として形づくられたのが、朝鮮の陶磁器だったのです。形態は欠け落ち、その色や肌は野暮《やぼ》ったくて素朴です。韓国では田舎の農夫らがメシや汁を盛った器が、わび茶を学んだ大名らには、一国一城と換える貴重な宝物であったために、朝鮮に侵入した彼らには、この器と陶工を略奪してくる目的がもっとも大きな比重を占めていたのです。

秀吉がいちばん大切にした茶碗は朝鮮磁器、「筒井筒《つついづつ》」でした。おそらくその茶碗ほどに朝鮮人を考えたなら、絶対に彼はあのような侵略はしなかったでしょうね。ところで、この茶碗はある日、小姓が粗相《そそう》をして取り落とし、こわれてしまいます。小姓の首がいまにも落ちようとするとき、細川幽斎《ほそかわゆうさい》の機智によって秀吉の機嫌がなおり、かろうじて助かったという逸話（『寛政重 修諸家譜《かんせいちょうしゅうしょかふ》』）とともに、その名器はつなぎ合わされた割れ疵《きず》をそのまま残して、現在まで伝わっています。器がこわれれば、天下の名作という評判もなくなるのが常識ですが、秀吉のその茶碗は利休にまかされて、さらに修理されたというのです。そのほうがわびの美学をもっと満足させたかもしれないので、秀吉はひそかに喜んだとか、また、わざとこわしてそれを名器につくりあげる芝居だったかもしれないという説もあります。

そうしてみますと、利休の弟子、古田織部はきちんとした茶碗をわざとこわして、こわれたものを再び金と漆でつなぎ合わせたといいます。今様にいえば、一種のハプニング・アートのようなものですね。こわれていない茶碗では味わえない、そのつなぎ合わせた疵と色合いの粋を楽しもうとしたのです。

実感信仰という宗教

のんびり雑談をしようというのではありません。これらの話は、物に対する日本人のこの奇妙な愛着心が何か、を知るためのものです。日本人の「物」への対し方には、たんなる使用価値の側面からだけでは説明がつかない点があります。

茶道具のうち竹を削ってつくった茶杓《ちゃしゃく》を見ると、「物」に対する日本人の心とそうした態度がよくあらわれています。見た目には、ただの竹の切れはしです。むかしは象牙からできていましたが、紹鷗のころ、竹を削ってつくるようになってから、日本ではごくありふれたものになり、その長さも普通の物さしぐらいで、なんの変哲もない小さな道具です。抹茶をすくう一種のサジですから、形態も竹を削っただけの、装飾もデザインも加えないものです。それなのに茶杓に銘が書かれ、それを削った茶人の品格と精神を込めたものとして貴重とされています。

「玉アラレ」という銘の茶杓は、古田織部が戦《いくさ》のまっ最中に竹盾《たけだて》のなかにひどく気に入った竹を発見し、銘そのままに「玉アラレ」のその場で茶杓を削りはじめ、弾丸に当たって負傷したという逸話の伝わるものです。利休が切腹のおり、死ぬ前まで茶杓を削りつづけて、それを遺品に残したという信じられない伝説は、人と物とを一体化させようとする考え方を、われわれに伝えてくれるものだといえます。

まるで三種の神器のように、物を神社の御神体とたてまつるのと同じく、茶室は茶器を御神体とする神社なのです。茶会で、寄合が第一の要素とすれば、その次が茶道具の類を取り揃えて扱う「取合せ」なのです。「人」を中心に見れば、茶室文化はすでに見てきたように「寄合文化」であり、「物」を中心において見れば、「取合せ文化」といえるのです。

亭主は神官のように尺割の寸法とか流儀にしたがって、鄭重に道具を飾り合わせたり、茶器を扱わなければなりません。また客は参拝客のように、茶器に敬意を表します。客は茶室に入っていけば、何よりも床の間の前に行き、掛物、花、次に風炉釜、水指などを見てから、定められた座につくのです。茶を飲むということも、ほかならぬ茶碗を鑑賞することであり、また茶会が終わり、亭主が茶杓を蓋置《ふたおき》に引き、水指の蓋を閉じたとき、そのタイミングを見はからい、上客は必ず「お棗《なつめ》とお茶杓を拝見したい」といって道具拝見を申し込むのが、茶の作法なのです。つまり、茶会とは物の拝見からはじまり、物の拝見で終わるといっていいでしょう。

人を集めるように物（茶道具）を集め、それを取り扱う「取合せ文化」も、茶道が縮みの志向性を持っていることの証です。「取合せ」ということばそのものが、数寄ということばの意味からしてが、そうです。

茶数寄に見るように、日本人が茶を飲むということを観念につくりあげずに、直接に飲む道具、具体的な物に心を寄せたのは、いわゆる紋章型の縮み志向の文化にもっともよくあわれている実感信仰の結果なのです。「理念と抽象の世界」に対する「感性と具象的な物の世界」は、「拡がりの志向」対「縮みの志向」を意味するものです。炭酸ガスを圧縮すれば、固体の形のある物になるように、縮みの志向性が強い日本人は、抽象的なものが、眼に見える物にかわってあらわれたときにはじめて、それに好奇心とすごい情熱を持つ傾向が強いのです。

日本人は倹素で節約心に富んだ国民との定評があり、「一汁一菜」にもあらわれているように、食べるものもひじょうに少ない。しかし、「物」に対しては例外です。すでに前にも話しましたが、ゴルフというスポーツは日本人にとって、プレイという「観念」ではなく、それを打つための可視的に感覚できる道具になってこそ、実感することができ、全体的にまとまったイメージを持つことができるのです。だから、日本人は米国人とは違い、ハンディ三〇のビギナーでも、まず物（道具）が揃っていなければだめなのです。それこそ「物足りない」ものです。

むかしの侍における刀と同じように、太平洋戦争中の日本の軍隊における菊の紋章のついた銃を考えてみましょう。それは戦いのたんなる手段である道具ではなく、天皇への忠誠心、軍人精神、戦争などのあらゆる観念が具体的な事物と化したものです。日本の軍人の力は、戦争道具（小銃）に対する愛からはじまったといってもいい過ぎではないでしょう。愛機とともに敵の戦艦に体当たりした神風特攻隊も、別に驚くことではありません。日本の軍隊の神話となっていた銃器の手入れとその取り扱い方は、効果的な機能発揮のためのものではありません。兵隊と銃器との関係は茶人と茶器のそれと同じだからです。

ソクラテスに悠々と毒杯を傾けさせたものが彼の「イデア」であったとすれば、切腹を前にした利休に最後まで茶杓を削らせたそれは、わび「物」だったのです。

三種の神器とオッチョコチョイ

日本人が西欧文明にいち早く適応して近代化に強さを示したのは、彼らに舶来の道具に対する強力な好奇心があったからこそだ、ともいえるのです。観念的な面で西欧とはキリスト教であり、「物」としてみれば、何かをつくる技術です。日本人は維新以来、タコの吸盤のように西欧文化にくっついて、驚くべき力でそれを吸い取りましたが、キリスト教はついに日本では宗教的な大勢力を築くことができなかったことを考えてごらんなさい。それと反対に韓国はその「物」の技術としてよりは、キリスト教によって西欧の影響を大きく受けるのです。

茶数寄の道具愛は、日本人の観光旅行にもよくうかがえます。彼らは訪れる国の歴史や風習に対しては、これといった関心は持っていないようです。その国の人々が何を考え、どう生きていくかの抽象的な問いよりも、彼らは買物をするのです。物が欲しくてというよりは、その国で買物をすることによって、そのイメージ、その風俗を買うのです。日本人にとってお土産を買うということは、その地方、その国を学んで理解する方法なのです。お土産を買って親しい人に分け与えることは、とりも直さず、旅してきた見知らぬ国を伝える彼らの旅行談のかわりをしてくれることです。

時代が変わる、新しい時代に生きる――これもまた抽象的にはわからないし、つかまえることもできない。だから、最新技術でつくられた物を買ってはじめて現代性を身につけられるということで、日本人は「新発売」という殺し文句には弱いのです。

便利で面白そうなものがあらわれるとすぐにそれを買う人、つまりオッチョコチョイの日本人が統計では約四十万人いるということです。だから日本人の「二〇パーセントが下水道のない家に住んでいながらも、二〇パーセントの人々が電子オルガンを持っている」という不思議な日本に、首をかしげる欧米人が多いのです。

茶室の「取合せ文化」も「寄合文化」と同じく、驚異的な現代日本の経済成長と無関係なものではありません。「取合せ文化」を現代風にいい直せば、「セット文化」です。商品までも集団主義で、単品売りより組み合わせのセット販売が、日本ではハレルヤの合唱なのです。

「文学全集」はもとより、知識人相手の「哲学全集」や「社会科学全集」がセットになっていますから（この点は韓国でも今、学んでいって盛んですが）、他の商品はおして知るべしです。なんでも揃っていなければ、気がすまない。物足りない。そして、自分みずからが選択するより、あらかじめセットされたもののほうが気やすく買えると消費者が考えているからです。

人生においていちばん重要な選択である結婚も、ですから〝寄合〟〝取合せ〟文化でいくのです。見合いをして結婚することになる。すると嫁入り道具を買い揃えますが、それがセットになっている。昭和の三十年代半ばは洋服ダンス、整理ダンス、鏡台の三点、その後は上置きケースと和ダンスを加えて五点セットになり、その他カラーテレビ、冷蔵庫、洗濯機、掃除機、炊飯器などの婚礼道具取合せがデパートを飾っています。

だから、神武天皇以来、日本のマーケットを動かしてきたものは、あの「三種の神器」といわれるセットなのです。

日本ではよく生活水準の高さを三つの持ち物に縮めてあらわすのを好みます。茶室の長板の四つ飾り（風炉釜、水指、柄杓立、蓋置）が、戦後では電気冷蔵庫、電気洗濯機、テレビです。昭和四十年代前半は三C（カー、クーラー、カラーテレビ）であり、のちには新三Cとなって、電子料理器（クッカー）、別荘（コテッジ）など、いろいろな三種の神器の組み合わせとなります。それはまた細分されて、紳士の三種の神器が「英国製の背広、スイスの時計、フランスのライター」であったり、「フランスパン、ブランデー、レギュラーコーヒー」が「中流の上」の気分を味わうものになったり……日本の生活をはかる物さしは、この際限のない三種の神器の組み合わせなのです。

鏡、剣、曲玉の三種の神器が、香炉・燭台・花瓶の三具足となり、また茶入・掛物・茶碗の茶室三品が現在は三Cの電化製品に変わっていても、なにか「物」を三点程度に縮めて抽象的な生活や文化を物にまとめて考えようとする「紋章型」の取合せ文化は、万世一系なのです。だから欧米人の眼からみれば、「買う買う買いまくる。貯金をし、また買う日本の消費者のような人間は世界にいない」ということになるのです。カラーテレビ普及率九八・二パーセントでも日本の市場はびくともしない。こんどは音声多重の新テレビの新発売がありますから。各企業は「面白くて珍しい」商品をどんどんつくりだす。すると、毎日毎日、新聞・テレビの広告がその新発売のロケットに火をつけて打ち上げる。そして一億総アイディア商品の数寄者となるのです。

みずから経済大国と名のる日本の奇蹟は、おそらく物数寄な日本の消費者と、三種の神器を揃えなければ気のすまない、あの日本人の「縮みの志向」のおかげでしょう。

第五章　現代にあらわれた「縮み」の文化

1　和魂のトランジスタ

竜馬は忙しい

日本人が幕末・明治の時代精神を語るとき、よく口の端《は》にのぼせる坂本竜馬の次のようなエピソードがあります。

土佐勤王党《とさきんのうとう》の一員であった檜垣直治はすぐれた剣の使い手として知られていたのですが、当時若者の間で流行していた長刀をさして誇らしげに濶歩《かつぽ》していました。ところが、それを見た竜馬は、「これからは室内での乱闘が多くなるから、長刀より短刀のほうが役に立つ」といって、自分のさしている短刀を見せたのです。もっともだと檜垣は早速、短刀に取り替えて竜馬に会いました。すると竜馬は何ともいわずにいきなり懐《ふところ》から短銃《ピストル》を取り出してドカンとぶっぱなしました。さらに数ヵ月たったある日、竜馬に出会い、ピストルを見せると、彼は微笑みつつ、こんどは懐から小さい一冊の本を取り出して「それももう古くなった。いまからこの世を支配するのは、これじゃ」と見せたのです。それは『万国公法』、つまり国際法の書物だったのです。

新しい時代に向かって支配の力が移り変わる幕末の精神的気流を巧みに織り込んだこのエピソード自体が、すでに日本人の「縮み」の業《わざ》をよくあらわしています。でも、注意してみれば、竜馬が差し出したものが大きなものからだんだん小さなものに縮まっていったのに気づくでしょう。長刀から短刀、短刀から短銃、短銃からもっと軽い一冊の本に……。

ところで、かりに幕末でなく戦後の日本に竜馬がいたとしたら、このエピソードの続きはどうなるでしょう。『万国公法』の本を携えて訪れた同志に、はたして何を見せたか、気になるところです。さすがの竜馬も原子爆弾を取り出しはしなかったでしょう。そう、たぶん懐をさぐるでしょう。そうして「もうそんなものはいらない。これからの世はこれでいくんだ」といって、シガレットケースのような小物を見せるでしょう。それは「トランジスタ・ラジオ」です。

トランジスタの逆転ホームラン

昭和三十年の夏、甲子園の高校野球の実況中継が電波の熱風にのって全国に伝えられているとき、日本の野球ファンは神武以来はじめて、ひとり道を歩きながらその放送を聞いたのです。しかし、大部分の人々はゲームの一球一打に気を取られて、このトランジスタ・ラジオのちょっとした変化が何を意味するか、よくわからなかったことでしょう。野球場以外での逆転ホームランが飛び出したのを……。

その年の八月、ソニーの前身であった東京通信工業からトランジスタ・ラジオTR・55が新発売されて、たちまちメイド・イン・ジャパンが国際市場を占領する大ヒット商品第一号となったのです。そして「小猿の国」「カミカゼの国」から「トランジスタの国」へと日本のイメージが変わっていくのです。かつてヒットラーは同盟関係を結んでいながら、私席ではためらうことなく日本人を「漆《うるし》を塗った黄色い小猿ども」と呼びましたが、それが戦後のド・ゴール大統領になると、池田勇人首相をそう呼んだごとく「トランジスタ商人」となるのです。トランジスタはもはや商品の名前ではなく、日本の経済、科学技術、社会そのものを象徴するキャッチ・ワードとなったのです。

しかし、トランジスタはなにも日本の発明品ではありません。よく知られているようにそれは米国の発明で、日本最初の携帯用トランジスタの生産はウェスタン・エレクトリック社との協定によったものです。それなのになぜ、よきにつけ悪しきにつけ、トランジスタが日本の代名詞となったのでしょうか。

そうです。まさにその理由をつきとめることが、戦後の廃墟から世界最大最高の成長産業となった日本のエレクトロニクスと、ここまできた経済大国の秘密を解く鍵になるのです。トランジスタ文化が平安時代にすでにあったという扇商品の話をご記憶のことでしょう。

団扇《うちわ》を折り畳んで扇子をつくったごとく、大きなラジオを縮めて手ごろ手軽なものにするあのトランジスタ文化の発想は、もっとも日本人にふさわしいものだったからです。

ですから、トランジスタをまたたく間に大衆的な商品として開発、成長させ、民生用エレクトロニクスの大きな市場をつくりあげたのは、米国ではなく、ソニーをはじめとする日本の企業だったのです。船も入れ子にして持ち運ぶ日本人、大きな巨木を縮めて掌にのせて鑑賞する日本人、幕内弁当を食べながら歌舞伎を見物する日本人――この縮み文化の伝統があったからこそ、トランジスタの種は日本で青々と繁ったのです。米国で発明されたトランジスタは日本によってもっと縮められ、ソニーは早くも昭和三十二年三月に世界最小のポケット型ラジオTR・63を発売したのです。

小さい手とラジオ・ブーム

ここで忘れてならないのは、トランジスタ・ラジオが生産される前に、すでにその基礎となったラジオ製造ブームです。大戦が終わったとき、日本に残ったのは灰燼《かいじん》と七百万人の復員兵だけでした。工場は破壊され、原料も食糧も動力も、何もかもが欠乏していたあの時代に、まがりなりにも何かを作りはじめたのが、ラジオだったのです。英国のバーリ・フォクス記者は、「まともなラジオを持っている人も少ない状態だったが、人々はみな最新のニュースを聴きたがった。日本人の小さな手と指は、こまかいハンダ付けの仕事にぴったりだし、電気回路を作るには大量の原材料も必要としないので、企業家達が始めたラジオの製造は、間もなくブームとなった」(「ニュー・サイエンティスト」一九八〇年十一月二十日号)と分析しています。

ハンダ付けをする小さな手と指、こまかい電気回路、少量の原材料……なんの注釈もなしに、戦後日本の経済復興の一番バッターはほかならぬ一寸法師の縮み文化であったのがわかるでしょう。ニュースを聞こうとする情報に対する敏感さ、ラジオを作る緻密な手作業、ひとつ所にワッとみなが集中するあのブームを起こしやすい気質……この「縮み志向」が固唾《かたず》をのみながら、トランジスタの出現を待っていたのです。あのソニーにしても、最初はそのラジオの修理がおもな仕事だったのです。

世界の人々は日本の経済が海外市場の輸出にのみ依存しているといいますが、それは大きな誤解です。何かの新開発の商品が出たとき、まずそれを買うのは日本の物好きな消費者たちです。国内に新製品をさばく優秀な市場を持っているからこそ、企業は安心して投資と生産をくり返していくことができるのです。世界の市場に飛び出す前に、それを買い上げてブームを起こしたのは、小さきものへの愛好者である日本の消費者にほかならないのです。より小さい箱により多くのものを詰めることを、そしてそれを手軽に持ち運ぶことを理想とする折詰め弁当文化が、現代になってはトランジスタ文化を生んだのです。

どんな場所でも食べることのできる弁当主義の胃袋を持った日本人は、同時にどこででも聞くことのできるトランジスタ主義の耳を持った日本人になったわけです。

和魂とは何か

そうです。トランジスタ文化の輝ける旗手、ソニーの戦略というのが、まぎれもない「縮み文化」であったのです。世界中の人が時の首相の名は知らなくても、ソニーの名は知っているという、あのブランド名にしても、Sonny から「n」をひとつ取ったものです。もちろんソニーとは小さいものの意味で、子供をよぶ可愛い呼び名です。拡がりのイメージをもった米国のジェネラル・エレクトリックのそれと、「雛《ひひな》の調度。蓮《はちす》の浮葉のいとちひさきを、池よりとりあげたる。葵のいとちひさき。なにもなにも、ちひさきものはみなうつくし」の『枕草子』の一節を横文字に書いたようなソニーのそれとは、なんと対照的なネーミングでしょうか。

名前のイメージだけではありません。「小型化して、高性能化すると同時に必ず新しい面白さと便利さをもつくりだす――これが、ソニー・スピリットです」。このソニーの広告文を見てもすぐわかるように、〝ソニー・スピリット〟とはなんでも小さく「縮めていく」ものです。いや、それがジャパニーズ・スピリットだということを承知していたらしいのです。和魂漢才とか和魂洋才とかいっていますが、いったい和魂とは何か、と問われたとき、うまく答えられる人はそう多くはないでしょう。しかし、ソニーはそのアイディアでもって、その商品でもって世界中に語りかけたのです。和魂とは「縮みの精神」であると。

これまでのソニーの歴史を考えてごらんなさい。ソニーの日本初の商品第一号はトランジスタではなく、テープレコーダーでした。盛田昭夫会長がドイツで開発された磁気テープレコーダーの情報を聞いて、昭和二十五年一月、極東最初の磁気テープを手でコーティングして作りあげましたが、重さが四十五キロ余りもある大型で、値段も当時のお金で十六万円……。もちろんあまり売れない。だから家庭にではなく小学校に売り込むのです。

しかし、ソニーはこの「洋才」に「和魂」を盛り込んだのです。すなわち技術陣を熱海のホテルに缶詰めにして「小型化」と「値段を下げる」縮みの研究をさせたのです。そしてついにスーツケースのように持ち運べるものとなり、値段も半分となって、テープレコーダーの新しい地平が開かれるのです。

日本が戦後民生用家電製品分野で、先端走者の欧米を追い抜き、世界の市場をしっかり手に握ったのは、まさにこのミニチュアライズの「縮み志向」とその技術のおかげといっても、いい過ぎではないでしょう。ドイツ人はいちはやくテープレコーダーを発明しながらも、それを小型化し茶の間に送り込むことができなかったので、日本の挑戦に破れ、市場を奪われてしまったのです。手ごろ手軽に作り、そして豆盆栽のように掌の上にのせる「縮み」の戦略は、ホーム・ビデオ産業でも、例外ではありませんでした。ＶＴＲの生みの親も日本ではなかったのです。もともとＶＴＲは広大なアメリカ大陸で放送時間の時差を解消するために、その開発が要求されたものでした。いわば、「拡がり志向」の産物であったのです。そして一九五一年、米国のビングクロスビー・プロダクションをはじめ、RCA社の研究によってVTRの技術が成功し、一九五六年米国のアンペックス社によって実用化されたのです。しかし、その重量は四百三十五キログラムにも達するもので、放送局の専門分野以外には、商品としての市場性を持っていなかったのです。

しかし、「拡がり志向」から生まれたVTRが日本の「縮み志向」に乗り換えるやいなや、たちまち軽量・小型化し、ホーム・ビデオの新しい門がノックされたのです。そしてついに、一九七〇年代の後半になると、長編映画を小さな一個のカセットに詰め込むことができるソニーのBETAとビクターのVHSがあらわれ、世界市場の九割を占有する〈花形商品〉になります。

同じVTRでも、アメリカでは「大陸」の空間を征する発想から作られ、日本では四畳半の床の間に向かって開発されたのですから、そのエレクトロニクスの方向は全然違っています。

ウォークマン文化はいかに作られたか

ウォークマンを見てください。テープレコーダーがだんだん縮小化して、ついにその機能自体に革命を起こし、「ヘッドホーン・ステレオ」になったのが、ウォークマン文化の出現です。

ソニーのPRセンター部長黒木靖夫さんの話によると、ウォークマンが生まれたのは一九七八年の暮れ、「テープレコーダーの事業部の若いエンジニアが遊び心で手作りしたのがそもそもの発端である」ということです。いったい、この若いエンジニアの遊び心とは何でしょうか。それは、くどくどいわなくても、顔と手足を取って〈姉さま人形〉を作った、あの日本人の「縮み志向」の心だったのです。そのエンジニアは、プレスマン（テープレコーダー）からスピーカーを取り去り、ステレオのサーキットを組み込み、再生ヘッドをステレオにし、イヤホーン・ジャックを改造して、ステレオのヘッドホーンを差し込んだのです。

いわば、レコーディングの機能を省き、再生のほうを強調したとたん、テープレコーダーは携帯用ステレオ・コンポに縮小されたのです。井深大《いぶかまさる》名誉会長も盛田会長も、みな強烈なヘッドホーン論者で、それを見た瞬間、すぐに商品になると断定したといわれています。

「近年の高級オーディオは百W×百W以上の大出力で再生するが、人間の鼓膜に達するエネルギーはその一万分の一もないではないか、そのほとんどのエネルギーは壁と天井と床が吸収してしまう」――盛田会長の〈ヘッドホーン礼讃〉を聞いてみますと、単純な省エネ以上の響きが込められているのを感じます。そうです。「引き寄せ」の文化――遠く離れた自然を手元に引き寄せ、坪庭を作り、肌でさわる、「縮み志向」がビジネスの社会にあらわれると、その直前まで予想もつかなかった、新しい千億円のマーケットが開かれるのです。そして、いまやウォークマンは年間三百万台も販売され、フランスの辞典にまで記載され、世界市民権を勝ち得ています。しかし、その誕生のときは小さい小さい世界でした。

スピーカーを省き、ハイファイ音をヘッドホーンで直接鼓膜に引き寄せ、触れ合うウォークマンの感覚——それは、御膳を弁当に変え、巨木を盆栽に変え、神をお守りにした、「縮み志向」の現代的変身でなくて何でしょうか?

それと同じく、ソニーはホーム・ビデオをまた縮めました。そしてビデオとはその次元が違う商品を開発しましたが、それがあのフィルムのいらない世界最初の磁気テープカメラ、すなわち「マビカ」(magnetic video camera)です。

なにもソニーのテープレコーダーとビデオに限った話ではありません。軽薄短小の縮みパターンが他の家電企業のすべてで行われ、くり返されて、東京の秋葉原は世界にも珍しい「電気祭り」のメッカとなったのです。

石庭と電卓

昼寝を貪《むさぼ》っていた米国や欧州の企業は、いまや日本についていろいろな分析や研究を行っていますが、それ自体がまことに西欧的です。それには日本の「縮み志向」の文化的伝統からはじめなければならないでしょう。かりにフィリップス社とかGEとかに、日本のエレクトロニクスの秘密を知りたければ「竜安寺に行って石庭を見なさい」といったら、彼らは怒ることでしょう。でも、それは冗談ではけっしてありません。

世界ではじめて電卓を作ったシャープの広告文を見てごらんなさい。「昭和38年シャープがお届けした電卓の世界第一号は『コンピュータ』を個人のものにできたらという夢にお応えしたものです」。この短いコマーシャル・メッセージのなかには、日本人の夢が何であるかがよくあらわれています。コンピュータを作ったのは米国人の夢ですが、それを縮めて個人のものとして家のなかに引っ張ってくるという電卓を作ったのは日本人の夢であったのです。

アメリカの夢を未知から新しいものを作り出す「発明」(invention)といえば、日本の夢はすでにある既知のものを手ごろなものに「開発」(innovation)することです。巨大なコンピュータからその一部の演算機能だけを取って、簡素化・小型化し、個人の部屋に引き寄せる発想はたしか日本人のものでした。はじめは二十四キログラムだった電卓は縮みに縮まり、いまはキャッシュ・カードくらいのものにまでなりました。

それもそのはずで、その同じ夢が室町時代などでは、世界で類例のない「石庭」を作りましたから……。一説では竜安寺の石庭を作ったともいわれる鉄船宗熙のことばは先にも紹介しましたが、「三万里程の大自然を尺寸に縮め」たのが、石庭の美学というものです。自然の一部を取り、石と砂だけを残して大宇宙を縮め、個人のものとして家のなかに入れた日本の庭を、もう一度思い起こしてください。

西洋の庭は公園のように大きい。自然とはまた違った人工的な新しい自然をつくる。単純にいえば、いまひとつの自然を「発明」するものです。けれども、日本の庭は新しい自然というよりは、それを個人の家に引き寄せて生活の狭い空間のなかに入れ込めたものです。大きなものを小さくして引き寄せるこの夢が、家電製品の消費者のニーズなのです。だから、エレクトロニクスの技術は、まず握りめしのように手で握れるくらいにしなければなりません。そうです。世界初登場のハイブリッドIC組み込みの「セイコー・クオーツ35SQ」が象徴しているように……。

テレビのCMを見ていると、そこは「軽くなれ！　薄くなれ！　短くなれ！　小さくなれ！」の呪文でいっぱいに埋まっています。

触ってみれば、わかる

電卓を作った日本の夢は、またパソコン（マイコン）・ブームを招いてきたのです。エレクトロニクスの縮小の技術の心臓は、より小さく詰め込まれた回路です。

現代の竜馬は忙しくなったのです。相手がトランジスタを持ってきたら、すぐもっと小さい「IC」を出さなければならない。ICを持ってきたら、「LSI」を、LSIができたら、こんどは五ミリ角のシリコン板の上に、トランジスタ十万ないし百万個がのっている「超LSI」を見せなければならないのです。「それでは古い。いまからはこれだ」と。

シリコン生産の中心地、九州は「シリコン・アイランド」に変わり、遠からず日本列島は「シリコン列島」になると、その行く道が占われているのです。

新聞の記事や広告はもとより、週刊誌にもヌード写真と並んでパソコン記事が詰まっています。テレビではパソコン講義が放映され、本屋の店頭にはパソコン入門書が並べられ、街ではパソコン教室がこの世の春を謳歌しています。まるで盆栽を趣味としている人が多いように、パソコンをレジャーとしている日本人の数は九十一万人と推算されています（昭和五十四年統計）。いけ花とパソコン、茶の湯とパソコン、坪庭とパソコン、一見なんの関係もないように見えますが、それは同じ縮み文化の根から咲いた色違いの花であるだけです。「触ってみれば、わかる」というコンピュータの広告文は、すでに坪庭といけ花と茶室文化をあらわすときに使ったレトリックと同一なのです。

超ＬＳＩというこの小さな巨人は、現代の一寸法師です。そしてパソコン、オフコンはまさに打出《うちで》の小槌《こづち》となっていくのです。折詰め弁当式の発想でこの「小さな巨人」たちを他の機械と組み合わせ、メカトロニクス（この用語自体がウェブスターの辞典にはない日本人の造語です）で、新しい製品を開発しはじめたのです。資源といえば「ミカンと温泉」だけといわれる国、食糧の五五パーセントとエネルギーの八九パーセントを輸入に依存する小さな島国、だから付加価値の高い産業を発展させて輸入品に対する支払いをしなければならないと考えている日本人にとって、シリコン（超ＬＳＩ）時代の一寸法師にかける期待には大きなものがあります。日本の縮み文化は、省エネ、省スペース、省資源という現代の要求とうまく手をくんで、いまや真っ盛りの最中なのです。

このように、日本の現代技術が主として縮み文化と深く関連しているということは、戦後日本の技術ベスト・テンを選んだ（「無限大」54号）、牧野昇さんの評を聞いてみても、よくわかります。

日本の技術開発に大型プロジェクトが少ないことは確かであろう。宇宙開発、ジャンボ航空機、高速増殖炉などにおける弱さは否定できない……。小さな創造性を数多く積み重ねていく日本方式が大物一発の欧米方式と比べて劣っているとか恥だとする考え方はとるべきではないだろう。

トウモロコシと農林10号

工業生産品ばかりでなく、驚くことには農産物までも「縮み志向」があらわれているということを、早大の筑波《つくば》常治《ひさはる》教授が証言しています。世界の三大主要作物といわれるトウモロコシがなぜ日本の農業史では重要な地位を占めないのかについて、筑波教授はいくつかの理由のうちのひとつは、その植物自体が大きいためだといっています。「大きい作物はどうも人気がない。日本の農業の基本には、小型の作物を文字どおり手塩にかけて育てる集約農法によって、土地あたりの収量をふやそうとする姿勢がつらぬかれてきた。品種改良も大筋として小型化の方向をめざした。そして日本の農作業では、作物を抱きかかえる仕種がひじょうに多かった。作物をペットとしてかわいがる農業だったといえる」。

こういう意見を裏書きしているのが、トランジスタ同様、世界を驚かせた「農林10号」という小麦だというのです。「戦前に岩手県農事試験場で育成された、草丈五十センチ余という超短稈の、この小型品種」は、その珍しさにびっくりしたアメリカ人農業技師の手によって、本国に送られ、これを元として、約七千万人もの人を飢餓から救ったといわれる〈新品種〉の小麦が開発されたというのです。この功績で、ボーローグは一九七〇年度にノーベル賞を受賞していますが、自身が述べているように、それこそ農林10号という〈一寸法師〉の遺伝子のお蔭様ということです。

2　「縮み」の経営学

新しいアイディアは小藩から

エレクトロニクスの分野だけではありません。自動車においても、日本がついにアメリカから自動車王国の座を奪ったのも、小型自動車でいったからこそ、ノーマン・マクレーの予言どおりになったのです。トヨタのクラウンが米国に上陸するときのそのスローガンはほかならぬ「小さいキャデラックをつくる」というものでした。一六〇〇ccの車にパワーウィンドウをつける発想もそのひとつです。それればかりかドアを閉める際の音もキャデラックの重厚な感じそのものなのです。ドイツのフォルクスワーゲンはただの小型車ですが、日本のそれは大型車を縮めたものですから、もっと人気を博したのだといえます。

カメラにしても、時計にしても、小型携帯品で日本製品の強さは示されています。商品だけを小型に縮めたのではありません。それを作る会社そのものの経営もまた、「縮み」の方法で行ったのです。

「私は大体、うちの会社をいわゆる大資本の大企業に育てようなんて気はまったくありません。会社を大きくしていいことはひとつもありません。スケールのメリットということがあるんです。例えば変化をセンシチブに受けとめる。大きくなったらだめですね。フレキシビリティがなくなります」。これはソニーの井深大さんのことばです。大企業に比べて、ソニーは一点集中する。力を分散せずに、主要なテーマに向けて、人も金もすべて投入する。つまり、「小回りのきく駆逐艦のようなもの」だという意見が、盛田会長のマネジメントの原理なのです。ここから出てきたのが、「小規模・少人数」主義のソニーの公式です。

普通の国では「力は常に巨大なものから出る」と信じられていましたが、一寸法師を生んだ日本では「力は常に小さなものから出る」という不思議な公式を持っていたのです。だから、もっとも日本的なものといえば、財閥系の大企業より専門的な小企業として出発したソニーやホンダがそのモデルであって、その利益率も財閥系に比べてぐっと高いといわれています。「世界に誇る日本のＩＣ産業を支えているのは大企業ではない。小粒ながらもユニークな技術を持つ企業群だ。彼らの名は小さい。しかし、技術力は大きく世界をリードする」――これはある本の広告文にあったものですが、これこそ一寸法師の新しいお伽噺《とぎばなし》です。

日本の歴史をみても、その特色は小さい集団と一本槍の縮みからいつも新しい道を開いてきたところにあります。司馬遼太郎さんがドナルド・キーンさんとの対談で指摘しているように、明治維新でも開化の波は小藩から起こったのです。つまり、西周《にしあまね》や森鷗外らのパイオニアを輩出した津和野藩は五万石程度の小藩であり、「蘭学は必ず宇和島へ行け！」といわれたその伊予の宇和島藩もまた小藩だったのです。

現在でもその特色は受け継がれており、何かを開発するアイディアや情熱は「小藩」から出てくるのです。東京電機大の安田寿明さんの証言を聞いてみれば、いま日本列島を襲っている「マイコン」の名のいわれも、「由緒ある研究所の天才的な頭脳によって生み出されたものでもなければ、莫大な資金を投じて大規模研究プロジェクトのはてに出現したものでもない」ということがわかります。マイクロ・コンピュータをマイコンと縮めて、二つの意味、すなわち本来のマイクロとマイ（私の）のニュアンスを含めた命名は、昭和四十四年秋、中小エレクトロニクス・メーカーの設計技術者らが愛読者となっている「トランジスタ技術」という小雑誌の提案であったというのです。

マイコンばかりでなく、固定子を永久磁石化して精密小型モーターを作ったのも、中小企業であるマブチ社でした。ガリバーの小人国から持ってきたような、あの小さなマイクロ・モーター——電気カミソリ、小型テープレコーダー等々、家庭で使われる小さな機械という機械の心臓は、もともと小さな会社から生まれてきたものです。

ピグミー・ファクトリー

このような一、二の例だけではなく、日本の近代産業を築き上げたのは五、六人の従業員しかいないピグミー・ファクトリーズからだということは、すでに話したとおりです。米国の企業は会社と会社が合併主義でビジネスの巨大化をねらっていきますが、日本では巨大企業でも、たえず子会社をつくっていきます。ですから、VHSのビデオ・カセットも松下電器のファミリーであるビクターが開発したもので、いわば親会社がカブトを脱ぐということも起こるのです。

そうしてみると、戦後、GHQが日本の財閥を解体して百人以上の社員雇用を禁じたのは、結果的に経済復興を促進させたありがたい要因のひとつになったということもよく理解できます。GHQの政策が偶然にも日本の強さである「縮みの経営学」に新しい道を開いてくれたのです。

会社が大きくなると抽象的になり、人間的触れ合いがむずかしくなっていき、「握りめし文化」の日本人には手に負えないものとなるから、少数・小規模主義のマネジメントがとられます。だから日本ではビッグビジネスになっても、中小企業的な経営をしているのです。『ジャパニーズ・マネジメント』（リチャード・T・パスカルとアンソニー・G・エイソス共著）では松下流経営スタイルが「多くの点で中小企業と似ている」ことを指摘し、最高経営者が「各事業部の責任者に直接会い、あるいは電話をかける」「工場や現場に入りこみ、あるいは顧客に会っている」ことをその例としてあげています。

日本では抽象的な組織や合理的なメカニズムだけでは通じない。直接的な肌の触れ合いがなければならない。すでに指摘したように、日本を経済大国に押し上げたひとつの原因は、「縮み文化」のファクターである一座建立のあの「花道《はなみち》」式マネジメントであったともいえるのです。茶の湯をはじめ歌舞伎であれ相撲であれ連歌であれ、主・客がある場合には日本人は必ずといっていいほど、ひとつのアイデンティティの座をつくっていくのです。

経営者と従業員との間の座、生産者と消費者との間の座、官と民間企業との座……主と客の対立があるところすべてに「花道」がもうけられているのです。終身雇用とか、ボトム・アップ意思決定の方式とか、中央集権的社員採用とか、日本式経営に対していろいろな特色が並べたてられていますが、それこそ一言に縮めていえば、雇用者と被雇用者が主客一致をなす「座」づくりのことなのです。それによってもっとも成功した企業のひとつと数えられている松下電器では、「毎朝八時に日本全国で八万七千の人が綱領を唱え、声を合わせて社歌を歌」っているのです。まるで社の全員が一人のように……。新入社員は長い見習研修をくり返して松下の哲学を頭に詰め込まれ、全社員は「会社と社会との関係についてグループの前で五分ほどのスピーチをすることになっている」のです。

これだけみると、レーニンや毛沢東の思想を叩き込まれている全体主義国家、いや往年の大日本帝国のコピーといえます。そうです、さして変わっていません。ただ「軍事」が「経済」に取って代わっただけです。しかし、全体主義のそれと違うのは、主のもとに客が吸い込まれる、あるいは客が主に従うのではなく、たがいに融け込むという自発的選択があるからです。武士は家紋に、商人はのれんに、職人は半てんにかけるごとく、会社は自分の外にあるものではなく、自分がまとっている紋服そのものです。社員の滅私奉公だけでなく、経営者のほうは滅公奉私して、個人の冠婚葬祭などにも深く介入する（米国ではプライバシーの侵害ですね）のです。

松下電器とジェニーンのケース・スタディをした『ジャパニーズ・マネジメント』の著者の結論もそれであったのです。「松下とジェニーンの大きな違いは主体・客体の分離という項目をどう『考え』たかというところにはっきりと表われている。ジェニーンは他者は、自分の目標を達成するための客体、つまり物として扱ったように見えるのに対し、松下は他者を、利用する客体としてばかりでなく、一個の主体として尊重しながら共通の目的を達成しているようである。ジェニーンは幹部に不満があると、降格するかまたは解雇した。松下は同じような時、そのグループの非能率を注意し、責任者を降格するにせよ、もういちどチャンスを与えて、経験を活かし人間的成長をとげるよう強調する」というのです。

この両社の差異を他のことばでいえば、「座」の有無です。この座づくりの具体的な例を取り上げていけばきりがないでしょう。問題はその「座」でもって資本主義の病弊である労使対立を融合の道にうまく導いていった日本式マネジメントが、日本経済を発展させた大きな要因のひとつであるということです。

QC・小集団活動が作った神話

日本の工場の労働者はよく働くといわれていますが、その勤勉さだけでは日本産業のあの高い生産性と高品質を説明することはできません。働く人と会社との間にもうけられている「座」があるからこそ、はじめて解くことのできる大きな秘密があるのです。

米国の場合、ベルト・コンベアで働く労働者は、たとえ欠陥品を見つけても、そのまま機械的に取りつけてしまうというのです。自分の責任さえ果たせば、それで結構という考え方なのです。

しかし、日本では欠陥品をなくし、品質管理をするのは、労働者自身によって作られたQCサークル、日本独特な小集団活動の普及によって行われているのです。どうしたら不良品をもっと減らせるかを、各グループを通じて、ひとりずつまわっていきながら、討論し、反省して、研究課題にすることによって、日本企業全体を通してみるとき、年間一千億円の利益をもたらすというのです。日本的生産技術の基盤といわれているこのQCも、もとは米国から輸入された方法ですが、これをスモール・グループに分け、あの「座」づくりによる「縮み文化」で開発したものです。

生産者と消費者の座もまた同じものです。先の『ジャパニーズ・マネジメント』をみると、「松下の販売システムのいちばん重要な面というのは、松下幸之助自身が顧客に対しあくことなく気を配っていることである」と指摘して、「私たちのメーカーとしての社会的使命は製品がお客様のところへ届き、利用され、喜んでいただいてはじめて実現するのです……。ですから企業にとって肝要《かんよう》なのは消費者が何を求めているかをできるだけ早く知ることです。毎日毎日お客様の体温を計らなければなりません」という彼のことばを引用しています。

話だけではなく、「松下」がいかに消費者との一座建立を大事にしているかは、日本の全企業第一位の年間一億ドルという広告費が実証していますし、また「消費者之友」とか、消費者と接する一線の小売店を永久的パートナーシップとして、自社の組織のなかに入れていることからもわかります。「松下」の幹部がオフィスにいる時間が比較的少ないのも、市場のなかで多くの時間を費やしているからだともいわれます。

松下電器のケース・スタディをしてみなくても、消費者に「親切」だということ、「アフターサービス」がきめ細かいこと、消費者のニーズに応えてかゆいところまで手をさしのべるような商品の開発は、他のどの企業にも見出せるものです。だから日本では、生産者と消費者の「座」のために、米国でのような強力な消費者運動とか、大メーカーと闘うラルフ・ネーダーのようなヒーローは生まれなかったのです。

メーカーだけが親切なのではなく、消費者はちょっとしたアイディア商品、新案特許出願中と小さく書かれた商品もよく買ってあげるのです。そう、あのご飯粒がくっつかないしゃもじまで……。韓国の古典小説『興夫伝《フンブ》』では、貧乏なフンブが兄の家に米をもの乞いにきて、台所にいた兄嫁からしゃもじで頬っぺたをはたかれますが、その際、頬にご飯粒がくっつきます。フンブはそれを取って食べながら、手をあげた兄嫁にお礼をいうという悲しいユーモアを漂わせた場面があります。ですから、韓国人はそんな親切なしゃもじを開発したメーカーをあまりありがたいと思わないかもしれません。しゃもじにはご飯粒ぐらいくっついていてもいいじゃないか、と考えている韓国の消費者は新発明品をそんなに気にはしません。要するに、韓国では生産者と消費者の座を見つけることはむずかしいのです。

3　ロボットとパチンコ

なぜ産業ロボットの名は日本式か

日本人は人間関係においてばかりでなく、はなはだしくは機械とも主客の一座建立をします。現在、日本が世界最大のロボット王国になっているのは、人間と機械の間にチャップリンのモダン・タイムス的対立が起こっていないからだともいえるのです。欧米ではロボットの開発とその導入は、人間の働き場所を奪うものとして労働者の敵となるのですが、「終身雇用制」を採っている日本ではロボットが入ってきても、自分がそのために職場を逐われる恐れがないのです。

そればかりでなく、日本の工場ではまた、ローテーション制ですから、欧米とは違って、ひとりが一生の間ひとつの仕事にだけ従事することはないので、ロボットが入ってきて自分の仕事をかわってやっても、労働者はすぐに別の仕事にまわされます。だから、新しい精米所のために水車小屋が、蒸気船があらわれて渡し舟の船頭が敗北するという反機械主義の社会ドラマはつくられないのです。

ロボットは、指を詰める恐れのあるプレス、シンナーを吸う塗装、火花で眼や皮膚を痛める溶接などの危険な汚れ作業をしてくれているので、むしろヒューマニストの味方になっています。そういうなにやかやで、いま日本ではなんの抵抗もなしに、世界の全ロボット数を合わせたその数よりも、もっと多い一万五千台ほどの新しい働き手が、多くの工場で「働き蜂」日本人よりもさらに勤勉に仕事に励んでいます。

トヨタ自動車の場合には、雇用者の数がこの五年間すこしも変化していないのに、年間生産台数は二百万から三百万台にふくれあがり、三菱自動車では同じく従業員の数が一五パーセントしか増加していないのに、その生産台数は七倍にはねあがっているといわれています。

しかし、社会全体でみるとき、ロボットのせいで雇用力がそれだけ落ちているのではないかと憂慮する人もいますが、生産部門の雇用の減退を、サービス部門の拡大で吸収することのできる富をつくりあげるのだから、文句はなかろうという意見があるのです。こうしてみると、ロボットは子供のマンガの世界から産業界の現実的なヒーローになりつつある時代を迎えているのです。

以上のような種々の理由が、日本のロボット王国を裏打ちする力となってくれていますが、それらをしのぐ大きな力は人間と道具との座を作り出す日本の伝統なのです。むかし、茶筅や筆が使い古されて使えなくなると、塚を作って供養したといいます。すなわち、人間とロボットの間にも「座」を作り出す日本人特有のあの「縮み志向」です。

竹内宏さんの意見によれば、日本人はロボットを愛しているということです。「日産自動車の座間工場では、産業用ロボットに『百恵ちゃん』をはじめ、いろいろな美人女優の愛称をつけている。これは、日本の労働者の産業用ロボットに対する姿勢を見事に示している」のではないだろうかと分析し、「人間の愛称をつけて、一緒に作業しようとする気持になる」のだとまでいっています。だから、労働者はロボットに対して、人間に対するような関心を持ってその作業状態に気を配るし、一生懸命手入れをしたり、不便なところに気がつけばすぐに改良したりして、面倒を見てやることができるのです。

縮み志向が強い日本人は、総労働人口の一〇パーセント以上が外国人労働者となった西ドイツとは違って、急激な産業化によって労働力が不足したときでも、外からの労働者導入を許さなかった唯一の先進国でした。外国人が入ると、「日本座」がくずれると思ったのでしょう。ですから、ロボットすらも「外人」になっては困るのです。それで商品名や機械名や店名に、あれほど欧米式の名前をつけたがる日本人であるにもかかわらず、一緒に働くロボットにだけは「純日本式」の名前をつけて呼んでいるのかもしれません。

日産自動車の工場ばかりでなく、日本でもっとも大きい富士通ファナック工場の従業員がロボットにつけた名前も、「タロウ」「サクラ」「アヤメ」なのです。日産や富士通ファナックの工場などで、日本の労働者と一緒に働いているロボットたちは、なぜあのテレビマンガのようにアトム、マジンガーZ、ゲッターロボではいけないのか。おそらくそんな名前では、労働の「座」がシラけると思ったからでしょう。

欧米において、物は根本的に機能の道具です。しかし日本では、茶の「取合せ文化」でのべたように、「物」は思考と感情をあらわすことばになったり、「手段としての物」が「目的としての物」に変わったりする「物数寄」の「縮み志向」があったのです。鉄砲が日本に伝来したとき、機能の改良よりは、刀のつばのようにその装飾面で大きく異なったという例だけみてもわかります。これが産業社会では、機械愛にまでつながり、あんな散文的なロボットに美しい女性歌手の名前をつける発想が湧き出るのです。工場で働くブルーカラーに限った話ではありません。日本人全体に機械との「座」というものがあるのです。それをあの有名な日本のパチンコにも、垣間見ることができるのです。

パチンコの歴史

パチンコ人気も日本の不思議のひとつの現象に数えられます。日本人が好むレジャー余暇活動の娯楽部門で、パチンコの有効活動人口はなんと二千四百四十九万人で、飲み屋やトランプなどにつづく第三位を占めています（昭和五十四年、余暇開発センター調べ）。パチンコ人口はマージャンや将棋を上まわっていて、人と人との遊びより機械との遊びのほうが好きである人がずっと多いということなのです。

熱しやすく冷めやすいのが日本のブームですが、パチンコブームだけは例外のようです。パチンコは明治四十三年、米国のデトロイトではじめられたといわれていますが、昭和十年ごろ日本に入って流行してからは、むしろ日本のゲームになったも同然です。一年足らずでそのブームは四国におよび、高知市では半年の間に三十五軒のパチンコ屋が開店するなど、当時の繁昌ぶりを大阪毎日新聞は次のように伝えています。

客は午前七時ごろの店開きももどかしそうに押しよせて、どこをのぞいても超満員、店じまいの時間にいっかな帰る気配がないので、電灯を消され追いかえされるマニアもいる。盛り場で二十台のパチンコ器が稼ぎ出す一日のメダル売上げはざっと百円、販売人、機械修繕係五、六名を使って純益は少ないときで一日三十円から多いときで五十円というからパチンコ屋さんの鼻息はあらい。

パチンコが現在のような釘中心の型になったのは戦後のことで、昭和二十一年につくられた「小物」(この名からしてすでに縮みですね)という台がその最初だといわれています。そして連発式が登場したのは早くも昭和二十八年のことです。以後、今日までパチンコは他のさまざまなレジャーの挑戦を受けながらも、そのブームは持続して、いまでは売上高二兆円を誇る押しも押されもせぬ娯楽産業に発展しています。ですから、紡績にかわるパチンコの街となった桐生《きりゅう》では、全国の半分を占める六十万台ものパチンコの機械が生産されています。その機械もエレクトロニクス時代を反映して、裏にはＩＣ回路がぎっしり詰め込まれ、パチンコ台というよりエレクトロニック・マシーンと呼ぶほうがふさわしいくらいに様変わりしています。

小さな玉と機械との対話

それを知らぬ人がパチンコ屋をちょっとのぞいてみたとすれば、工場の作業場のように思うでしょう。ピュンピュン……という機械の電子音とともに規則正しく並んだ台の列の肘《ひじ》も触れ合わんばかりの狭い空間に坐っている人々は、なにか精密検査をしている研究員や、あるいは紡績工場の女性作業員のように、機械とじっと対面して動きません。しかし、それは労働ではなく遊んでいる最中なのです。

彼らはハンドルをまわし、掌に伝わる微妙な反応で玉を弾いて、直径十一ミリというその豆粒のような銀の玉が鉄の釘にはねかえり、その間をくぐり抜けて転がり落ちていくプロセスを「粘りと根性」でくり返しながら楽しんでいるのです。狭い空間に詰め込まれる。手でつながる機械との触れ合い。小さい玉と細い釘、玉が落ちていくいろいろなプロセス、じっと見つめること、入りそうで入らない、入らなそうで入る緊張感！　このすべてがすでにこれまで見てきた典型的な「縮み志向」の結晶であるのです。

茶室が市中隠であったように、産業時代の都市の市民は、パチンコ屋の雑踏のなかに隠居するのです。すぐ横の肘の触れ合いそうな人には眼もくれない。ときたま爆発する勇ましい軍艦マーチには耳もかさない。そしてパチンコ屋全体に渦巻くチンジャラの音にも無神経。自分ひとりが機械と対応し、小さな玉と対話する。しかし、ある瞬間、他の人たちがみな席を起ち、軍艦マーチや種々の騒音が消えて、ひとりぼっちにされたらどうなるだろうか。それはもうパチンコではないのです。だから、パチンコはひとりで孤独にやっているように見えますが、実際はあの騒々しい混乱の雰囲気があって、はじめて沈潜してゆくことのできる隠遁《いんとん》なのです。遊ぶときにも働くときと同様に、真剣に、一生懸命に、一点集中して頑張らなければならない人々にとって、パチンコは、現代の縮み文化の教室なのです。

アメリカのパチンコともいうべきスロットマシンと比べてごらんなさい。そこには結果だけあって、玉がつぎつぎと軌跡を描いて落ちていくプロセスがない。だから、その機械と人間の間には「花道」が希薄となる。しかし、パチンコにはマナイタの花道のプロセスと触れ合いがあるのです。

欧米人はコンベア・ラインで働く日本の労働者が、自分たちと違うことを不思議に思っています。「実に楽しそうに働いている。おしゃべりをしながら、だが常に手を休めず、割り当てられた時間よりも短時間でむずかしい部品を取り付けたときなどには歓声があがる。だが、そんなときも一息ついたりはせず、仲間の仕事を助ける。生産のはずみはこんなふうに維持されている」と、英国の「ニュー・サイエンティスト」は浜松のヤマハのバイク工場を描写しています。パチンコ台の前に何時間も坐って玉を弾いている人々も、この光景とそう遠いものではないのです。人間と機械、あるいは人間と物との「座」から日本の産業の花が咲いたといっても別に間違ってはいないでしょう。

4　「なるほど」と「メイビー」

宇宙と茶の間のエレクトロニクス

ソニーの名誉会長である井深大さんは米国と日本のエレクトロニクスの違いについて、「米国のエレクトロニクス産業はディフェンス（国防）とスペース（宇宙）の開発によって動いているが、日本のそれは全く逆で消費者のニーズに応じて製品を作らんがために技術を開発している」という意見を述べています。同じエレクトロニクスでも、米国のそれは宇宙開発とか軍需産業とか、具体的な日常生活とは違った抽象的な「拡がりの空間」に根を張っており、日本のそれは消費者の狭い茶の間の日常的空間に根を下ろしている。つまり「拡がりのエレクトロニクス」と「縮みのエレクトロニクス」の差異なのです。

ですから、ジョークにもいわれているように、日本がアメリカに立ち遅れている産業はU・S・Aの頭文字のとおり、Underground（地下経済）、Space（宇宙産業）、Amusement（娯楽産業）で、みな「拡がり」に弱いことを示しています。

そうです。広い宇宙を探険するスペース・シャトルは、やはりアメリカのものです。カメラはなんといっても日本が世界一位だと、大きい咳払いをしますが、日本が打ち上げた人工衛星ひまわりには、米国製をとりつけているのです。狭い縮みの空間には強いが、広い空間では弱いことを、その六五パーセントがメイド・イン・USAであるひまわり二号が物語っているのです。直径十五メートルという世界最大の望遠鏡を作るために、日本を訪れた米国立キット・ピーク天文台のローレンス・バー技術部長も、「日本の光学関係の技術は光ファイバー、カメラといった細かいものについてはすぐれているが、巨大なものに関しては今一歩という感じを受けた」と語っているのも、うなずけることなのです。

コロンブスのように海図のない広い海を航行しながら、新大陸を発見するのは米国です。意識の点でいえば“maybe”の文化です。しかし、日本はレールの上を走る世界でもっとも速い新幹線となるのです。いわば、「なるほど」の文化です。ラブレーは死ぬ直前にデュ・ベレー大僧正にこんな話をしたといいます。「私はいまグラン・プテートルを探しにいくんですよ。それはカササギの巣にありますかな……さあ、幕を下ろしなさい。喜劇は終わった」。プテートルとは英語のメイビーと同じく、「そうなるかもしれない」という不確実な未知への可能性を意味します。ラブレーは死という未知の世界を、大いなるいまひとつの可能性の世界と見ているのです。

フォークナーの作品にも同じ発想でメイビーということばが使われています。短篇「朝の追跡」でフォークナーは、狩り場でようやく追いついた鹿と出会った瞬間、わざと逃がしてしまうアーネストの口を通じてこう語っています。「メイビーということば、それはわれわれが使っていることばのうちでもっとも美しいものなんだ。メイビーはそんなにも美しいことばなので、人類は忘れないでいままでそれを大事にしてきたんだよ」。

このメイビーのために大西洋を渡ってきたパイオニアたちは、片時も休むことなく幌馬車を引いて西部のフロンティアに向かっていくのです。このメイビーのためにカウボーイは牛の群れを追い、大陸の平原を横切っていくのです。ですから、パイオニアとカウボーイたちは、「拡がり志向」のアメリカ文化をつくっていく。ですから、"maybe!"では未知を征服する新しい発明はよくやるが、それを消費者のニーズに応えて、じっくりと神経を行き届かせて育て、開発・改良・品質管理などを細やかにする「縮み志向」には弱いのです。

これに比べ、日本の文化を動かしてきたのは「なるほど!」です。日本語の「なる(成)ほど(程)」は未知のものに挑戦するのではなく、逆にすでにあるものを新たに確認し、納得することを示すものです。その語のいわれのごとく「可能な範囲内でその限度までつとめてすることを示す」「できるだけ、可能なかぎり」を意味するのです。古代には朝鮮から中国から、近世にはオランダをはじめとするヨーロッパから、そして戦後にはアメリカから、日本の文化は、すでに冒険を終えて可能な範囲の文化になってしまった既存の外国の文化を引っ張ってきて、「なるほど!」の精神で開発し、日本的なものに変えるという仕方できたのです。つまり、「なるほど」の文化は、ニュー・フロンティアの文化というよりは、「仕上げの文化」といっていいでしょう（倭色一掃といいながら韓国では今でも「仕上げ」という日本語だけはそのまま使っているのです）。

二丁の鉄砲が三十万丁になる

エレクトロニクスだけではありません。オートバイにしろ、自動車にしろ、なにもかもこのパターンでやってきたのです。そして成功したのです。自動車はアメリカ文化の産物ですが、故障率のいちばん少ない車を作り出したのは日本です（米国のそれの三分の一といいます）。そしてついに米国を抜き、世界最大の生産台数を誇る自動車王国になったのです。

日本のエレクトロニクス産業は昭和五十年以降、その生産高を一〇〇パーセント以上も増加させて世界を驚かしましたが、日本の歴史を知っていれば、別段びっくりすることでもありません。

日本は陶磁の後進国で、中国と韓国に比べると、数百年も遅れていました。日本で磁器が初めて作られたのは十七世紀に入ってから、ようやく韓国の陶工・李参平《イサムピョン》の手によってでした。しかし、ひとつ作りはじめると、あっというまに開発・生産して、遠く西欧にまで輸出をしたのです。鍋島藩では、それで穀物を上回る莫大な利益を得ています。

西欧から鉄砲が伝わってきたときも同じだったのです。種子島の領主時尭《ときたか》が当地に漂着したポルトガル人から高額の銀子を払って、二丁の鉄砲を手に入れたのは、一五四三年でした。しかし、それを見て、「なるほど！」と思った瞬間、半年足らずで六百丁以上の鉄砲が作られたのです。それも農具造りの百姓鍛冶を集めてです。その十数年後には三十万丁を超えるほどで、鉄砲をもたらした本家をも上回ってしまうのです。戦国時代の話ですから昨日今日のことではありません。

ですから、日本企業の数多くの民間研究所は、科学の基礎研究やオリジナリティーを求めるよりは、技術開発に関する国内外の情報収集により貪欲だという評を受けています。日本の科学技術の輸出と輸入の比率は一対五ですが、輸入された技術と収集された情報は、「なるほど！」の研究所で磨きあげられて「出藍《しゅつらん》の誉《ほま》れ」高き商品を生み出し、そしてそれがまた逆輸出されるのです。

メイビーの文化はニュー・フロンティアを開拓し、そこにレールを敷く。しかし、その上を疾走するのはEuropean ExpressでもUnion Pacificでもありません。世界でもっとも速い「なるほど」の「新幹線」です。まさにＩＣ（半導体）がそれであったのです。インテル社のＲ・ノイス副会長は、アメリカ国際貿易委員会の公聴会で、「製品の開発サイクルでいちばん大切な第一歩はここアメリカ市場で行われ、このためアメリカの企業は多大な犠牲を払ってきた。ところが開発が終わって一年も経たないうちに競争相手は同じ製品をつくり始める。日本は16ＫビットＲＡＭでまさにこれをやった」とため息をついているのです。

それもそのはずで、16ＫビットＲＡＭの日本製品の米国市場の占有率は四〇パーセントにもなるのです。それはたんなる模倣品の域を脱して、不良率は米国のそれより一ケタ小さいと知られています。日本のメーカー三社の製品がゼロなのに比べ、米国のメーカー三社のそれは〇・一パーセントから〇・二パーセントの間に分布し、現場における千時間当たり不良率は日本の六倍といわれています。

二番手でいく

日本のこの「なるほど」の縮みの志向をうまく利用しているのが、松下電器です。松下戦略のひとつの要素は二番手をいくということです。松下はその当時から、新しい技術のパイオニアになろうとはせず、品質と価格に重点をおくというのです。だから松下は新製品を開発することはまれで、つねに他社より低コストでつくって最良のマーケッティングをする。その例が、ビデオ・テープレコーダーによくあらわれています。はじめフィリップス社が開発したビデオをソニーが「追いつき追い越し」たように、松下はまたソニーに追いつき追い越そうとする。より小型で、より長時間録画ができ、それにベータマックスより低価格のVTRシステムを開発し、市場占有率をぐっと高めるのに成功したのです。

松下の二番手戦略はほかならぬ米国に対する日本の戦略そのものであり、新しいオリジナリティーより「競争会社の製品を分析してどうしたらそれを上回れるかを探ろうとする」松下の「R&D」(Research and Development)の研究開発方式は、まぎれもなく、日本の企業のそれを代弁しているのです。

二番手戦略が松下ばかりの〝専売特許〟でないということは、三菱総合研究所の副社長牧野昇さんの「一・五番手」技術論の主張と軌を一にするものだからです。牧野さんは日本のお国柄によく合う科学技術のスタイルは、最先端に立って未知の技術を探究する創造性に溢れたホームラン型開発より、ＶＴＲのように、生みの親は欧米人だけれども育ての親は日本人、という一・五番手技術にあるとのべています。「相手が育てられなかったものを日本が工業化してゆく。この道がお国柄にピッタリなんですよ」という牧野さんの話は、日本人の適性がレールを敷くより、レールの上を走るところにあるということの別の表現にほかならないのです。

むかしからの伝統である日本の創作技法には、「本歌取り」というのがあります。他の国では恥ずかしいものとなっている模倣が、日本ではむしろ当たり前のものとして習われています。それはたんなる模倣ではなく、それを自分のものとしてユニークな世界を形作っているからです。

ほとゝぎす　なくやさ月のあやめぐさ　あやめもしらぬこひもする哉《かな》

『古今集』のこの和歌から下の七七をとり、五月を五尺と一字だけ変えて、芭蕉は自身の著作権を主張することができる名句を残したのです。「時鳥　啼《なく》や　五尺のあやめ草」がそれです。

日本の相撲も柔道も、相手の力を利用して倒すのがそのおもな戦略です。扇形のカーブをした日本の城の石垣は、土圧に抵抗するのではなく、それを吸収する方法で築かれているのが、その特色だといいます。また造園では土圧を利用して逆にその土を塞《ふさ》ぐ桶組みという独特な石の積み方もあるのです。

「なるほど！」の文化では、必ずだれかが相手になってくれなければ、その技をあらわすのがむずかしいのです。一・五番手をねらっても、二番手の戦略でも、先頭に立つものがあってはじめて有効なものとなるのです。つまり日本が一番手になる場合は、いったいどんなふうになるのか。もうすこし単純にいって「縮み志向」から「拡がり志向」に出た場合には、日本人はいったいどんなふうになるのか。

十五尺の狭い土俵だからこそ、瞬間的に相手の力を利用して地に這わせるはたきや引き技が出てくるのですし、勝負の半分以上を占める突き、押し、寄りの技が有効となっているのです。かりに土俵という境界が取り払われてしまったなら、いったいどんな格好で相撲をとるだろうか。おそらくこの質問に答えることが、いまの日本に対して答えることにもなるでしょう。

スモール・イズ・ビューティフル

明治維新以来、日本人は西洋文明に「追いつき追い越せ」の精神でここまで来たのです。占領が終わり、独立国になった昭和二十七年には、開発途上国のチリやマレーシアよりもGNPが低かったが、その後ローマの後裔イタリアを追い抜き、さらに昭和四十二年には維新当時、日本の手本であった英国を、また知識人の夢の国フランスを抜いたのです。四十三年にはラインの奇蹟を生んで世界を驚かせた西独をも追い越しました。ここに文字どおりGNP世界二番手の国となったのです。

ついに追いつき、さらに追い越しに向かって八〇年代の日本の道が開かれています。そして日本は戦後三十数年間、よき師であった米国を自動車台数で、鉄鋼生産で、つぎつぎ追い越していくのです。かつての模範生であった日本が先生を殴るという、校内暴力みたいな貿易摩擦も起こってきたのです。

これまで欧米文化が志向してきたのは、まずなんでも巨大なものになることでした。家族が部族になり、部族がもっと大きな国家になって、しまいにはひとつの世界の巨大な政府ができるという考え方が、それです。第二は国家が繁栄するためには大きくなければならず、大きければ大きいほどよいという理論です。第三は産業と会社は国家と同じように近代技術に導かれて、その単位はつねに大きくなるということです。

しかし、この巨大主義は十九世紀の遺物にほかならないのだと、E・F・シュマッハーは唱えています。そして新しい時代を予言したのが『スモール・イズ・ビューティフル』という本なのです。このアフォリズムはいろいろな分野に適用されます。脱工業の時代では巨大なものより小さなものが喜ばれるのです。

日本が脱工業化社会の未来のモデルとなっているのは、これまで縮み文化の特色として指摘したように、脱イデオロギー的思考とか情報に対する敏感性などを、すでにその伝統文化のなかに持っているからです。どうもいまの時代の風は縮み文化の日本に向いて吹いていっているようです。清少納言が「なにもなにも、ちひさきものはみなうつくし」と書いてから約千年が過ぎて、今日それと同じことばが太平洋の彼方の文明のほうから聞こえてきたのは、なんというアイロニーでしょう。こうしてみると、日本が欧米文明に追いついてきたのではなく、欧米が日本文化に追いついてきたような感じがするのです。

第六章　「拡がり」の文化と今日の日本

1　国引き文化

星を知らない人たち

「国引き」の神話をいま一度思い起こして下さい。『出雲国風土記』の八束水臣津野命《やつかみずおみつののみこと》は、自分の国が小さくつくられたことを知って、海のかなたの朝鮮半島や北陸地方などを眺め、「国の余りありやと見れば国の余りあり」と唱えて、そこから陸地を切り取り、綱をつけて引き寄せます。そしてそれを出雲の国に縫いつけるのです。この神話のように、日本文化も一種の国引きで、内から外に拡がっていくのではなくて、外のものを内に引き入れる縮み志向（扇子型）なのです。山水の自然も、月も、神も、みな床の間に引っ張ってきた日本人は、文化においてもまた同様のことをしたのです。

文化の拡がりを、「教えること」とすれば、その逆の縮みは「習うこと」です。日本はその文化を外国に教えることについては、歴史上ごくまれといっていいでしょう。日本の文化史は外国文化の「勉強史」でもあるので、はじめは朝鮮の王仁《わに》から、観勒《かんろく》から、漢字と暦を習い、つぎには中国から多くの文化を直接習います。そして徳川時代にはオランダに、ついで英国をはじめヨーロッパ諸国に習い、太平洋戦争が終わってからはアメリカの文化を引っ張ってくるのです。

そうです。中国や韓国にしても、他の国に何かを教えてやるのが好きです。中国文化をその周辺の国々に伝播する中華思想は習うよりは教える文化なのです。欧米でも同じです。ですから、欧米文化は宣教師文化でもあったので、キリスト教を教えるために世界の大洋を越えて未知の国のすみずみまで出かけていったのです。

日本が神道を教えるために神官がヨーロッパとかアフリカに行くことなどは想像できないことです。ことばだけみても、やはり日本人はケイコとかベンキョウとかをさかんに使っています。「ベンキョウになりました」がひとつのあいさつのことばになっているのはさておいても、はなはだしくは店で値引きの際に「勉強できない？」というと「じゃ、勉強しましょう」というのです。

暖房法にしても、韓国のオンドルはペチカと同じく部屋全体を暖めようとするのですが、日本のコタツはまさに「縮み」なので、坐っている部屋の一点を暖めるのです。コタツでは人もネコも小さくうずくまるようにして縮まるのです。

ですから日本は四方を海に囲まれていながらも、海洋民族になっていないのです。その証拠をあげてみましょう。海の拡がり文化すなわち航海の文化においてもっとも重要なのは、星です。そのためギリシア神話は星の神で埋まっています。しかし、日本の神話ではアマツミカボシ程度にすぎません。『万葉集』には自然の事象が数多く詠まれていますが、星を題材にしている歌はまれだといわれています。新羅は七世紀ごろ世界最初の天文台といわれる瞻星台《せんせいだい》を建てましたが、日本では星が動くということを知り、同時に北極星の存在を発見したのはようやく江戸中期ごろになってからといいます。

身近なもの、手ごろなもの、肌に触れられるものはよく知っている縮み志向の日本人は、いったん自分の国の外の拡がりの空間に出ていくと、意識構造も、行動様態も、突然変わることがあります。つまり繊細で美しいものを好み、礼儀正しい日本人が、広い海に出れば、倭寇のようになるのです。しかし、その倭寇までもやはり日本人的で、外の世界には、よく耐えることができません。明の官軍と勇敢に闘って杭州湾の舟山《しゅうざん》列島を占領しますが、三ヵ月も経つと、それを捨てて、そのまま引きあげるという次第です。

内と外の二つの世界

ここから日本特有の「内」と「外」の観念が作られるのです。「内」とは縮みの空間で、自分がよくわかる具象的な世界。経験し、肌身に感じられる小さな世界なのです。それに対して「外」は拡がりの世界で、抽象的な広い空間です。だから、日本人は何を見ても、すぐ内と外に分けて考え、行動する傾向があります。どの国でも、そういう区別はありますけれども、その程度が問題です。

ウチとソトによって同じ意味のことばまでもが違ってくるのです。ドナルド・キーンさんの指摘どおり、同じ島でも日本の島は必ず［シマ］と呼んでいます。かごしま（鹿児島）であり、つしま（対馬）です。しかし、同じ島でも外国の島は［シマ］ではなく、あくまでサイシュウトウ（済州島）であり、サイパントウ（島）です。舟の名前も日本のものなら「××丸」であり、外国船であれば「××号」なんです。

こういった対照はまだまだ続きます。世界から見ると、日本はウチです。ですから、外国でよく非難の的になる、ジャルパックの海外観光客よりは国内の旅行者のほうがもっとエチケットをよく守ります。ソトに出れば出るほど日本人の本来的な特性は稀薄になって変わっていくのです。何よりも「旅の恥はかきすて」ということばがあるように、外と内の倫理は別なものになるのです。

日本人は坪庭のようにウチの庭を作るときは天才ですけれども、広い空間に設計された公共のソトの庭である公園は、どうもうまくありません。ハイドパークであれ、セントラルパークであれ、日本のそれとは比較になりません。個人の家の床の間にはよく洗練された美が漂っていますが、広い都市づくりには全体的な均衡も美もありません。ウチの日本とソトの日本はこれほどに違うのです。「枯野の露に残る虫の音」（良阿《りようあ》）という付句があります。小さい虫の音はのがさずに識別して鑑賞する敏感な耳をもっている日本人でも、いざ公共の場所の大きなスピーカーから吐き出される騒音には無神経なのです。新宿に行ってごらんなさい。世界中の都市で、あんな無作法なスピーカーによる商品の宣伝や政治演説がカクテルされている街はまずないでしょう。ですから、日本人は「人工の庭園は国宝として大切に保存していながら、瀬戸内海などの自然の景観を破壊し、大事にしないのは、なぜだろうか」というサイデンステッカーさんの嘆きが起こるのです。

一匹狼の悲劇

日本人のウチ・ソトの意識は相対的な入れ子構造になっているので、日本の城みたいなものです。自分は丸の内、すなわち城の奥にある根城にいるのです。そこから二の丸、三の丸と外廓の城がある。そしてついには城門のソトがあります。根城の丸の内にある空間がもっとも濃密な縮みのそれであり、そこから二の丸、三の丸と輪が拡がっていくと、縮みの空間は薄くなるのです。だから、日本ではウチのなかに入れば安心できる。つまり仲間になれば、「身ウチ」として何もかも一緒に助け合いながら、世の中をその大きな流れとともに生きていくのです。

村八分《むらはちぶ》ということばそのものからみても、わかるのです。家の何軒かが集まって垣内という集団がつくられ、その垣内がまた集まって村という集団がつくられるのです。だから村は大きなウチで、村の集団は家族のような仲間になるのです。現代の都市でも町内会・自治会の総数は二十七万四千七百にもおよび（一九八〇年十一月現在、自治省調べ）、日本全域に町内会・自治会がくまなく組織されているといいます。

ですから、江戸時代の御定書百箇条の条文などにあらわれているように、村のつき合いも、誕生、成人、結婚、死亡、法事、火事、水害、病気、旅立ち、普請の十項目を基本にしたというのです。そしてもし悪事などを働いたり、村の共同体に益にならないことをする者がいると、その十項目のうち、火事と葬式の二つ以外はいっさいつき合わないので、村八分ということばが生まれてきたのだといいます。

家からの勘当や村八分などは、ウチからソトに追い出されることを意味するものです。ウチの仲間意識（韓国ではナカマということばがないので、いまでもそのまま日本語を使っています）は相対的にソトに対する激しい排他意識となるので、外国人はみなその意味で日本において村八分なのです。

昭和四十年に、阪急のスペンサーという外国人選手が、いまは解説者の南海の野村選手とホームラン王を競い合っていたときの話が、また、そのことをよくあらわしています。ホワイティングさんの『菊とバット』によると、そのときスペンサーは日本人投手から猛烈な四球ぜめにあったのです。スペンサーは打つすべもなく、バットを逆さに構えたりして抗議の意をあらわしましたが、「どうして外国の選手にタイトルを渡すかね？　もしわしら（ピッチャー）が、だれかにタイトルをやらんならん、野村にやらんわけはないやろ？」というウチの論理にはかなうわけがなかったのです。そうして野村選手はその年に、戦後日本プロ野球ではじめての三冠王になりました。

これはある意味では愛嬌のある話です。しかし、いままで広島の原爆被爆者の惨状を描いた映画は三十三本もあるのに、韓国人の被爆者を取りあげた映画はただの一本もないという話などは、そんな単純な笑話ではありません。映画に限るのではなく、広島・長崎の韓国人被爆者は、いまだに正確な数さえわかっていないし、治療までも後まわしにされたといわれています。それでほとんどが日本に徴用され、強制労働させられた韓国人の二重の被害に憤慨した盛善吉《もりぜんきち》さんは、個人で韓国人被爆者の記録映画を作る気になったといいます。世界のヒューマニズムに訴える原爆の証言においても、ウチとソトがこんなにはっきりと分かれているという次第なのです。

同じ日本人でもいったんウチの枠から脱け出ると、「外人」のように排撃されるのです。日本では一匹狼とはアウトサイダーで、飢え死にと背中合わせに生きる存在なのです。〝変わり者〟といえば、フランスでは天才という称讃のことばですが、日本ではウチの集団にあわないもの、村八分された者を意味するのです。ソトの者に対して、日本人は、必死に闘って打ち倒さなければならない敵としか考えないのです。集団は個人の墓ですが、日本では逆に集団から離れ、個人になることが墓場になるのです。「窓際族」とか「肩たたき」がそれなのです。

だから日本人はソトに出ていけば、みずから鬼になることがあるのです。もっと遠いソトの辺境である外国に出ていくと、もう「仲間としての彼」とは変わったものになるのです。南米に赴任していた模範社員が、ゴルフボールを拾っていった原住民の少年を射殺したり、ギリシアでは自分の犬が轢《ひ》かれてムシャクシャしたといっては、関係のない人を石で殴り殺したり、またフランスでは修士論文を執筆中のインテリが女性をバラバラにして食べるという、日本の国内でのそれとはまったく異なった犯罪のパターンも出てくるのです。

日本人の三Sと外交舞台

ですから日本人はウチではよくやっていきますが、ソトの舞台では、いつも三Sになるといわれています。国際会議で黙り込む沈黙（Silence）派、何か話しかけられてもあいまいにニヤニヤ笑ってばかりいるスマイル（Smile）派、会議中にコックリコックリ舟を漕いでいる居眠り（Sleep）派は、みな日本人だといわれています。ですから「日本人は世界に向かって胸を開かない。日本人が国際会議で口ごもりがちになるのは、外国人に情報を流した者を死罪にした鎖国時代の文化遺産であろう」と推断する外国の評論家もいるくらいです。

また日本は外交を世界の次元で捉えずに、狭い自国の利益の舞台としてのみ捉えているという非難も受けています。一九七三年のオイルショック以後、石油の供給がおぼつかなくなると、日本は自由主義国のなかでいち早く親イスラエル政策を捨て、親アラブ的声明を出して、一夜にしてその立場をかえたのです。さらにローデシアの人種差別政策に国際的非難の声があがったとき、日本は当初外交的になんらの関心も示しませんでしたが、いざアフリカ諸国が経済ボイコットをして、自国の経済利益にかかわる局面に立ちいたると、これまたただちにローデシア政策について調整したと非難をされています。

こういう例をあげていけば、それこそきりがありませんが、日本赤軍によるダッカ・ハイジャック事件の際の日本政府の対応の仕方が国際的立場を考慮せず、自国だけの目先の安全しか考えないものだと非難され、またベトナム戦争では、一滴の血も流さないで経済的には莫大な利益をあげた唯一の国でありながら、インドシナ難民にはもっとも冷淡であった国として批判されたのも、みなそういう例のひとつです。国内では主客の「座」づくりの天才が、国際的な拡がりの世界、人類との一座建立という点ではそううまくやっていないのです。

ですから、日本の外交は、外交というより内交的なものに基礎をおいているという感じがします。松岡洋右の国際連盟脱退は、国際的な立場からみれば、じつに拙劣で無謀な振舞いでしたが、国内では拍手喝采をあびたのです。のちに松岡自身も「あのときは自分でもとんでもないことをした」と述べたといわれるほどのことを日本がやってしまったのは、ソトの世論はウチのそれより遠いものだったからです。

鈴木善幸首相がオタワ・サミットで「和」の哲学を披瀝《ひれき》したのも、ウチの論理をそのままソトにもっていった例のひとつです。「和」は外国語に翻訳されれば、ハーモニー以外の何ものでもありません。サミットという頂上会議で、聖徳太子の「和を以て貴しとす」の日本的コンテクストの意味を、鈴木首相がレーガンやサッチャーに本気でわかってもらえると期待したとは考えられません。いや、ほんとうにわかれば、もっと困ったでしょう。日本の「和」とはソトに対する「閉鎖性」にもなるので、彼らには「不和」の意味にとられるからです。それに「和」は鈴木首相が国内政治のモットーにしていることばですからなおさらのことです。ウチの論理をソトの世界に押し通すとき、日本の外交は孤立し、摩擦するのです。

「世界八分」にされるな

日本語のなかで、欧米からの外来語は三千~四千語におよんでいるといわれますが、欧米語で日本からの外来語となっているのは、せいぜい財閥をあらわすタイクンとかハラキリ程度です。毎年貿易赤字を出しながらも、自国の文化を世界に拡げようとして使われるヨーロッパ諸国の政府予算は、経済大国日本をはるかに上回っているのです。世界のどの市場にいっても、日本製のカメラやデジタル時計、電気製品が並んでいますが、大学の研究室でジャパノロジーの学者を見つけるのは、そう簡単なことではありません。日本国内には、英語やフランス語の学院は掃《は》いて捨てるほどありますが、外国で日本語を教える学院は指で数えるぐらいです。その比率は二十三万対九千という人もいます。

だから「日本はたしかに国際社会の一員なのだが、それはあくまでも貿易上のことであって、国際情報社会のなかでは依然として鎖国状態ではないか」という批判も出てきます。経済面で欧米社会に「追いつき追い越す」という夢はかなえられたかもしれませんが、「日本は世界に向かってなにを誇りにしたらいいのだろうか！」という内村鑑三《うちむらかんぞう》の文化的懐疑はまだ解かれていず、その当時の嘆きのように、いまだに「世界の田舎」を脱し切れていないのです。自分が村八分にされることには恐怖を抱いていても、「世界八分」にされることに対してはあまり気を使っていないのかもしれません。

なにも日本が文化的鎖国主義の名残を強くとどめているからではありません。日本文化を世界に知らせるのも、ソトにではなく、ウチの舞台ではうまいのです。文化もホームグラウンドでは強いので、東京や札幌のオリンピックで見せた日本人の日本文化宣教は、まばゆいばかりであったという評を受けているのです。

それなのにどうして商品だけは、拡がりの国際貿易で勝ち抜くことができたのか。そこにアイロニーがあり、「縮み文化」最後の秘密があるのです。折詰め弁当とか扇子とかは、その時代の縮みの志向から生まれた「物」です。しかし、それが作られると、簡便で持ち運びできるものになるから、すぐ「拡がりの志向」につながります。扇子は畳まれることによって小さくなる。それ自体は縮みですが、この機能によって昔の扇商人のように世界に向かって売ることができるのです。だから、「縮み文化」が「物」の機能になった場合には、必然的に拡がり文化に抱きつかれるのです。

しかし、心の縮み（閉鎖性）はそう簡単にオープンできないんです。ですから日本の歴史には、「縮むから拡がる」というこのパラドックスからいろいろな問題が発生してくるのを発見することができます。繊細で美しい扇子を作ったあの同じ日本人が、それを携えて海のかなたに売りにいく扇商人になれば、悪名高い〝倭寇〟となる、それと同じ事が……。

2　サムライ商人

畸型の一寸法師

日本人は縮みの志向によってトランジスタを作り、半導体を作った。そしてそれをもって日本は、世界の市場に進出する拡がり文化に接触する。このパラドックスから生まれてきたのが、貿易摩擦という深刻な問題です。だから、日本人はこれまでどの国より貿易で国際的になっていながらも、日本人はどの国よりも非国際人、いわば頑固なウチとソトの意識の塀のなかで生きている閉鎖性をみせています。その文化はまるで手と足だけが大人になった子供のような形になるのです。そこで畸型の一寸法師が誕生する危険が生ずるのです。

はたして日本人は日本という村ではなく、国際社会の市民としての責任意識を持って生きているのか。日本の文化は自国の利益を超え、より人類のために貢献する文化を創造しているのか。世界の人々におくるオリジナルなメッセージはあるのか。こういった問題に対して、欧米から、アジアから、日本は疑いの眼で見られているのです。そこから誕生してきたのがエコノミック・アニマルとか日本株式会社とかの流行語なのです。もうウチの意識とその論理だけでは立ちゆかないのです。縮み志向の文化は日本を経済大国に押し上げたが、またそれに対してはげしい挑戦をも受けているのです。

日本は先進国のなかで軍事費がGNPの一パーセントを超えていない唯一の国です。GHQ治下の日本を、江戸期の鎖国時代と同じく「縮み文化」の時期と見ている外国の評論家がいるのも、もっともなことです。江戸時代の鎖国主義が維新の近代化の基礎をつくりあげたように、GHQ時代の日本も、世界の国が冷戦の反目のなかにあるとき、ひとり米国の背に隠れて、いまの経済大国の基礎を築き上げたということなのです。しかし、日本が経済大国に変わったように、日本を見る世界の目も変わっていたのです。GHQの傘の下で育った「縮み文化」は、いま新しい挑戦の崖に立っているのです。

すなわち、日本の縮み志向は、ウチでは和になっていますが、世界の舞台で見れば、閉鎖性になります。勤勉は「働き蜂」となり、一点集中は「世界市場征服の野心」となり、一座建立は排他主義となって映っているのです。

ホンダに乗ったサムライ

欧米の新聞には中世のカブトと日本刀を差したサムライがホンダのオートバイに乗って驀《ばく》進《しん》してくるマンガが描かれたり、新聞全面を真っ黒にぬりつぶし「日本人のために、こうなったのだ」というキャッチ・フレーズとともに自動車の値下げの広告が載ったりします。タイム誌は日本の海外セールスマンを十四世紀の武装商人（倭寇）と呼んで、「ただ一つの差は、現代の倭寇たちが東条英機時代の軍服と銃剣で礼装せず、ソロバンを武器としている点だけである」と酷評しています。一九七〇年の古い記事ですから、自動車や半導体の新しい貿易摩擦が起きてきたいまの事情から書かれた記事が、ソロバンを電卓にかえるくらいのものでないことは、たしかです。

関税法を討議する古色蒼然たる英国の下院議会の場で、老代議士がシルク・ハットとこうもり傘を手に持って演説します。「諸君！　いま大英帝国に残っているのは、わがいにしえのイギリスの栄誉を象徴するこのシルク・ハットと黒いこうもり傘だけです。しかし諸君！よく見て下さい。これも裏返してみると、メイド・イン・ジャパンなのです」。

米国にも同じことが起こっています。日本の皇太子が米国を訪問したとき、カウボーイの帽子と模造ピストルをプレゼントにもらいましたが、その米国のシンボルもまたメイド・イン・ジャパンだったのです。だからといって日本人に何か罪になることではありません。自由貿易ですから、国際競争に打ち勝ったのですから！

遠いところに例をとるまでもなく、私がいまこの文章を綴っている瞬間に起こったことを書いてみましょう。一九八一年五月、西独の世界的カメラ・メーカー、ローライ社が法院に会社清算を申請したとき、現地のマスコミは「われわれが苦労して育てて来た名門企業が日本の攻撃の前に倒れた」と報道しました。英国も西独側と手を組んで「ローライ事件はヨーロッパ企業が日本の挑戦に敗北した劇的な例」だと論評しています。

だからといって日本人に何か罪になることではありません。国際競争で勝ったのだから！

翌六月にはオメガ時計を作っているスイスの名門ＳＳＩＨ社が途轍《とてつ》もない赤字を出して、会社の役員全員が辞めました。一九七五年までにしても、年間六千九百万個の時計を生産し、世界第一位の王者であった会社が、日本の電子時計の台風が襲ってから没落の道を歩んできたのです。スイスの象徴が消えたのです。万延元年に遣米日本使節団が米国を訪れた際、プレゼントされた懐中時計であり、また、日本最初の鉄道時計として国鉄に採用されたブランドとして有名なあのウォルサムも、ついに日本の手中に落ちてしまいました。

いまや彼らが日本人にその座を奪われはしないかと気をもまなくてもいいのは、富士山より高いアルプスの山々だけです。

米国では唯一のオートバイメーカーであるハーレー・ダビッドソン社が日本の挑戦に敗れ、ＡＵＦ社から分離、独立したという記事が出、ミシンの代名詞であるシンガーが日本の電子ミシンに押されて、スコットランドの工場を、つぎには百年の歴史を持つエリザベス工場の一部組み立てを中断したという涙ぐましい姿が記事化されています。彼らは、欧米の衰退期に入った業種を狙い撃ちにして集中豪雨式輸出をする日本の輸出政策を非難するのです。そこでこのごろ「ソ連と日本がいなかったら、どんなに住みやすいことか！」ということばが、米国、英国、西独などで広くひろがっているというのです。ソ連を軍事的脅威者、日本を経済的攪乱者と見ているのです。

もちろん、自由貿易の開放的な競争で勝ったのですから、誇りになりこそすれ、なんの科《とが》でもありません。

日本人はよく「欧米人が働かないで、自ら招いた斜陽の責任をとんでもないことに日本に転嫁《てんか》する」と応酬します。貿易摩擦は日本の繁栄をやっかむ嫉妬だというのです。しかしグレゴリー・クラーク教授は、日豪貿易で日本の牛肉の輸入の仕方について嘆息を洩らしています。一九七四年の牛肉不足騒ぎがあったとき、日本では豪州に通商使節を急派し、牛肉輸入量を増やしてほしいと頼みました。豪州は自国の牛肉価格の上昇をもたらし、インフレ対策を著しく妨げるとして拒否しますが、とうとう新しい協定を締結します。豪州ではそれにあわせて牛肉の生産規模を大きくしましたが、日本の牛肉の供給不足は過剰に転じ、農民団体から牛肉輸入反対の声もあって、日本は先の協定があるにもかかわらず、一方的に輸入量を減らしてしまうのです。豪州の牛肉は日本の笛に踊らされたのです。豪州の牛肉のように米国の漁民は「数の子」で泣かされています。

韓国との貿易でも同じことが起こっています。日本は韓国との貿易でいま年間三十億ドルの莫大な黒字をあげています。しかし、日本を信じてノリをつくった韓国の漁民はみなやせていくのです。

日本よ！　これでもフェアなのか、という声が聞こえてくるのです。

……第二次大戦後、アメリカは日本から押し寄せるビジネスマンに対して、きわめてオープンに企業を見学させましたし、様々なノウハウを提供して協力してきました。それに対して、日本の企業は外人に対して多少閉鎖的であるように思われます。これはフェアではないといった印象を私どもに与えています。自動車問題に対するアメリカ人の感情的なリアクションも、そんなところに原因があるのではないでしょうか。

国際関係の中で生きていくにはフェアであることが大切であると私たちは信じています。その点は日本の今後の大きな問題となるでしょう。（T・パスカル『ジャパニーズ・マネジメント』）

いずれにせよ、自由貿易ですから、フェアであろうとアンフェアであろうと、なんの罪にもなりません。どうせ競争なのですから勝てば官軍です。

アメリカがオレンジといえば、日本は農民を楯にして首を振っていますけれども、日本が自動車を売るときは、アメリカの労働者のことは棚に上げて、アメリカの省エネに貢献しているといっているのです。こういう論理はことばにだけあらわれているのではありません。「市場開放」といいながらも、日本は目に見えない高い障壁で、その市場を堅く閉じていると世界から非難を受けているのです。アメリカのタバコは、日本には一・四パーセントしか入っていません。これは、ヨーロッパの二〇〜三〇パーセントに比べて、あまりにも少ないので問題になりました。それに対して、日本側では宣伝をしていないから、あまり売れないという説明です。しかし、あの有名な黒田支所の事件を見ると、各タバコ小売店に「アメリカのタバコが売れると困るので、自動販売機に入れてはいけない。店に置く場合は目に見えないように隠しておくように」と文書で命令を出していたのです。ゴルフの試合で世界ではウィルソンを使うが、日本だけはダンロップを使っているとか、日本市場で百万本売られている金属バットが、アメリカ製はわずか二千五百本しか入っておらず、そして、その原因は、輸入する金属バットに安全検査をし、S印のマークを貼らせることになっているとか、いろんな事例が日本人自身からも（加藤寛教授）指摘されているのです。市場開放は、タテマエでホンネは保護貿易であるというのです。

でも日本の答えは、「輸入量を増加しろというけれど、世界から買ってくる商品が何もないから、仕方がない」というのです。日本の競争力が絶対だから、どうしようもないんだというのです。

しかし、絶大なる競争力を持っているといいながら、なぜか日本はＮＩＣｓ（中進国）の成長を牽制していると、他の先進国から非難されているのです。日本の外相は韓国に重化学部門の技術を援助してはならないと公言しており、それを日本の産業経済界では「ブーメラン効果」というオリジナルな新学術語でもって理論づけています。中進国に技術を提供すれば、その技術でつくられた商品が逆に日本に上陸し、日本製品を打ち負かすということなのです。

日本がかつて中進国であったときに、米国で欧州で「ブーメラン効果」という学術語がつくられたかどうか、あまり記憶にありません。とはいっても、なにも日本に罪があるということではないのです。技術は日本のものですから、それは日本の自由です。

この道はいつかきた道

そう、日本に罪があるはずはありません。勤勉さの賜物なのですから。しかしどうも「この道はいつかきた道」のような気がするのです。一九三〇年代、日本の商品が欧米に雪崩《なだれ》をうって入り込みます。朝鮮を下敷きにして大国ロシアや中国を破った日本は大国意識にのって、「縮み」から「拡がり」の巨大主義に移っていくのです。そして名実ともに軍事大国の大日本帝国になっていく。まさにその折、欧米では日本の「拡がり」政策に制動《ブレーキ》を加えます。日本商品はボイコットされ、関税障壁は高くなります。そこで日本はついに「堪忍袋の緒が切れた」といわれる太平洋戦争の火ぶたを切るのです。

そうです。いま私は別に日本の貿易の問題を書いているのではありません。「縮み文化」が「拡がり文化」に移っていく。そして日本が大国主義にとらわれ、巨大化を企図するとき、それが欧米に、日本自身に、どうあらわれてくるかの文化現象についての話なのです。

3 広い空間への恐怖

大地に移した盆栽

日本人が「拡がり」に弱いということ、すなわち、「内」から「外」に出た場合、どんな状態になるのか。その好例として日本人論によく引用されているものに、ミセス三島の自叙伝『わが狭き島国』(Mishima, Sumie Seo, *My Narrow Isle*)というのがあります。ウェルズリ大学に入学し、先生も学友もひじょうに親切にしてくれるけれども、三島さんの心はつらい。「日本人の誰もがそうであるように、私も自分の行状は全く非のうちどころがないと考えていたが、その誇りは無残にも傷つけられた。私はこの国では一体どうふるまったらよいのか一向に見当のつかない自分自身に対して、また私のそれまで受けてきたしつけをあざ笑うかの如く思われた環境に対して、憤りを感じた。この漠然とした、しかしながら根深い怒りの感情のほかには、もはや何の感情も私の中に残らないようになった」と告白しているからです。

日本人が内から外の空間に、すなわち「縮み」から「拡がり」の空間におかれると、この引用文の冒頭にあらわれているように、「日本人の誰もがそうであるように」みな「どうふるまったらよいのか」「見当のつかない」「あざ笑うように見える環境」などの心理状態になるのです。しかし、同じ東洋人でありながらも、中国の娘たちは、「たいていの日本の娘たちには全くみられない落着きと社交性とをもっていた。これらの上流の中国娘たちは、一人残らずほとんど王者の如き優雅さをもち、世界の真の支配者であるかの如き趣きがあって、私には世界中で最も洗練された人たちのように思われた。……彼女たちのものおじせぬ態度と堂々たる落着きぶりは、私たち日本の娘のたえずおどおどした、過度に神経質な態度といちじるしい対照をなしていた」という中国人との比較において、拡がりに弱い日本人の特性がくっきりとあらわれています。中国ばかりでなく、三島さんはタイ人もそうだといっています。

ベネディクトは三島さんのこの文章について「他の多くの日本人と同じように、まるでテニスの名手がクロッケーの試合に出た時のような感じ」と評し、それを日本人の徳のジレンマの経験だと分析していますが(ベネディクト『菊と刀』長谷川松治訳)、徳とはなんの関係もないものです。徳は中国人のほうにしても、日本のそれとは違わない。三島さん自身が告白しているように、「小さな植木鉢」の盆栽の松が庭園におかれたときには美観をそえる芸術品であっても、それを大地に移し植えたときは、その美と特色を喪失するというその喩えに、問題の核心があるのです。

秀吉はなぜ失敗したか

豊臣秀吉が文禄・慶長の役で大失敗をしたのも、「外」の「拡がり」に弱かった日本文化の素顔をあらわしたものです。小林秀雄さんの分析のように、秀吉は「気宇壮大な英雄であつたが、決して空想家ではなかつた」のです。「草履《ぞうり》とりから身を起《おこ》して、天下を取つた人物が空想家だつた筈はありませ」ん。彼は必ず明を征服できるとの確信を持ち、北京占領を既定の事実と見て、綿密周到な事後の企画をたてています。関白秀次《ひでつぐ》を大唐の関白にするとか、はなはだしくは後陽成《ごようぜい》天皇に北京への行幸を約束し、皇室でもその儀式についていろいろな調査を命じたといいます（小林秀雄『事変の新しさ』全集第七巻）。

それなのに、なぜ負けたのか。その戦術、その実戦経験、そして卓越した外交に成功して天下統一を果たした太閤秀吉は、なぜ北京はいうに及ばず、釜山《プサン》にさえ上陸することができなかったのか。小林さんは太閤の勘違いを裏書きするものとして、朝鮮に渡った当時の日本の軍隊が、朝鮮の広いことに胆《きも》を潰《つぶ》したことをあげています。毛利輝元《もうりてるもと》が星州の陣営から国の者に書いた手紙には、「さてさて此の国の手広き事、日本より広く候ずると申す事に候」

とあったのです。

朝鮮は日本より広いはずがない。けれども、「内」から「外」に出て、未知の空間におかれた日本の軍隊は、すでに「広い」と思ってしまうのです。それでもう敗れたも同様だというのです。

「広い」というのは、先の三島さんの表現のように「どうふるまったらよいのか」「見当のつかない」、行動のパターンと方向の感覚が、狂ってしまうことです。「一年内に……」と踏んだ戦争は七年もつづきます。太閤秀吉は、戦略に敗れたばかりでなく、明との外交にも失敗したと小林さんは指摘しています。家康相手の国内の外交では能手であった秀吉も、明王との外交戦では「特封爾為日本国王」というホゴ同然の冊封《さくほう》を受けたにすぎないからだというのです。

草履とりから関白まで、秀吉は「縮み」の方法でいったのです。そのときは強かった。しかし、天下を統一した秀吉が巨大意識を持ちはじめ、「拡がり」志向に手足をのばしたとたん、判断力を喪失し、発想自体からが荒唐無稽な朝鮮の役という誤算を犯すのです。そうして利休を殺し、わび茶は豪華な金銀の器にかわるのです。「縮み」の天才と英雄は、「拡がり」の愚者であったのです。

太閤も日本の軍隊も、「拡がり」を志向すると胆を潰して、あんな悲惨な結果を招来してしまうのです。文禄・慶長の役は、朝鮮はもとより、日本にも秀吉自身にもなんの実りももたらしえない、深い傷跡だけの歴史に終わったのです。

日本の歴史を見ると、「縮み志向」のときはよく繁栄していますが、それが成功し、あまりうまく行き過ぎると、あげくには秀吉のような巨大主義にあこがれて拡がり志向にいくのです。そうなると、いままでの日本人とは全然違ったものとなり、その繊細さはこわれて、判断力は狂い、美的感受性は残忍性になってしまうのです。

太平洋戦争で負けたのは

秀吉と同じことを現代の歴史でくり返したのが、太平洋戦争です。日露戦争で満州事変で勝利をおさめた日本は、太閤秀吉の自信と拡がりの志向に身をまかせるのです。韓国はいつも日本の拡がり志向の第一の犠牲者となって、そのときも同じく日本の植民地侵略に主権を奪われるのです。

明治維新のときは少数集団が動かしてきましたが、それが成功すると、どんどん拡がりの政策を取り、一九三〇年代に入ると、もはや軍閥は肥大した組織体となっていたのです。同じ判断力のミスで、同じ巨大空間への敗北という文禄・慶長の役のコピーがくり返され、太平洋戦争は原爆の灰によって終わりを告げるのです。日本列島を危くするのはあの「地震」でなく、行き過ぎたその「自信」です。

韓国の冬の寒さを知らなかった秀吉の兵隊は、草履ばきで戦ったため、何万という若者の足指が凍傷で腐っていく。それでも日本の兵隊はあいかわらず草履をはいて闘います。それと同じく、太平洋戦争のはじめには、日本軍は包囲戦法で連勝します。しかしその戦法が見抜かれ、連合軍の新しい戦略に敗れていきますが、日本軍は依然として同じ包囲の詰め戦法をくり返したというのです。そして連敗を重ねていくのです。このように拡がりの世界に入ると、あの柔軟で機敏な「構え」の天才たちも、一本槍の愚者になってしまうのです。はなはだしくは連合軍に暗号が解読されているのがわかっても、それをそのまま使うという次第です。

肌身で感ずるものはよくやっていく。真珠湾奇襲とか神風のような体当たり戦法とかはよくやっていました。しかし、あれは相撲でいえば、一瞬の「押し出し」のような技で、西洋のレスリングのように何度転がろうとも、両肩さえ床につかなければよい試合では、あまり役に立たないのです。漠然とした何か抽象的なものになると、何が何やら手に負えない。太平洋戦争に負けた原因は、百を数えようと千を数えようと、結果的に要約されたのは、「拡がり」に弱い日本的特性だったのです。

真珠湾攻撃そのものの発想が、スキをつき一瞬の一撃で勝つという日本の剣術と相撲から出たものです。しかし、その土俵はあまりにも広いものでありました。盆栽の模様木を地平線の見える平原に植えようとするとき、日本はいつも大きな過ちを犯すのです。

4　トロッコとイカダ

芥川のトロッコ

私は日本の文化を論ずるさい、いつも頭に思い浮かぶひとつの作品があります。やはりこれも縮み文化と指折られる芥川竜之介の小品『トロッコ』です。こんなに短い作品が、これほど広く読まれ、愛された例もまれでしょう。これがなぜそう好まれたのか。私はそこに日本人の隠しがたいひとつの意識の志向を見るのです。

八つの少年である良平はあるとき、村はずれの工事場で土を運搬するトロッコを見にいく。ただ面白さのあまりいったのだが、それがきっかけとなってトロッコに乗ることができる。午過ぎの工事場に佇《たたず》んでいると、二人の若い男がトロッコを押しているのを見つけ、「おじさん。押してやろうか?」という。そして良平が力一杯押しはじめると、二人の男はなかなか力があるなと誉めてくれる。良平は一生懸命トロッコを押しながらミカン畑の間を登り、下り坂ではトロッコに飛び乗って羽織に風を孕《はら》ませ、ミカンの匂いを煽《あお》りながら気持よく線路を走る。

竹藪《たけやぶ》、雑木林、広びろと薄ら寒い海が開ける。それを見てあまり遠くに来過ぎたことが急にはっきりと感じられる。

トロッコが止まって、土工は良平をそのままおいて自分たちだけ茶店に入る。ひとりでは動かない車輪を蹴ってみたり押してみたりしながら、日が暮れるのを見る。ところが、土工は無造作に自分たちは帰らないから早くひとりで帰りなという。良平は呆気《あっけ》にとられ、急いで家に帰ろうとする。ふところの菓子もジャマになって捨ててしまう。涙がこみあげる。左に海を感じながら急な坂道を登る。必死に駈けつづけ、羽織を路ばたへ脱ぎ捨てる。やっとのことで良平が村にたどりつくと、両側の家々には電灯の光がさし合って、井戸端に水を汲んでいる女たちや畑から帰ってくる男たちが眼に入る。

良平はうちの門口に駈け込んだとき、とうとう大声にわっと泣き出してしまう……あの遠い路を駈け通して来たいままでの心細さをふり返ると、いくら大声に泣きつづけても足りない気持ちに迫られながら、良平はなんといわれてもただ泣き立てる。

これが『トロッコ』の荒筋です。

トロッコに乗って見知らぬ人と村のソトに出ていく。それは良平の「拡がりの志向」をあらわしています。トロッコの線路にくりひろげられる描写を見ても、海があらわれています。最初はトロッコと見知らぬ人とはじめて見る風景に、良平は風にふくらんだ羽織のように心が弾んでいます。しかし土工に捨てられ、ひとりぼっちになり、夕暮に家に戻ってくる良平は正反対です。すぐ不安と心細い気持に襲われ、必死に家に戻ってくるのです。「拡がり」の失敗です。ソトからウチに戻るのは、「縮みの志向」の本来的姿です。

芥川は典型的な日本人だったのです。

ハックルベリ・フィンの冒険

アメリカ人の精神を論じるとき、人々がよく引用する小説は『ハックルベリ・フィンの冒険』です。『トロッコ』と比較してみれば、まず量的にもそうですが、種々の対照的なシンボルを見つけることができます。ハックはトロッコではなく、また大人たちにくっついていくのではなく、逃亡奴隷の少年ジムとイカダに乗ってミシシッピーの大河を下っていくのです。ハックはしかつめらしい生活がイヤで、村を脱走したのです。

良平とハックを考えてごらんなさい。良平がいくら拡がりの志向にいっても、それは日中に帰ってこられる村はずれなのです。トロッコそのものが囲いをもった箱であり、レールの上を走るものです。ハックのイカダは弁当箱みたいな囲いなどない、広びろとしたオープンスタイルです。レールを走るのではなく、荒波の大河とともにかぎりなく下っていく冒険なのです。ハックはイカダが壊れたり、追われたり、捕まえられたり、いろいろな危機に出遇っても、家に戻ろうとは考えない。良平は家に戻って泣き出しますが、ハックは泣かない。また脱出と冒険を考えているのです。

良平は「縮み文化」の子供であり、ハックは「拡がり文化」の子供です。同時にトロッコの世界で、われわれは日本の「拡がり志向」の限界に出会うのです。良平はあたかも日本の開化期から現在までの歴史をあらわそうとするシンボルみたいなものです。

かりに二人の若い男をヨーロッパとアメリカとして考えてみましょう。良平はトロッコを押しながら、村から拡がりの「ソト」に出るのです。最初は二人の男から誉《ほ》められる。「なかなかの力だな！」。ロシアを破り、中国に勝ったとき、欧米人はそういったのです。しかし、二人の男から見捨てられ、ひとりでは動かせないトロッコを足で蹴ったり押したりするあの良平は、どうも神経質的で孤独に見えます。一九三〇年代の日本の姿のようであり、そんなこともないでしょうが、欧米との激しい貿易摩擦によって国際的孤立に陥るかもしれない未来の日本の姿ともダブるのです。

良平は子供だったから、菓子を捨て、羽織を脱ぎ捨てる。そして泣きつづけることだけで、あの遠い道の心細い帰還を終えますが、現実の歴史ではそんなにたやすいものではありません。

細石《さざれいし》が巌《いわお》になる夢

そうです。現実の歴史のなかを歩んで来た、良平のシンボルの足跡を調べてみましょう。

前にも話しましたように、どの国でも同じように、日本の文化でも「縮み志向」と「拡がり志向」の両面を持っています。個人においても、民族全体においても、また、各々の時間によっても、この両極の動きを持つリズムがあるわけです。良平の家出のように、日本人も

「拡がり志向」になって、巨大なものを作ったり、そういった欲望を持つ行動をします。それが、「縮み志向」の反作用である「細石の巌となりて」の「君が代」の歌です。

維新以来、近代化とともに西欧文明と接触しながら、日本は「拡がり志向」、巨大崇拝に向かいながら、細石が巌になる「君が代」文化を作り、そのイデオロギーを築きはじめたのです。

日本は、中国と違う海国だから同じ島国であるイギリスに範を求めるべきだといい、「東洋に大日本島、西洋にエゲレス島と、天下の大世界に二個の大富国剛国とならんことは、たしかなり」と宣言した本多利明の夢は、一九三〇年代になると、大艦巨砲主義になっていきます。「少年よ大志を抱け！」という、あの平々凡々のモットーが、あれほど人気を博したのも、また「万里の長城から小便をすれば、ゴビの砂漠に虹が立つ」という歌がはやったのも、みな「縮み」から「拡がり」へ向かって急速に変貌していった、軍国主義時代の「君が代」文化であったのです。

江戸時代三百年の間に根を張った「縮み文化」の良さを忘れてしまったのです。小さいものを、そのまま、ちっぽけなものとしか考えなくなってしまったのです。そう広くもない国を三百にも小さく分けて、日本独特の幕藩体制を実施した徳川家の「縮み」の統治術は、巨大な中央集権的統治、軍国主義、植民地主義統治に換えられていったのです。そういった統治は具体的な肌の触れ合いよりは、イデオロギーが必要になるのです。

「縮み志向」にイデオロギーが入ってくると、どんなになるのかは、俳句をみればすぐわかるでしょう。俳句がイデオロギーになると、諺とか標語になってしまいます。同じ十七文字でも、「この丘に　登るべからず　警視庁」「狭い日本　そんなに急いでどこへ行く」みたいなものになってしまいます。そこには、俳句が立ち入る空間がありません。

細石が巌となる、拡大主義は成功したでしょうか。近隣国には勿論《もちろん》、日本人自身においても、幸福だったのでしょうか？

たしかに、このような情勢のなかで、軍国主義の「大日本主義」が日本の「縮み文化」に適していないということを見抜いた日本の知識人もおります。「小日本主義」を唱えた石橋《いしばし》湛山《たんざん》がその一例です。湛山は「大日本主義の幻想」という一文で、日本が海外に領土を持てば、それが戦争の種になり、かえって日本の不利をもたらすといい、また台湾・朝鮮の併合も巨費と労力とを支出することになり、それを内地に用いたならば、商工業が大いに発達するに相違ないと批判しています。

しかし、日本の歴史は拡大主義に流れ、結果は太平洋戦争の敗戦となって、「拡がり志向」は解体されてしまいます。そして、ＧＨＱのもとで、小さく縮まって、まめまめしく働く「縮み志向」にもどっていったのです。それがかえって湛山の主張どおり、日本には有利なものでした。焼け野原に繁栄の花が咲きました。

しかし、それは外部の圧力でそうなったのでしかありません。「君が代」の歌は編曲され、軍人は企業人にかわり、刀はソロバンになっています。「拡がりたければ逆に小さく縮まれ」または「だんだん畑のように拡がる」縮み志向の教訓を忘れていくのです。

そうです。良平が本当に帰還するためには、日本の足もと（アジア）から見なければ駄目です。

5 「名誉白人」の嘆き

白人になれる夢

ダンヒルのライターを持とうが、グッチの靴をはこうが、日本人が白人（あるいは黒人）にはならない。実に黄色人種である。

渡部昇一さんは『レトリックの時代』でこう書いています。

渡部さんのレトリックの理論はさておいて、ケネス・バークのレトリックの理論によれば、あらゆる主張は反対の事実を含んでいる場合が多いのがわかります。「美は真であり、真は美である」というキーツの詩句は、「美は真ではなく、真は美ではない」という一般的な陳述をあらわしているのです。それがまぎれもない事実であるなら、だれもそんなことは主張しません。いまどき「太陽は東から昇る」と叫ぶ人はいないはずです。韓国のどの知識人も、韓国人に向かって「われわれは白人ではない、黄色人種だ」という当たり前のことをものに書いて主張した人はいません。「日本人は白人にはならない」と書いている渡部さんの主張は、同時に「いままで日本人は白人になれる」と信じていたということの裏書きでもあるからです。

日本人が白人になれると信じたのも、それがひとつの妄想にすぎないというのに気づくようになったことすらも、日本人自身の考えというよりは、白人の意見に負う場合が多かったということを見逃すことはできません。

西欧人が日本をアジア圏から除外してヨーロッパ圏の一員として待遇しようとした考えは、早くも一八一五年、バタビア学芸協会で演説したラッフルズの話のなかに見られます。ラッフルズによると、日本人はひじょうに活気に満ちた国民で、その肉体や精神における力は一般のアジア人と同列ではなく、ずっとヨーロッパ人に似ていると理解されている、というのです。そして日本人と中国人は小さくて長いダッタン人の眼が唯一の似かよった特徴であるが、それを除けば日本人の容貌は男性的で、まったくヨーロッパ的だというのです。

この指摘どおりであるなら、太平洋戦争のとき、米国人がなんとかして敵である日本人と、味方である中国人を、外観上識別できる方法はないものかと、いろいろ工夫したというナンセンスも犯さなかったことでしょう。しかし、日本女性の顔はヨーロッパの貴婦人の膚の色のように色白だというラッフルズのことばは、いまもたんなるイメージで終わってはいません。

人種差別で名高い南アフリカ共和国で、日本人は「名誉白人」に分類されています。彼らは同じ黄色人種でありながら、白人の側に坐って白人のような特別待遇を受けています。だから日本人は自分が黄色人種であるという事実を往々にして忘れてしまうのです。しかし、欧米人は日本人を名誉白人として遇しても、彼らがあまり自分たちの社会深くに入り込んで、競争者としてあらわれるようになると、ラッフルズのいう白みがかった膚の色はだんだん黄味がかってくることになります。

そして、白人と同じといったラッフルズの日本人の顔は、日本製品を締めだせと叫ぶエフィーモフ（『日本人をストップしろ』の著者）の時代にくると、突然、奴隷としての価値もない「目のつり上がった貧相」に変わってくるのです。西欧諸国がアジア・アフリカで略奪し、聖なる石棺が盗掘され、人は奴隷になっていくが、日本列島の黄色人種にだけは髪の毛一筋すら触れようとしなかった理由として、エフィーモフは、略奪すべき資源がなかったのはもちろん、日本人の容姿そのものが奴隷としても使い途《みち》がなかったから、とあげるのです。

コウモリの栄光と悲劇

欧米人から「名誉」が拒絶されれば、ふと、自分は本当の白人ではなく、どこまでも日本人であること、つまり「日本人は白人になれない」ということを悟るさみしい瞬間がくる。そのとき自分自身を取り戻そうと努力する。そして脱亜（アジア）主義は興亜主義にかえって「東洋人への回帰」がはじまるのですが、それもそう簡単にはいきません。名誉白人として生きて来た日本人は、純粋な白人になれないように純粋な黄色人種にもなれない、いい換えれば、どちらにも同質性を発見するのがむずかしいということです。

渡部さんは「日本人は白人にならない」といっていますが、日本人にとって真に重要なのは「日本人は黄色人種にもなれない」という現実を認識することです。

「鳥」でも「獣」でもない、寓話のなかのコウモリに似ています。はじめのうちはそれでも勝者の栄光に浸れたが、しまいにはどちらにも仲間入りできない孤立感を味わわなければならなかったのが、「コウモリ文化」の栄光と悲劇です。

英語を学び、ダンヒルのライターを持ち、グッチの靴をはけば、日本人が白人になれるというのが安易な思い込みであるとするなら、日本人が日本・日本人論を書き、茶室で露地を眺めれば失われた自我を再発見し、首相がアジアを巡訪すれば、黄色人種の仲間に戻れるというのもまた、安易な思い込みにすぎないのです。オデュッセウスの苦難はトロイへの出征だけにあったのではなく、故郷への凱旋もまたむずかしかったことを思い出さなければなりません。

そうです。日本の文化は、あまりうまく行き過ぎるときが、破滅の危機と背中合わせになっているときなのです。大国意識が芽生え、「縮み」から「拡がり」に転換しようとするとき、それが失敗するとき、日本ばかりでなく隣国まで騒々しくなるのです。秀吉の朝鮮の役、韓国と満州の植民地化、太平洋戦争が、その代表的な例です。軍国主義の時代にもっとも愛唱された「君が代」の一節にも、「細石の巌となりて」という巨大主義・膨張主義の芽が胚胎されているのです。

いまの小学生はだんだん平均体位が大きくなって、文部省ではこれまでの標準の机を大きくしたといいます。机の話であったら、なにも不安なことはありません。時代とともに巨大化していく日本人の意識の机の拡がりに対しては、一緒に考えてもらいたいのです。

いま日本では「経済大国」ということばがさかんに使われています。国の前に「大」の字がつけられたときには、きまってまずいことが起こったのです。それなのにいま、『ジャパン・アズ・ナンバーワン』とか『超大国日本』とか、あるいは『日本の時代が来る——経済大国から政治大国への道』などの題目の本が国内外からひんぱんにあらわれはじめています。

なんのための大国であり、なんのための世界第一位なのか。なぜそんなにセカセカして巨大な国をつくろうとするのか。いままでの「縮み文化」で追いつき、「拡がり文化」で追い越すというのが、その戦略なのか。

日本の「国際交通安全学会」が発表した「社会的速度の指標化」（一九七九年）には、道を歩く歩行速度が世界でいちばん速いのが日本人となっています。秒速一・六〇メートルの速さで歩く大阪人が世界第一位、一・五六メートルの東京人は第二位、それに対してパリ人は一・四六メートルにすぎないカメなのです。日本でいちばん遅い鹿児島人（一・三三メートル）にしても、マニラ人より速いということになっています。ただの歩行速度の話だけでしょうか。いったい、こんなにセカセカして行くその目的地はどこだというのでしょうか。「追いつき追い越せ」が実現されていく八〇年代の日本は、いま大きな挑戦を受けています。

青い鳥の幸福を探す答えは軒下にありましたが、「縮み」と「拡がり」の文化に対する答えは未来にあるのではなく、過ぎ去ったむかしの時間にあると思われるのです。あの『古事記』のなかに出てくる枯野《からの》の船の話なのです。

私はこの美しい神話こそ、日本文化の縮み志向に対する諸問題を解く黄金のカギと思っています。

では最後に武田祐吉さんの現代語訳でその神話を読んでみましょう。

6　鬼になるな、一寸法師になれ

枯野の船

この御世に兎寸《とのき》河の西の方に高い樹がありました。その樹の影は、朝日にあたれば淡路島に到り、夕日にあたれば河内《かわち》の高安山を越えました。そこでこの樹を切って船に作りましたところ、非常に早く行く船でした。その船の名は枯野《からの》といいました。それでこの船で、朝夕に淡路島の清水を汲んで御料の水と致しました。この船が壊れましてから、その船材で塩を焼き、その焼け残った木を取って琴に作りましたところ、その音が七郷に響きました。

高い樹を切って船につくるということは、巨大な樹木が縮小されたことを意味しますが、逆にその縮みによって巨樹は可動的なものになり、もっと広い海を走ることができるのです。その船はまた焼かれ、もっと小さい琴になるのです。しかし、その琴の音は船が走った海よりもっと広い七郷に響いたのです。

高い巨樹が船になり、それがさらに琴になって、だんだんに縮んでゆくと、逆により広い世界にその力がおよぶのです。これにまた何をつけ加えることができるでしょうか。

日本の縮み文化は、焼け残った木から琴をつくることによって完成するのです。

もともと日本の文化は兎寸の巨樹のように、巨大な文化でした。古墳から出土する埴輪《はにわ》にせよ、東大寺の大仏にせよ、また三十六丈もの社殿を建てた出雲大社や仁徳陵などにしても、みな大きなものです。それが時代とともに、削られ、縮められながら、大陸文化とは区別される日本独自の文化をつくっていくのです。ですから、いまの日本文化は巨樹を縮めて船をつくった第一段階の縮み文化なのです。

だれが縮めるのか？　何を縮めるのか？

「縮み文化」の主体と客体によって、同じ「縮み志向」でも、その産物は全然違うのです。いままで日本の縮み文化を花咲かせた主体を大きく分けると、城内のサムライと城下の商人（町人）、そして、その両方に股がっている世阿弥、観阿弥《かんあみ》のような「アミ」たちでした。枯野の船はサムライと堺の商人によって代表される縮みの文化です。それは、枯野の船が清水を汲んで御料の水とする段階のものです。いくら遠くまた広い海にいっても、その船は狭い出発点に戻ってくるのです。

一寸法師が桃太郎が鬼が島を征服して、宝を持って帰ってくる、いわば、清水を汲んで帰る枯野なのです。

現代になって、サムライの縮み文化は大日本帝国主義の拡大主義によって失敗し、商人のそれは、戦後に経済大国として繁栄をもたらしていますけれども、それもいまは商業的拡大主義によって、貿易摩擦やら、技術摩擦やら、いろんな試練に直面しているのです。枯野の船はサムライが乗った戦艦大和であり、いまではトランジスタ、電卓、ビデオ・カメラなどを積んだ、輸出の貿易船です。御料の水とはドルなのです。

幕末に河井《かわい》継之助《つぐのすけ》が若ものたちにいいました。「お前たちはこれから武士になるな、商人になれ」と。その忠告が実を結んだのか、いまの日本人はみな、すこしずつ商人になったかのような気がします。文化人も、政治家も、科学者も……。そして「日出ずる国」は「円出ずる国」になったのです。

しかしマザー・テレサのことばが思い出されます。この地球上では二つの飢えの地帯がある。ひとつはアフリカであり、いまひとつは日本である。前者は物質的な飢えであり、後者の飢えは精神的なそれであると……。

日本はいま、世界の市場に商品を送っていますが、世界を精神の場として琴の音をつくってはいません。だから『日本沈没』がベストセラーになるのです。あれは人類の終焉ではなく日本人だけの危機なのです。いわば一地方の方言で書かれた作品なのです。繁栄も日本人だけのそれだったから、沈没もまた日本人だけのそれとなっているのです。人類とともに生きていく繁栄の国際感覚が、まだ肌身に吸い込まれていないのです。

日本人の「ウチ」だけという意識が七大洋にまで拡がって、それをひとりひとりの心に縮め込めようとするのは、商品ではダメなのです。それはただ、一時日本人が「軍事大国」の刀によってしようとしたことを、いまや「経済大国」の商品で遂行しようとするにすぎません。

それは刀でもソロバンでもない、琴のような楽器、万人に共感を与えうる生命の響きでなければなりません。それが真の文化が持つ力なのです。

刀での勝利の陰には、必ずだれかが敗者となり、血を流しているのです。「ソロバン」でもうけた勝利の裏には、必ず奪われ、損をした人の涙とひもじさが溢れているのです。しかし、琴の勝利と栄光は万人のものです。だれもそのために血を流したり泣いたりしてはいません。いや、その音を弾く人にも、聞く人にも、喜悦の共感、分ければ分けるほどその共感が強くなる力があるのです。

ですから、船を焼いて塩を作り、その焼け残りから琴を作る縮み文化の最終段階は、そのむかし、石庭や花を生かし、能楽を演じた「アミ」たちが主体となる文化です。

船を焼かないかぎり、もっと遠くに行くことはできません。枯野の船は、焼かれたからこそ、たえず流動する海から塩を作ることができ、美しい琴の音を呼び起こすことができたのです。塩は結晶した小さな海なのです。そこには暴風も荒波もありません。腐敗するものを防ぎ、生命の血になれるものです。そして琴の音はもう人から何も奪いません。

血と涙——。

塩と琴——。

はたしてそれが何なのか、われわれはよく知りません。それはわれわれの世代が一度も経験できなかったもの、そしてわれわれの未来の子供たちのものだからです。しかし、確実にいえることは、われわれが乗っているこの文明の船が壊れて解体され、それが焼かれた灰のなかから新しく生まれてくるなんらかのもの、原爆の死の灰でなく枯木に花を咲かせる花咲爺のあの灰のようなもの。荒々しい海の水が生命《いのち》の塩に結晶して光るもの。また文明の焼け残りから作り出される小さな琴、しかしその音が人の心を揺さぶり、七郷に、七大洋のすみずみまで響きわたるもの。そんな美しいものであるはずです。

世界の人々に深い共感を与えるもっとも美しい石庭を作り、茶室の清く静かな文化を生んだ日本人、たとえ歴史を血で洗ったサムライ社会の殺戮《さつりく》があっても、それをあがなうのに充分な美しい花の文化をつくりあげた「アミ」たちの「縮み文化」……それを現代に生かすことによって、サムライと商人の文化も完成され、もっと豊かなものになるのです。もっと大きくなりたければ、真の大国になりたければ、もっと小さくならなければなりません。

鬼になるな、一寸法師になれ！　船を焼いて琴を作れ！　海よりもっと深く、海よりもっと広い生命の空間に響く、枯野の琴の音を……。

学術文庫版あとがき

「後ろを見るな」という禁忌を破った人が石になったり、怪物に変わったりするおとぎ話は、世界中広く伝わっている。そのせいだとは言わないが、私は前に書いたものを、あまり振り返らない。

ただひとつ例外があるとすれば、二十年も前に書いた『「縮み」志向の日本人』だ。なによりも、あの本のオリジナルは日本語で書いたもので、韓国語でもう一度書き直さなければならなかったからだ。

さらに、この本が英語、フランス語、さらに中国語などに翻訳されるたびに、翻訳者から問い合わせがあり、なんども読み直した。

だがそれだけではない。ほぼ毎年、この本から日本の大学入学試験の国語問題が出題されたこともある。そのつどまるで自分自身が大学受験生になったような気持になり、昔執筆した記憶も薄れている古い文章を読んだものだ。

今回、この拙著が、講談社のご厚意によって、講談社文庫、講談社英語対訳新書をへて、講談社学術文庫の一冊に収録されることになり、また旧稿を読み直すことになった。

私のように大学教授でありながら物書きで生きている者は、石田梅岩に言わせれば、文字芸者でしかない。しかし『「縮み」志向の日本人』が歴代の名著からなる講談社学術文庫に収録されたおかげで、私もようやく文字芸者から文字学者になったような気がする。と同時に、もう二度と後ろを振り返らず前を向いて歩くようになるだろう。

二十年前の本ではあるが、日本文化の過去の分析だけに終わっているわけではない。二十世紀の後半、なぜ日本経済が「失われた十年」に陥ったのか、また日本人はもっとも優れた自動車を生産しながら、なぜグーグル（Google）のような会社を生み出すことができなかったのか、という問にたいする答えをすでに示唆している点も見逃さないでいただきたい。

この学術文庫版刊行にさいして、原著出版社の学生社前社長鶴岡阷巳氏（現・相談役）、編集長三木敦雄氏（現・ミキ国際情報企画社長）、講談社学術文庫部長林辺光慶氏のご高配とご尽力をちょうだいした。

最後に、この学術文庫版に永年の畏友・高階秀爾先生が「解説」を執筆してくださったことは望外の慶びである。ここに深甚から御礼を申し上げたい。

二〇〇七年新春　ソウルにて

李　御寧

解説

高階秀爾

ルース・ベネディクトの有名な『菊と刀』をはじめ、外国人、日本人の手になるいわゆる「日本人論」は、きわめて数多くある。私自身数えたわけではないが、戦後に発表されたものだけでも千点を越えるという。さらに戦前にさかのぼれば、ジョージ・サンソム卿の『日本文化小史』（一九三一年）や和辻哲郎の『風土』（一九三五年）を挙げることが出来るであろう。

だがその数多い日本人論、ないしは日本文化論のなかでも、最も優れたもののひとつとしてこの『「縮み」志向の日本人』を挙げるのに、私は躊躇しない。

世界のどこにでもあったウチワをたちまちに折り畳んで軽便な、それと同時に表情豊かな扇子にしてしまった日本人は、庭でも建物でも植物でも料理でも、片端から「縮ませ」て、箱庭、茶室、盆栽、折詰弁当など、特異な文化を生み出した。この点に着目した著者は「縮み志向」こそ日本文化を解く重要な鍵として、その「型」を六種類に分類し、さらにそこから「寄合」、「座」、「取合せ」など、日本人の社会を特徴づけるさまざまの現象を鮮やかに説明して行く。博い知識に裏づけられた適切な引例によって、読者はいつの間にか著者の提示する世界に引き込まれてしまう。取り上げられる材料は、いずれもわれわれにとって身近なものばかりだが、それらが、著者の巧みな論理によって、まったく新しい意味づけを与えられるのである。

われわれはふだん、何となく、大きいことはいいことだと思っている。少なくとも西欧世界は、大きさをひとつの価値とする美学を発達させて来た。だが日本人は逆に、清少納言が「なにもなにも、ちひさきものはみなうつくし」と語ったように、小さなものに対する愛好を保ち続け、育て上げて来た。しかもそれが、単に美意識や感性の領域のみにとどまるものではなく、生活様式や行動規範にまでつながり、また、現代の尖端的なハイテク技術の支えともなっているという著者の主張は、充分な説得力を持っていて、傾聴に値するものであろう。

明確な主題設定と卓抜な発想に加えて、斬新巧妙な議論の運びも、本書の大きな美点である。「東海の小島の磯の白砂にわれ泣きぬれて蟹とたはむる」という広く知られた啄木の歌を取り上げて、広大な「東海」が「小島」「磯」「白砂」と次第に「縮められ」て、最後に小さな「蟹」とそこにそそがれる一滴の涙にまで収斂してしまう所に啄木の詩の世界が成立するという分析は、あたかも強力なズームレンズで「蟹」に迫って行くような鮮烈な印象を与える。詩の読解としても、それは見事なものと言ってよい。

李御寧氏には、他に、文字通り「縮み文化」の代表である俳句を材料とした『蛙はなぜ古池に飛びこんだか』（一九九三年）や『韓国人の心——増補　恨の文化論』（一九八二年）、『「ふろしき」で読む日韓文化』（二〇〇四年、以上学生社）、また最近刊行された『ジャンケン文明論』（二〇〇五年、新潮社）があるが、いずれも優れた日本論である。

〔「毎日新聞」一九九一年、三月二五日掲載に加筆〕

（大原美術館館長）

本書の原本は、一九八二年、学生社より刊行され、一九八四年、講談社文庫に収録されました。本書は小社文庫版を底本にしています。なお学生社版の原著は〈愛蔵版〉として刊行されています。

李　御寧（イー・オリョン）

1934年，韓国忠清南道生まれ。1960年，ソウル大学大学院碩士。『韓国日報』『朝鮮日報』論説委員，梨花女子大学教授，国際日本文化研究センター客員教授，韓国初代文化相を歴任。梨花女子大学名誉教授，中央日報社常任顧問。文学博士。日本では，国際交流基金賞，日本文化デザイン大賞などを受賞。日本語の著書には，『韓国人の心——増補　恨の文化論』『蛙はなぜ古池に飛びこんだか』『「ふろしき」で読む日韓文化』（以上，学生社）『ジャンケン文明論』（新潮新書）などがある。

講談社学術文庫

定価はカバーに表示してあります。

「縮《ちぢ》み」志向《しこう》の日本人《にほんじん》

李《イー》　御寧《オリヨン》

2007年４月10日　第１刷発行
2021年２月３日　第17刷発行

発行者　渡瀬昌彦
発行所　株式会社講談社
東京都文京区音羽2-12-21 〒112-8001
電話　編集（03）5395-3512
販売（03）5395-4415
業務（03）5395-3615
装　幀　蟹江征治
印　刷　株式会社廣済堂
製　本　株式会社国宝社
本文データ制作　講談社デジタル製作

© LEE O-YOUNG　2007　Printed in Japan

落丁本・乱丁本は，購入書店名を明記のうえ，小社業務宛にお送りください。送料小社負担にてお取替えします。なお，この本についてのお問い合わせは「学術文庫」宛にお願いいたします。
本書のコピー，スキャン，デジタル化等の無断複製は著作権法上での例外を除き禁じられています。本書を代行業者等の第三者に依頼してスキャンやデジタル化することはたとえ個人や家庭内の利用でも著作権法違反です。Ⓡ〈日本複製権センター委託出版物〉

ISBN978-4-06-159816-4

「講談社学術文庫」の刊行に当たって

これは、学術をポケットに入れることをモットーとして生まれた文庫である。学術は少年の心を養い、成年の心を満たす。その学術がポケットにはいる形で、万人のものになることは、生涯教育をうたう現代の理想である。

こうした考え方は、学術を巨大な城のように見る世間の常識に反するかもしれない。また、一部の人たちからは、学術の権威をおとすものと非難されるかもしれない。しかし、それはいずれも学術の新しい在り方を解しないものといわざるをえない。

学術は、まず魔術への挑戦から始まった。やがて、いわゆる常識をつぎつぎに改めていった。学術の権威は、幾百年、幾千年にわたる、苦しい戦いの成果である。こうしてきずきあげられた城が、一見して近づきがたいものにうつるのは、そのためである。しかし、学術の権威を、その形の上だけで判断してはならない。その生成のあとをかえりみれば、その根は常に人々の生活の中にあった。学術が大きな力たりうるのはそのためであって、生活をはなれた学術は、どこにもない。

開かれた社会といわれる現代にとって、これはまったく自明である。生活と学術との間に、もし距離があるとすれば、何をおいてもこれを埋めねばならない。もしこの距離が形の上の迷信からきているとすれば、その迷信をうち破らねばならぬ。

学術文庫は、内外の迷信を打破し、学術のために新しい天地をひらく意図をもって生まれた。文庫という小さい形と、学術という壮大な城とが、完全に両立するためには、なおいくらかの時を必要とするであろう。しかし、学術をポケットにした社会が、人間の生活にとってより豊かな社会であることは、たしかである。そうした社会の実現のために、文庫の世界に新しいジャンルを加えることができれば幸いである。

一九七六年六月　　　　野間省一

日本人論・日本文化論

日本文化論
梅原　猛著

〈力〉を原理とする西欧文明のゆきづまりに代わる新しい原理はなにか？〈慈悲〉と〈和〉の仏教精神こそが未来の世界文明を創造していく原理となるとして、仏教の見なおしの要を説く独創的な文化論。

22

比較文化論の試み
山本七平著

日本文化の再生はどうすれば可能か。それには自己の文化を相対化して再把握するしかないとする著者が、さまざまな具体例を通して、日本人のものの見方と伝統の特性を解明したユニークな比較文化論。

48

日本人とは何か
加藤周一著

現代日本の代表的知性が、一九六〇年前後に執筆した日本人論八篇を収録。伝統と近代化・天皇制・知識人を論じて、日本人とは何かを問い、精神的開国の要を説いて将来の行くべき方向を示唆する必読の書。

51

日本文化史研究（上）（下）
内藤湖南《こなん》著（解説・桑原武夫）

日本文化は、中国文化圏の中にあって、中国文化の強い影響を受けながらも、日本独自の文化を形成してきた。著者はそれを深い学識と日中の歴史事実とを通して解明した。卓見あふれる日本文化論の名著。

76・77

日本人の人生観
山本七平著

日本人は依然として、画一化された生涯をめざす傾向からぬけ出せないでいる。本書は、我々を無意識の内に拘束している日本人の伝統的な人生観を再把握し、新しい生き方への出発点を教示した注目の書。

278

乃木大将と日本人
S・ウォシュバン著／目黒真澄訳（解説・近藤啓吾）

著者ウォシュバンは乃木大将をFather Nogiと呼んだ。この若き異国従軍記者の眼に映じた大将の魅力は何か。本書は、大戦役のただ中に武人としてギリギリの理想主義を貫いた乃木の人間像を描いた名著。

455

日本人論・日本文化論

小池喜明著
葉隠《はがくれ》　武士と「奉公」

泰平の世における武士の存在を問い直した書。「葉隠」は武士の心得について、元佐賀鍋島藩士山本常朝の語りをまとめたもの。儒教思想を否定し、武士の奉公は主君への忠誠と献身の態度で尽くすことと主張した。

1386

ドナルド・キーン著／足立　康訳
果てしなく美しい日本

若き日の著者が瑞々しい感覚で描く日本の姿。緑あふれ、伝統の息づく日本に思いを寄せて描き出した昭和三十年代の日本。時代が大きく変化しても依然として変わらない日本文化の本質を見つめ、見事に剔り出す。

1562

R・ベネディクト著／長谷川松治訳
菊と刀　日本文化の型

菊の優美と刀の殺伐——。日本人の精神生活と文化を通し、その行動の根底にある独特な思考と気質を抉剔する、不朽の日本論。「恥の文化」を鋭く分析し、日本人とは何者なのかを鮮やかに描き出した古典的名著。

1708

李御寧《イーオリョン》著（解説・高階秀爾）
「縮み」志向の日本人

小さいものに美を認め、あらゆるものを「縮める」ところに日本文化の特徴がある。入れ子型、扇子型、折詰め弁当型、能面型など「縮み」の類型に拠って日本文化を分析、「日本人論中の最高傑作」と言われる名著。

1816

船曳建夫著
「日本人論」再考

明治以降、夥しい数の日本人論が刊行されてきた。『武士道』『菊と刀』『「甘え」の構造』などの本はなぜ書かれ、読まれ、好評を博すのか。2000超の日本人論の構造を剔出し、近代日本人の「不安」の在処を探る。

1990

相良　亨著
武士道

侍とはいかなる精神構造を持っていたのか？主従とは、死とは、名と恥とは……『葉隠』『甲陽軍鑑』『武道初心集』『山鹿語類』など武士道にかかわる書を読み解き、日本人の死生観を明らかにした、日本思想史研究の名作。

2012

年中行事覚書
柳田國男著（解説・田中宣一）

人々の生活と労働にリズムを与え、共同体内に連帯感を生み出す季節の行事。それらなつかしき習俗・行事の数々に民俗学の光をあて、隠れた意味や成り立ちを探る。日本農民の生活と信仰の核心に迫る名著。

124

妖怪談義
柳田國男著（解説・中島河太郎）

河童や山姥や天狗等、誰でも知っているのに、実はよく知らないこれらの妖怪たちを追求してゆくと、正史に現われない、国土にひそむ歴史の真実をかいまみることができる。日本民俗学の巨人による先駆的業績。

135

中国古代の民俗
白川　静著

未開拓の中国民俗学研究に正面から取組んだ労作。著者独自の方法論により、従来知られなかった中国民族の生活と思惟、習俗の固有の姿を復元、日本古代の民俗的事実との比較研究にまで及ぶ画期的な書。

484

南方熊楠《みなかたくまぐす》
鶴見和子著（解説・谷川健一）

南方熊楠――この民俗学の世界的巨人は、永らく未到のままに聳え立ってきたが、本書の著者による満身の力をこめた独創的な研究により、ようやくその全体像を現わした。〈昭和54年度毎日出版文化賞受賞〉

528

魔の系譜
谷川健一著（解説・宮田　登）

正史の裏側から捉えた日本人の情念の歴史。死者の魔が生者を支配するという奇怪な歴史の底流に目を向け、呪術師や巫女の発生、呪詛や魔除けなどを通して、日本人特有の怨念を克明に描いた魔の伝承史。

661

塩の道
宮本常一著（解説・田村善次郎）

本書は生活学の先駆者として生涯を貫いた著者最晩年の貴重な話――「塩の道」「日本人と食べ物」「暮らしの形と美」の三点を収録。独自の史観が随所に読みとれ、宮本民俗学の体系を知る格好の手引書。

677

《講談社学術文庫　既刊より》

文化人類学・民俗学

山折哲雄著
仏教民俗学
日本の仏教と民俗は不即不離の関係にある。日本人の生活習慣や行事、民間信仰などを考察しながら、民衆に育まれてきた日本仏教の独自性と日本文化の特徴を説く。仏教と民俗の接点に日本人の心を見いだす書。

1085

宮本常一著（解説・神崎宣武）
民俗学の旅
著者の身内に深く刻まれた幼少時の生活体験と故郷の風光、そして柳田國男や渋沢敬三ら優れた師友の回想など生涯にわたり歩きつづけた一民俗学徒の実践的踏査の書。宮本民俗学を育んだ庶民文化探求の旅の記録。

1104

小松和彦著（解説・佐々木宏幹）
憑霊《ひょうれい》信仰論
日本人の心の奥底に潜む神と人と妖怪の宇宙。闇の歴史の中にうごめく妖怪や邪神たち。人間のもつ邪悪な精神領域へ踏みこみ、憑霊という宗教現象の概念と行為の体系を介して民衆の精神構造＝宇宙観を明示する。

1115

吉野裕子著（解説・村上光彦）
蛇　日本の蛇信仰
古代日本人の蛇への強烈な信仰を解き明かす。注連縄・鏡餅・案山子は蛇の象徴物。日本各地の祭祀と伝承に鋭利なメスを加え、洗練と象徴の中にその跡を隠し永続する蛇信仰の実態を、大胆かつ明晰に論証する。

1378

筑紫申真著（解説・青木周平）
アマテラスの誕生
皇祖神は持統天皇をモデルに創出された！　壬申の乱を契機に登場する伊勢神宮とアマテラス。天皇制の宗教的背景となる両者の生成過程を、民俗学と日本神話研究の成果を用いダイナミックに描き出す意欲作。

1545

赤坂憲雄著（解説・小松和彦）
境界の発生
現今、薄れつつある境界の意味を深く論究。生と死、昼と夜などを分かつ境はいまや曖昧模糊。浄土や地獄も消え、生の手応えも稀薄。文化や歴史の昏がりに埋もれた境界の風景を掘り起こし、その意味を探る。

1549

文化人類学・民俗学

図説　金枝篇（上）（下）
J・G・フレーザー著／吉岡晶子訳／M・ダグラス監修／S・マコーマック編集
イタリアのネミ村の「祭司殺し」と「聖なる樹」の謎を解明すべく四十年を費して著された全13巻のエッセンス。民族学の必読書であり、難解さでも知られるこの書を、二人の人類学者が編集した［図説・簡約版］。
2047・2048

明治洋食事始め　とんかつの誕生
岡田　哲著
明治維新は「料理維新」！　牛鍋、あんパン、ライスカレー、コロッケ、そして、とんかつはいかにして生まれたのか？　日本が欧米の食文化を受容し、「洋食」が成立するまでの近代食卓六〇年の疾風怒濤を活写。
2123

東方的
中沢新一著（解説・沼野充義）
モダンな精神は、何を獲得し何を失ったのか？　偉大な叡智は科学技術文明と近代資本主義が世界を覆い尽くす時が、真の危機だと告げる。四次元、熊楠、シャーマニズム……。多様なテーマに通底する智恵を探る。
2137

江戸の食空間　屋台から日本料理へ
大久保洋子著
盛り場に、辻々に、縁日に、百万都市江戸を埋め尽くしたファストフードの屋台から、てんぷら、すし、そば、鰻の蒲焼は生まれた。庶民によって生み出され支えられた、多彩で華麗な食の世界の全てがわかる一冊。
2142

世界の食べもの　食の文化地理
石毛直道著
日本、朝鮮、中国、東南アジア諸国、オセアニア、マグレブ。諸民族の食を探求し、米・酒・麺・茶・コーヒーなど食べものから見た世界地図を描く。各地を探検した〈食文化〉研究のパイオニアによる冒険の書。
2171

日本その日その日
エドワード・S・モース著／石川欣一訳
大森貝塚の発見者として知られるモースの日本滞在見聞録。科学者の鋭敏な眼差しを通して見た、近代最初期の日本の何気ない日常の営みや風俗を、異文化に触れる驚きや楽しさに満ちたスケッチと日記で伝える。
2178

山川三千子著（解説・原　武史）
女官　明治宮中出仕の記

明治四十二年、十八歳で宮中に出仕した華族・久世家の長女の回想記。「雀」と呼ばれた著者は、明治天皇夫妻の睦まじい様子に触れ、皇太子嘉仁の意外な振る舞いに戸惑う。明治宮中の闇をあぶりだす一級資料。

2376

尾崎行雄著（解説・奈良岡聰智）
民権闘争七十年　咢堂回想録

代議士生活六十三年、連続当選二十五回。「憲政の神様」の語る戦前の政党の離合集散のさまは面白くも哀しい。回想を彩る鋭い人物評、苦い教訓と反省は、立憲主義、議会政治の本質が問われている今なお新しい。

2377

アルベール・ド・バッソンピエール著／磯見辰典訳
ベルギー大使の見た戦前日本　バッソンピエール回想録

関東大震災、大正の終焉と昭和天皇即位の大礼、満洲事変、相次ぐ要人へのテロ……。駐在して十八年、練達の外交官の目に極東の「日出ずる帝国」とその指導層はどう映じたのか。「戦前」を知る比類なき証言。

2380

鈴木　淳著
関東大震災　消防・医療・ボランティアから検証する

防ぎようがない天災。しかし災害の規模は、人的活動によって大きく左右される。市民、首相、華族、在郷軍人会、青年団——。東京を襲った未曾有の災害に人びとが立ち向かった一週間が物語る歴史の教訓とは。

2381

藤井讓治著
江戸開幕

幕府の基礎を固めた家康、秀忠、家光の徳川三代。外様大名対策、史上初の朝廷支配、キリシタン禁制と鎖国、老中制の確立……。二百六十余年にわたる太平を生み出した強固な体制の成立と構造を解明した名著。

2384

神野志隆光著
「日本」国号の由来と歴史

「日出づる処の天子」の意味は？「倭」「やまと」と「日本」の関係は？　平安時代から宣長を経て近代まで、「日本」の誕生とその変奏の歴史を厳密な史料読解で示す。新出資料「祢軍墓誌」についての補論も収録。

2392